融和育人 共享发展

北京市东城区培智中心学校教育探索与实践

主编 马鸿

知识产权出版社
全国百佳图书出版单位

图书在版编目（CIP）数据

融和育人，共享发展：北京市东城区培智中心学校教育探索与实践 / 马鸿主编 . —北京：知识产权出版社，2017.7
ISBN 978-7-5130-5052-4

Ⅰ.①融… Ⅱ.①马… Ⅲ.①特殊教育—北京—文集 Ⅳ.①G769.281

中国版本图书馆 CIP 数据核字（2017）第 177796 号

责任编辑：文　茜　　　　　　　　　责任校对：王　岩
封面设计：SUN 工作室　　　　　　　责任出版：刘译文

融和育人，共享发展
——北京市东城区培智中心学校教育探索与实践

马　鸿　主编

出版发行：知识产权出版社 有限责任公司	网　　址：http://www.ipph.cn
社　　址：北京市海淀区气象路50号院	邮　　箱：100081
责编电话：010-82000860 转 8342	责编邮箱：wenqian@cnipr.com
发行电话：010-82000860 转 8101	发行传真：010-82000893/82005070/82000270
印　　刷：三河市国英印务有限公司	经　　销：各大网上书店、新华书店及相关专业书店
开　　本：720 mm×960 mm　1/16	印　　张：18
版　　次：2018年1月第1版	印　　次：2018年1月第1次印刷
字　　数：274千字	定　　价：48.00元
ISBN 978-7-5130-5052-4	

出版权专有　侵权必究
如有印装质量问题，本社负责调换。

编　　委

（按姓氏首字母）

鲁秋生　聂宝权　王　昕　王　颖　王　迎
薛文靖　张　倩　张育才　赵　倩　郑颖嘉

目　录

学校文化

融和资源内涵发展　提升教师专业化水平………………………… 马　鸿　3
特殊儿童家长对儿童读物选择的调查研究………………………… 刘　婷　8
浅谈教学中古典诗词诵读对智力障碍学生的康复作用…………… 聂宝权　25
关于孤独症儿童上肢运动能力的研究……………………………… 杨　振　31
浅谈朗读对智力障碍儿童阅读能力的影响………………………… 郑颖嘉　38
关于动作教育教师专业成长的案例研究…………………………… 石　唱　43

课程模式

浅谈智力障碍儿童课堂分心行为的原因及对策…………………… 曹　蕊　63
直观教具在培智学校课堂中的应用研究…………………………… 杜　萌　68
浅谈数学在智力障碍学生生活中的应用…………………………… 赖小京　82
浅谈培智学校班主任"三心"运用…………………………………… 刘　博　86
培智学校信息技术课程教学方法初探……………………………… 鲁秋生　91
论亲子游戏对智力障碍儿童的影响………………………………… 马　艳　95
浅谈从动画到"动话"的教学模式…………………………………… 王　丽　117
浅谈利用多元智能理论对智力障碍学生进行音乐教育…………… 王　昕　123
浅谈培智学校校本课程设置与实施的原则和方法………………… 薛文靖　127
探究适合中度智力障碍学生的体育教学模式
　——对同伴式教学方法的研究…………………………………… 张育才　137
在"动"中快乐地学习………………………………………………… 赵　倩　143

德育活动

浅谈在德育课程建设中对融和育人的探索……………………王 颖 151
浅谈如何以正向行为支持法干预智力障碍儿童问题行为………李亚青 157
孤独症儿童情绪放松下加强主动语言表达的个案研究…………王 迎 180
浅谈舞蹈在培智教学中多元智能的培养……………………张 倩 193
关于培智学校转介儿童的特征研究…………………………闫 垒 199
对于成年智力障碍学生居家生活技能训练的初探……………陈燕红 216

支持就业

浅谈智力障碍学生职业技能的个别化教学……………………黄 琳 223

案例分析

"消退法"使他变可爱……………………………………………肖晓萌 229
用"真诚"架起沟通的桥梁……………………………………邱 波 234
用爱关注学生在家庭的生活变化………………………………程 萌 237
特殊的爱给特殊的他……………………………………………杜 洋 240
学生不良生活习惯的行为矫正
　——以不喝白开水、只喝饮料的个案为例………………李 花 243
情绪调整对自闭症儿童适应环境能力的案例研究……………张 雪 246
善行如枕　梦圆培智……………………………………………王文敏 248
给我"飞"的翅膀
　——编织辅具对脑瘫学生动手和心智发展效果的个案研究 … 王鸿雁 251
个别训练促发展…………………………………………………王淑文 255
音乐让孩子走出孤独……………………………………………王 昕 258
一句暖心的话……………………………………………………李庆梅 264

爱改变了她……………………………………………张　艳　266
一个自闭症教育教学的案例……………………………张晓宇　269
商　量……………………………………………………赖小京　272
改　变……………………………………………………李亚青　275

学校文化
Xuexiao Wenhua

融和资源内涵发展　提升教师专业化水平

马　鸿

【摘要】北京市东城区培智中心学校坚持融和育人特色建设，以"为特殊学生提供优质特殊教育"为己任，以提高教师专业能力为核心，以市区培训内容为依据，聚焦课堂，关注教师发展，坚持注重实效，联系实际，立足校本的原则，充分发挥资源融和的功能和优势，营造有利于教师终生教育和可持续发展的良好环境。

【关键词】特色建设　融合　特殊学生

北京市东城区培智中心学校以教师研究为主体，以课堂为主阵地，围绕教育、教学中出现的有共性的、有研究价值的问题，进行集体学习，以促进学生发展和教师专业化成长为重点，努力建设一支师德高尚、素质精良、能够适应学校课程改革的学习型、反思型、科研型的特殊教育教师队伍。

在研究中，学校以教研组为单位，围绕研究问题，组织教师进行听课、评课活动，了解教师对课程的构思和设计。在此基础上，开展自荐课活动。在参与、体验、反思中总结经验，转变教育观念，通过撰写教学案例、反思、教学设计等，提升教师基本素质和业务水平，通过研讨、交流，学习他人长处，提高认识，促进自我发展，促使教师整体专业化水平提高。

一、抓干部队伍建设

科学发展，关键在人，没有高素质的党员干部队伍和教师队伍，学校发展就无从谈起。北京市东城区培智中心学校在规划中明确了要健全干部培养发展机制，强化五种意识，做到"四个树立""三个公开"，力争做到干部让教师满意，工作开展顺畅；加强对干部学习管理培训制度，在干部管理实践中，促进干部队伍建设的规范化，逐步形成了干部的选拔、任用、考核与管理等方面相对完善的制度体系；建立管理监督机制，多种形式抽查工作内容，每个月要求主管部门领导做教师专业化培训总结汇报，总结重点工作，反思问题，提出下一步的工作目标。

同时，学校为党员、干部创造各种学习机会，支持他们参加各类思想业务培训，让他们走出去学习，或请特教专家、督导专家来校讲座，对学校的专业培训作指导，拓宽干部工作的视野，从而提高思想水平和管理能力；每个干部都有科研专题的子课题，以科研带教研，结合自己主管的工作进行研讨，丰富和充实学校的课题研究，全面推进学校课题研究。此外，学校还提出干部不断地对自己提出阶段性目标，在岗位上努力奉献，得到群众认可，从而建设一支"思想硬、作风实、能力强，具有现代科学管理方法"的干部队伍。

二、抓教师队伍建设

建设教师队伍，首先要抓教师的师德建设，组织教师学习优秀特殊教育教师的先进事迹，以特殊教育相关法律法规为培训主题，结合学校自身的实际，开展教师思想政治教育和职业道德教育，强化教师的自我修养，提高教师的职业道德素质，依法执教，以自身良好的师德师风、教师形象去感染、培养有智力障碍的学生。

为加快青年教师快速成长，进一步优化师资队伍，充分发挥骨干教师和老教师的示范、引领、辐射作用，学校通过传、帮、带，促使青年教师适应教育岗位的基本要求，实现师德、教学、教育管理能力的同步提高，帮助青年教师做一名合格的特殊教育教师，进而为争取成为骨干教师创造条件。

学校开展师徒结对活动。在结队过程中，"师傅"与"徒弟"教学相长，实现"双赢"，达到自身师德、教育教学艺术、教育管理能力和科研水平的同步提高。为了更好地发挥师徒功能，学校制定了师徒结对协议，协议中要求师傅要做到"三带"：带师魂——敬业爱岗，无私奉献；带师能——掌握教育、教学基础知识与技能；带师德——育德之道，为人师表。徒弟要做到"三学"：学思想——教育教学理念；学本领——教育教学基本功；学做人——为人处世，为善，求真。

近年来，学校发挥每一位教师的力量，共同为学校的发展贡献力量，建立师徒结对，让有经验的中年教师带青年教师，通过"以老带新""以优带新""以学促新"等方式，在常规工作上给予青年教师指导，使他们将工作做细、做实，同学习、同提高、同反思、同进步。学校同时抓青年教师的听课、评课、上课，开展青年教师基本功大赛、硬笔书法大赛、读好书读经典书征文大赛以及"中年教师说"，充分地挖掘、使用学校的人力资源；青年教师对此深有感触，普遍反映自己一年来的进步成长比过去几年来都多。

从2011年开始，学校进行"提升教师专业素养，促进学校文化建设"的"名家大讲堂"系列活动。6年来，学校请到了国内外特教专家20多人，先后为教师开展专题讲座，这也是学校"十二五"规划中的"名家带名师，名师带骨干，骨干促教师"的教师成长工程，在促进教师专业发展中为教师创造工作的幸福，让教师体验成长的幸福。

此外，学校请到了天坛医院神经外科医生、留美博士陈晓霖，针对培智中心学校老师们既要在日常教育教学中成为教师，又要拥有一定的医疗常识的特殊性，为所有教师进行了癫痫病常识的培训。陈医生不仅从癫痫病的发作特点、症状和临床观察等几个方面，深入浅出地为老师们进行讲解，更针对在学生出现癫痫病症状时，老师如何有效、及时、正确地做出保护方面给予指导，这对于培智中心学校的教师来说非常有帮助，同时也为学生能安全、快乐地学习生活提供了有力的支持。

学校还邀请到原中央教育科学研究所人事处处长、科研处处长、主任研究员华国栋教授。华国栋教授是国家科研课题鉴定专家库成员，是长期从事基础教育和特殊儿童教育研究的专家，曾指导各省市完成"十五""十一五"国家级课题多项，著有《差异教学论》等多篇论著。他一直参与学校主课题《社区融合教育》的研究，对此课题非常熟悉和认同。

华教授基于多年来对特殊教育与社区融合教育的深入研究，以《深入开展社区融合教育，提高智力障碍人士生活质量》为题，从"深入研究教学对象，提高个别化教学质量"和"社区融合教育的深入研究问题"两个方面进行了讲座。讲座从智力落后的概念入手，深入阐述了个别化教学、社区融合教育的意义、为智力障碍学生设计生涯规划提高生活质量以及争取社区资源践行医教结合等问题，使教师们受益匪浅。

三、抓课题引领，确定学校办学思想和特色建设

学校在向精品特色发展，必须要以文化引领，以科研引领。只有站得高、看得远，才能走得稳。为此，学校提出"融和育人"的办学特色，以"为学生的快乐成长服务、为教师的专业发展服务、为社会的和谐文明服务"为办学理念，建设"教育康复、融和共享、和谐发展"的校园文化，形成以国家级课程为主体，以社区实践、校本课程为特色，以潜能康复、个训组训课程为辅助的课程文化，融和共享的"五同"活动为载体的教育模式，彰显培智中心学校的教育、康复、指导、服务的多元功能。

学校整合融通社会、学校、家庭各方面教育资源，力求在办学模式上更加开放，"十二五"期间，学校确定要坚持从"融合"走向"融和"的实践研究，融汇各种资源，争取形成几大项目：融和育人的课程体系、融和育人的志愿服务体系、融和育人的实践活动体系、融和育人的就业合作联盟、融和育人的国际化发展项目。

四、抓全员培训和重点培养结合

学校根据教师实际需要和学科教学的特点和要求，结合北京市特殊教育中心安排的学习内容，进一步组织全体教师学习特殊教育理论知识，使教师能用理论指导教育教学行为，巩固、拓宽专业基础知识，更好地完成特殊教育教学任务。

学校制定区级骨干教师的培养方案，让教师根据学校发展规划，制定个人发展规划。学校有针对性地培养、使用、选拔教师，对市级骨干定向培养，对市区级骨干、校级骨干重点培养，对年轻教师实施四级培养目标，给机会、压担子、鼓励冒尖，针对教师不同的特点，为每一位教师的

自主发展创造机会，鼓励教师抓住机会成为名师。

同时，学校关心教师的身心健康，定期组织丰富多彩的文化活动，让教师展现自己的幸福美好生活，通过组织郊外活动来开阔教师的视野；关心教师的思想动态，开展心理辅导和疏导；关心教师的生活和工资待遇，正确解决过去工资待遇中的问题，为教师的生活和业务发展创造良好的环境；引导教师积极乐观地工作，团结协作，互帮互爱。学校连续开展了5年的感恩活动，创造温馨和谐的工作氛围，让教师心中有温暖、心中有他人，让教师明确：为了特殊教育事业，大家因为一份缘分走到一起，大家因为一个目标想在一处，要心存感恩，感谢身边的人，感谢家人的支持，共同协作，实现学校的发展，成就个人的幸福。

6年来，学校成绩逐年提升，学校获各级奖项共计11次，教师个人获奖149人次，其中党员获奖59人次，获得全国比赛奖项的10人，市级获奖42人次，区级获奖97人次，有3人被教师成长国培计划选中做课，把培智课程开放在更高领域进行研究，对特殊教育的教师培训展示作出努力。我们对近6年的毕业生进行了调查，学校共累计毕业学生47人，有的在家自主就业，在家长帮助下开了小门店为社区服务，大部分在职业康复训练站得到庇护性安置进行职业技能培训，还有14人已经在超市、福利工厂、宝洁公司和汽车修理厂就业。在学校接受了来自政府、企业、单位的帮助之后，学生们走出校门真正用自己微薄之力回馈社会，为社会作出贡献。例如，毕业生李某某在工作岗位上作出了成绩，在毕业15年后，带领着自己的团队走进母校，为学弟学妹们带来了快乐和祝福，使爱心在自己的手中进一步传递。未来，学校还将继续实现"快乐、分享、自信、自立"的校训和"为学生快乐成长服务、为教师专业发展服务、为社会文明和谐服务"的办学理念。

特殊儿童家长对儿童读物选择的调查研究

刘 婷

【摘要】 阅读不仅丰富儿童的知识，开阔他们的眼界，还有助于儿童观察力、想象力、思维能力及语言表达能力的发展与提高，而且还能培养儿童良好的非智力品质。儿童读物是儿童阅读中必不可少的媒介，它在儿童身心发展的过程中提供必需的独特文化。儿童读物要满足儿童的发展需求、便于儿童认读和接受，才能达到促进儿童良好发展的效果。本文以北京市东城区培智中心学校为例，调查并探讨特殊儿童家长对目前市场上售卖的儿童读物选择的情况。

【关键词】 特殊儿童　儿童读物　阅读

阅读对儿童的重要性在教育界已得到公认，它可以丰富儿童的知识，开阔他们的眼界，且有助于儿童观察力、想象力、思维能力及语言表达能力的发展与提高，而且还能培养儿童良好的非智力品质。[1]儿童读物是儿童阅读中必不可少的媒介，通常是对适合儿童阅读的知识读物以及各种文艺作品的统称，[2]它为儿童身心发展过程中提供必需的独特文化。儿童读物要满足儿童的发展需求、便于儿童认读和接受，才能达到促进儿童良好发展的效果。本文以北京市东城培智中心学校为例，调查并探讨特殊儿童家长对目前市场上售卖的儿童读物选择的情况，找出家长在选择儿童读物时的问题和对读物的期望，结合家长在选择读物上的可取之处以及读物在设计出版方面的优点，尝试提出一些解决方案，希望能为广大家长提供儿童读

---

[1] 陈淑敏，张在筠.培养幼儿良好的阅读习惯[J].幼儿教育，1994.
[2] 张念宏.中国教育百科全书[M].北京：海洋出版社，1991.

物选择方面的参考，也为儿童读物出版商在儿童读物的设计和出版上提供一些新的思考途径。

一、国内外研究现状

（一）国内研究现状

1. 关于儿童读物现状的相关研究

马红娟指出，当前我国儿童读物存在价格高、质量低，形式华美、内容贫乏，重复出书，缺乏创新，科普原创书匮乏等问题。❶

2. 关于儿童读物市场的相关研究

王青指出图书馆和书店对于儿童读物没有严格的分类，在粗略的划分情况下，对购买读物的家长带来困惑和误导。❷马红娟的研究结果显示儿童读物市场忽视了弱势儿童群体。❸

3. 关于儿童读物出版设计的相关研究

陈少明则指出儿童读物的开本、装订、色彩和版式等设计要从儿童心理需求出发，设计自由化、趣味化，适合儿童阅读，同时，书的设计可以突破平面形式，设计玩具式的立体书，使儿童在阅读过程中体会游戏与阅读的新奇和乐趣，从而获得愉快的阅读体验。❹马红娟提出的对策为：健全儿童读物市场发展；加强编者队伍建设，创品牌读物；合理的引进与输出。❺

4. 关于家长对儿童读物选择的相关研究

许晓晖、辛志勇和刘红云的调查研究结果表明，儿童拥有的读物基本上是出于家长自己的考虑、自己的教育观，是家长的一种主动行为。❻王晓艳的研究指出目前我国家长选择儿童读物时存在盲目性以及对儿童读物的

---

❶❸❺ 马红娟.浅析时下我国儿童读物的现状[J].科教文汇，2007.
❷ 王青.家长选择儿童读物的问题与对策研究[D].重庆：西南大学，2011.
❹ 陈少明.当代儿童读物的设计现状[J].新闻爱好者，2011.
❻ 许晓晖，辛志勇，刘红云.关于学前儿童读物状况的调查研究[J].山西大学师范学院学报，2001.

利用不充分等问题。❶ 王青则认为家长对儿童读物的价值认识有失偏颇、家长对畅销品牌儿童读物盲目追捧、家长对儿童读物内容的选择不够全面、家长在书店选择儿童读物时存在困惑。❷ 郭丽指出在选择儿童读物时，要从图书的公共关注度，儿童的发展水平和兴趣爱好，以及图书的综合品质等方面考虑。❸

5. 关于特殊儿童读物的相关研究

笔者在进行文献检索的时候，没有查找到有关特殊儿童读物方面的相关文献，家长对儿童读物的选择情况的文献，也都是针对普通儿童的。

（二）国外研究现状

儿童读物由于与人类的未来紧密相连，始终备受国际出版界的关注。国际儿童读物联盟，简称IBBY，被国际出版界公认为世界儿童读物出版的"小联合国"。IBBY 的使命在于通过儿童图书促进国际间了解，使全世界儿童都有机会接触到具有高文学水准和高艺术水准的图书，鼓励并支持尤其是在发展中国家的高品质儿童图书的出版和发行，为致力于儿童和儿童文学事业的人们提供援助和培训和推进儿童文学领域的研究和学术事业的发展。❹

中国少年儿童出版社考察团访问国外出版社后，总结出国外出版社有许多值得我们学习的地方，例如意大利的蒙达多利出版社将儿童的年龄段分得非常细，心理特点也揣摩得非常透彻，为不同年龄段的儿童设计出版具有不同特点的儿童读物；法国的巴亚德出版社为了帮孩子养成阅读习惯，专门办了《我爱读书》杂志；英国的包特来·海德出版社则认为书是艺术品，要把最好的艺术品给孩子，从小培养孩子的审美能力；了解并满足读者的需求，每一个出版社都把市场调查当作重要的工作，一般都设有

---

❶ 王晓艳. 关于儿童读物的现状分析及思考[J]. 河套大学学报，2009.
❷ 王青. 家长选择儿童读物的问题与对策研究[D]. 重庆：西南大学，2011.
❸ 郭丽. 儿童早期阅读读物的选择与指导策略[J]. 社科纵横（新理论版），2011.
❹ 屏风石. 国际儿童读物发展的新视点——来自第25届国际儿童读物联盟（IBBY）大会的信息[J]. 出版参考，1996.

专门的推销部门；推动读书也是出版社的责任，德国约尼尔出版社赠送读者的小礼物是一个神态像学者、穿着大衣，大衣口袋里装满了书的塑料小熊等；国外的儿童读物还很重视直观教育和注意与他国的交流。❶

二、研究对象与方法

（一）研究对象

笔者对北京市东城区培智中心学校的家长进行问卷调查，共发放问卷55份，回收有效问卷50份，有效问卷回收率为91%。其中康复段和教学段共33份，职培段17份。研究对象的年龄、性别等人口学特征分布如表1所示。

表1 研究对象的人口学特征分布

		人数（人）	比例（%）
年龄	6～16岁	33	66
	16岁以上	17	34
性别	男	28	56
	女	22	44
是否独生	独生	37	74
	非独生	13	26
障碍类型	智力落后	42	84
	孤独症	8	16
父亲的学历	初中及以下	15	33
	高中或中专	16	34
	大学及以上	15	33
母亲的学历	初中及以下	17	35
	高中或中专	10	21
	大学及以上	21	44

---

❶ 中国少年儿童出版社考察团. 国外儿童读物见闻[J]. 出版工作，1982.

（二）研究方法

本文使用自编问卷《特殊儿童家长对儿童读物选择的调查问卷》，共18道题，其中6道为基本情况调查题，12道为对儿童读物选择情况的调查题，4道为单选题，7道为多选题，还有1道为问答题。

（三）数据统计

运用Excel和SPSS17.0对数据进行统计分析。

三、调查结果

（一）特殊儿童的儿童读物拥有情况

1. 特殊儿童拥有儿童读物的数量

调查发现，有30%的特殊儿童拥有30本以上的儿童读物；26%的特殊儿童拥有6～10本；拥有3～5本的占12%；拥有2本以下的占了16%。（见表2）

表2　特殊儿童拥有儿童读物的数量

	0～2本	3～5本	6～10本	11～20本	21～30本	30本以上
人数（人）	8	6	13	4	4	15
比例（%）	16	12	26	8	8	30

2. 特殊儿童拥有儿童读物的种类

特殊儿童拥有儿童读物的种类情况为拥有1种儿童读物的儿童占总数的36%；拥有2种儿童读物的占18%；拥有3、4、5种儿童读物的分别占16%、12%和10%；而拥有6、7种儿童读物的分别仅占4%。可见，随着儿童读物种类的增加，儿童的拥有率在下降。（见表3）

表3　特殊儿童拥有儿童读物的种类

	1种	2种	3种	4种	5种	6种	7种
人数（人）	18	9	8	6	5	2	2
比例（%）	36	18	16	12	10	4	4

3. 特殊儿童拥有儿童读物的具体类别

特殊儿童拥有儿童读物的具体类别情况为，拥有最多的漫画、卡通类读物，占66%；其次是儿童启蒙类读物，占58%；益智类读物、科普类读物和文学类读物分别占34%、36%和40%；英译绘本、专业类读物和儿童杂志类读物占4%、8%和18%。（见表4）

表4 特殊儿童拥有儿童读物的具体类别

	选择人数（人）	比例（%）
儿童启蒙类读物	29	58
益智类读物	17	34
科普类读物	18	36
文学读物	20	40
漫画、卡通类读物	33	66
专业类读物	4	8
英译绘本	2	4
儿童杂志类读物	9	18

4. 儿童的个体特征与读物数量和种类的相关性

儿童读物的数量和种类与特殊儿童基本情况的相关性分析显示，读物数量与父母的学历呈显著的正相关，与月收入却成显著的负相关；读物的种类与父亲的学历呈现显著的相关性，与母亲的学历呈现极其显著的相关性。说明父母的学历越高儿童拥有的儿童读物数量越多，父母学历越高的儿童拥有的读物种类也越多，而月收入越高，儿童拥有的读物数量越少。（见表5）

表5 各相关因素与项目之间的相关系数

	年龄	性别	是否独生	父亲学历	母亲学历	月收入
读物数量	-.111	.030	-.112	.338*	.402*	-.236*
读物种类	-.008	-.003	-.124	.318*	.448**	-.154

注：*$p<0.05$ 差异显著，**$p<0.001$ 差异非常显著。

（二）特殊儿童家长选择儿童读物的依据

家长在购买儿童读物时，依据孩子的喜好来选择的家长占88%；此外是考虑读物的教育意义和读物的内容，分别占52%和48%；读物的价格和质量仅占18%和28%；而在购买时考虑较少的是自己的喜好和读物的品牌，分别占6%；考虑最少的是读物是否畅销，仅为2%。（见表6）

表6 特殊儿童家长选择儿童读物的依据

	选择人数（人）	比例（%）
孩子的喜好	44	88
自己的喜好	3	6
读物的质量	14	28
读物的内容	1	48
读物的价格	9	18
读物的品牌	3	6
读物是否畅销	1	2
读物的教育意义	26	52

（三）特殊儿童家长对儿童读物效果的认识情况

家长认为，所选择的儿童读物在有效性方面排在前3位的是获得知识方面、为孩子带来快乐方面和学习生活常识方面是有效果的，分别占52%、50%和46%；而选择激发孩子的学习兴趣、促进沟通和促进社会交往方面的仅占26%、20%和14%；仅有8%的家长选择了提供丰富的感官刺激和2%的家长选择了促进运动技能的发展。在无效性方面排在前3位的是提供丰富的感官刺激方面、促进运动技能发展方面以及促进沟通技能发展方面，分别占52%、36%和32%。（见表7）

表7 特殊儿童家长对儿童读物效果的认识情况

	有/无效	选择人数（人）	比例（%）
获得知识	有效	26	52
	无效	1	2
促进运动技能的发展	有效	1	2
	无效	18	36
促进沟通技能的发展	有效	10	20
	无效	16	32
学习生活常识	有效	23	46
	无效	2	4
促进社会交往	有效	7	14
	无效	14	28
为孩子带来快乐	有效	25	50
	无效	2	4
提供丰富的感官刺激	有效	4	8
	无效	26	52
激发孩子的学习兴趣	有效	13	26
	无效	12	24

（四）特殊儿童家长在选择儿童读物时遇到的问题或困惑以及解决方法

1. 特殊儿童家长在选择儿童读物时遇到的问题或困惑

家长在选择儿童读物时首先遇到的问题或困惑是不知道是否适合孩子，占42%；其次是不知道孩子是否有兴趣阅读的占34%；再次是不知道对孩子是否有教育意义，占28%；当然也有24%的家长没有问题或困惑。（见表8）

表8 特殊儿童家长在选择儿童读物时遇到的问题或困惑

	选择人数（人）	比例（%）
价格太高	9	18

（续表）

	选择人数（人）	比例（%）
不知是否适合孩子	21	42
不知孩子是否有兴趣阅读	17	34
不知对孩子是否有教育意义	14	28
没有问题或困惑	12	24

2. 特殊儿童家长在选择儿童读物时对所遇问题的解决方法

家长采用最多的解决方法是征求孩子的意见，占64%；自己查找资料的占30%；询问售货员和与家人、朋友商议的占28%和24%；仅有14%的家长选择请教老师或其他专业人员，10%的家长选择请教其他家长；不能解决就不买的占14%。（见表9）

表9 特殊儿童家长在选择儿童读物时遇到的问题或困惑的解决方法

	选择人数（人）	比例（%）
询问售货员	14	28
征求孩子意见	32	64
与家人、朋友商议	12	24
自己查找资料	15	30
请教其他家长	5	10
请教教师或其他专业人员	7	14
不能解决就不买	7	14

四、讨 论

（一）特殊儿童拥有儿童读物数量的特征

本调查首先发现拥有30本以上和5本以下儿童读物的特殊儿童占所有儿童的30%和28%，这说明特殊儿童对儿童读物的拥有量呈现两极分化的趋势，对一部分儿童来说，并不缺乏儿童读物，甚至可能比普通儿童还多，这与之前的想象是不一致的，可喜之处在于，有的家长能为特殊儿童提供大量的儿童读物，但是，这么多的读物的利用率如何，是值得进一步探析的。儿童读物数量较多可能会造成儿童对儿童读物的忽视和资源的浪费，且对特殊儿童在选择上也有一定的影响，儿童也会看两眼这本读物马上又换下一本，不能充分地去感知读物的内容与意义；但对另一部分儿童而言，拥有的读物量却很少。儿童读物数量较少，可能不能满足儿童学习的需求。因此根据儿童的发展规律为他们提供数量相当的儿童读物对于家长来说是有难度的。

（二）特殊儿童拥有儿童读物种类的特征

调查发现特殊儿童拥有的儿童读物的种类较单一，拥有2种以下的儿童占54%。特殊儿童的读物种类单一可能是由他们的"兴趣范围较单一、狭窄，对周围事物缺乏兴趣，无好奇心"❶的心理特点所造成的。特殊儿童的家长要有目的地去引导孩子发现周围的新鲜事物，培养他们的好奇心，开发潜能。从读物上考虑，所以应该尽可能多些读物种类。从儿童拥有儿童读物的具体类别方面来看，拥有数量最多的是漫画、卡通类读物（占66%），此类儿童读物大板块的都是图画，儿童有兴趣阅读，且同学之间也容易进行交流；其次是儿童启蒙类读物，此类读物多是小故事、小儿歌，容易理解，贴近生活；选择益智类读物和科普类读物的不及前两种；受特殊儿童自身发展的制约，选择专业类读物，如美术、书法、音乐等读物的人数最少，一般选择此类读物的儿童都是在这些领域有一定发展的儿童。

（三）家长对儿童读物选择的依据特征

调查发现绝大部分家长在选择儿童读物的时候首先都是出于儿童的喜好的，其次考虑的是读物的教育意义和读物的内容。而自己的喜好、读物的品牌和读物是否畅销这些因素考虑的还是比较少的。能根据孩子的兴趣点而不是家长自己的喜好去为儿童选择儿童读物这点值得鼓励，但是根据儿童的身心发展特点和发展的现阶段去为他们选择适合他们的儿童读物这点往往被家长忽略了，即使家长有这个意识，可能能真正做到、做好的家

---

❶ 肖非，王雁. 智力落后教育通论［M］. 北京：华夏出版社，2000.

长是少之又少；而没有这个意识的家长还是占了大多数的，这与家长自身的素质有一定关系，在今后应注重这方面意识的培养。虽然读物的教育意义和读物的内容受重视，但是看重读物质量的比重（仅占28%）并不是很高，儿童读物的装帧设计、纸张、印刷、字体大小、图文设计等也是十分重要的。

（四）家长对儿童读物效果认识的特征

家长认为现有的儿童读物在帮助孩子获得知识、为孩子带来快乐和学习生活常识方面是有效果的；在提供丰富的感官刺激方面是最没有效果的。由此可见，家长的关注点更多的还是集中在认知方面和为孩子带来快乐方面；家长认为儿童读物在为孩子提供丰富的感官刺激方面没什么效果可能有以下原因：（1）家长所选择的现有的儿童读物确实不能为儿童提供这方面的刺激，可能对于普通儿童来说，现有的儿童读物可以为他们提供感官刺激，而特殊儿童的认知能力发展时间晚、水平低、速度慢，对材料处理困难，认知缺少主动性、目的性、灵活性和独立性，因此，他们感受不到儿童读物带给他们的感官刺激；（2）一些插图夸张、立体式读物或互动式读物是能给孩子提供视觉、触觉、听觉方面的刺激的，而家长却意识不到，这也是家长认为这方面无效的一个原因。

（五）家长在选择儿童读物时对所遇问题的解决方法的特征

家长在为特殊儿童选择儿童读物时没有问题的只占24%，大多数家长是有问题或困惑的。因此，家长需要得到这方面专业的指导。家长遇到最多的问题是不知道儿童读物是否适合自己的孩子，其次是不知道孩子有没有兴趣阅读，家长的解决方式并不十分乐观，当遇到这些问题时，大多数家长会选择征求孩子的意见或是自己查找相关资料，还有部分家长会选择询问售货员。家长能够遵从孩子的意见去为他们选择儿童读物，这点值得肯定，但是特殊儿童为自己选择的读物可能并不完全适合自己阅读。另外现在的售货员的整体素质并不高，对特殊儿童方面的了解是相当匮乏的，而且市场上没有专门为特殊儿童设计出版的儿童读物，所以，家长去询问售货员这个方法并不可取。而只有14%的家长会选择请教教师或其他专业人士。他们在长时间接触儿童以后，知道他们的现有发展水平，可以为家长提供一些参考意见。

父母的学历越高，特殊儿童拥有的儿童读物数量越多，儿童读物的种类也越多。另有研究发现，大多数情况下是由母亲来为儿童选择购买儿童读物，由上述研究结果也可看出，母亲的学历与儿童读物的种类有及其显著的正相关，即母亲的学历越高，特殊儿童拥有的儿童读物的种类越丰富。起初假设的是，家庭月收入越高儿童拥有的儿童读物的数量越多，而研究结果却显示月收入与儿童读物数量呈显著的负相关，在后续调查中发现，那些月收入较高的父母，大多工作繁忙，经常出差，一般由家中的老人或保姆来照顾儿童，而他们的侧重点往往在于照顾好儿童的饮食起居而忽略了儿童学习方面的需求。

五、结　论

通过以上调查研究，得出以下几个结论：

（1）特殊儿童家长选择的儿童读物在数量和种类上比较盲目，读物数量较多或较少的情况比较明显，儿童读物的种类上，家长大多是根据儿童的兴趣点去购买单一品种的儿童读物。

（2）所选择购买儿童读物的具体类别分类上，家长倾向于儿童较喜欢的漫画、卡通类读物和儿童启蒙类读物。

（3）当家长遇到不知道所选择的儿童读物是否适合自己的孩子、对孩子是否有教育意义、孩子是否有兴趣阅读这些问题时，家长选择的解决方式不科学，最多的解决方式是征求孩子的意见，也会自己查找相关资料，或就地取材，询问售货员的意见，而忽略了可以向教师或其他专业人士等请教的方式。

（4）家长对儿童读物的效果认识得不够全面，有时会忽略一些效果的存在。

（5）现有的儿童读物在为特殊儿童提供丰富的感官刺激、促进运动技能发展以及促进沟通方面的的效果不明显。

六、建　议

基于本研究的结果，提出以下建议。

（一）儿童读物市场要重视多元化

目前的儿童读物市场将目标群体定位于普通儿童而忽视了特殊儿童这一群体，特殊儿童对儿童读物的需求量也是很大的，希望今后的儿童读物出版商能从特殊儿童的发展特点出发，为不同发展水平的特殊儿童提供适合他们的儿童读物。

（二）家长要为特殊儿童选择适合他们的儿童读物

家长在为特殊儿童选择儿童读物之前，需充分了解儿童的身心发展特点以及发展阶段的需求出发，为他们选择适合的儿童读物，在儿童读物的品种上也要真正地做到多元化。家长可为特殊儿童选择一些图画书，建议选择插图比较大、色彩鲜艳的图画书，配有简明扼要、贴近生活的解释文字；读物的页数不建议过多，最好是能达到儿童不知不觉地就读完了，有没读过瘾的感觉，而不是想着怎么还有这么厚，怎么还没读完。在儿童读物的材质上也可打破常规，为其选择布艺书等，在形式上也可多选择立体式、互动式的儿童读物，可以激发特殊儿童的阅读兴趣，也可为他们提供丰富的感官刺激。

（三）学校及教师要为家长多提供这方面的指导

现阶段，家长整体素质得到很大的提升，很多家长达到了大学以上的学历，但是学过心理学、教育学的家长毕竟只占少数。所以，在建议家长应该针对孩子的身心特点选择读物的同时，我们还建议学校及教师可以在力所能及的条件下，多组织一些专家讲座、家长交流、咨询服务等形式的活动，来拓宽家长获得儿童读物方面的知识途径。

（四）高层教育部门要为学校给予支持

学校为家长提供指导，让家长获得这方面的知识，是一件大好事，但这里涉及的因素有很多，尤其要呼吁高层教育部门给予学校和教师政策方面、场地方面、资金方面的大力支持。

附录：特殊儿童家长对儿童读物选择的调查问卷

各位家长：

您好！本人正在进行一项关于特殊儿童家长对儿童读物选择情况的调查，需要您的支持与配合。

本份问卷旨在依据各位对问题的回答来了解目前各位家长对儿童读物选择的现状，问题无对错之分，请您依据您最真实的状况和想法进行填写。本问卷采取不记名的方式，回答结果保密且仅供研究分析。

请您放心作答，感谢您的支持！

一、基本情况

1. 您孩子的年龄：_____；性别：_____；是 / 否 独生子女（请在是或否上画"√"）

您孩子的障碍类型为：_____

智力测验结果为：_____

2. 家长基本情况：

	年龄（岁）	学历	职业
父亲			
母亲			

3. 家庭每月的总收入为（　　）。

　　A. 3 000 元以下　　　　　　B. 3 000 ~ 5 000 元

　　C. 5 000 ~ 10 000 元　　　　D. 10 000 元以上

4. 平时您的孩子是由（　　）来照顾的？

　　A. 父亲　　　　　　　　　　B. 母亲

　　C. 父母　　　　　　　　　　D. 爷爷奶奶或姥姥姥爷

　　E. 家里其他亲属　　　　　　F. 保姆

5. 您或其他家属对孩子的教养方式属于（　　　）。

　　A. 严格型　　　　　　B. 民主型　　　　　　C. 放纵型

6. 您认为您孩子在下面哪些方面表现的比较强_____哪些方面比较弱_____（注：可多选，请按由最强到最弱的顺序填写）。

　　A. 认知能力　　　　　　B. 沟通能力

　　C. 运动技能　　　　　　D. 生活自理能力

　　E. 社会交往能力　　　　F. 其他

二、对儿童读物的选择情况

1. 您的孩子近一年拥有儿童读物的数量（　　　）。

　　A. 0~2本　　　　　　　B. 3~5本

　　C. 6~10本　　　　　　 D. 11~20本

　　E. 21~30本　　　　　　F. 30本以上

2. 您的孩子拥有儿童读物的种类_____（注：可多选。请按数量最多到最少的顺序填写）。

　　A. 儿童启蒙读物（如《三字经》《成语故事》等）

　　B. 益智类读物（如迷宫、配对游戏类）

　　C. 科普类读物（如《十万个为什么》《大自然》等）

　　D. 文学读物（童话、游记等）

　　E. 漫画、卡通类读物（如《喜洋洋与灰太狼》）

　　F. 专业类读物（如美术、历史、地理）

　　G. 绘本（中英文外国童话）

　　H. 儿童杂志类读物

　　I. 其他读物_____

3. 儿童读物的材质_____（注：可多选。请按数量最多到最少的顺序填写）。

　　A. 普通纸质版　　　　　B. 布艺版

　　C. 硬质纸版　　　　　　D. 电子版

　　E. 其他材质_____

4. 儿童读物的形式是 _____（注：可多选。请按数量最多到最少的顺序填写）。

  A. 平面读物   B. 立体读物

  C. 互动式读物   D. 其他形式

5. 您大概多久会给孩子买一次儿童读物（ ）。

  A. 1 周   B. 2 周

  C. 1 个月   D. 3~6 个月

  E. 6 个月以上

6. 您每次购买儿童读物时是否会带上孩子（ ）。

  A. 会带上孩子   B. 不会带上孩子

  C. 偶尔会带上孩子

7. 您通常选择一本读物的依据是_____（注：可多选。请按您考虑的最多到最少的顺序填写）。

  A. 孩子的喜好   B. 自己的喜好

  C. 读物的质量   D. 读物的内容

  E. 读物的价格   F. 读物的品牌

  G. 读物是否畅销   H. 读物的教育意义

  I. 其他方面

8. 您在购买儿童读物时遇到了怎样的问题或困惑_____
_____（注：可多选。请按您遇到最多问题到最少问题的顺序填写。）

  A. 价格太高   B. 不知道是否适合孩子

  C. 不知道孩子是否喜欢   D. 没有问题或困惑

  E. 不知道对孩子有没有教育意义   F. 其他问题或困惑

9. 那您是如何解决这些问题的 _____（注：可多选。请按您使用过最多的方法到最少的方法的顺序填写）。

  A. 询问售货员   B. 征求孩子意见

  C. 与家人、朋友商议   D. 自己查找资料

E. 请教其他家长　　　　　　F. 请教教师或其他专业人士

G. 不能解决就不买　　　　　H. 其他方式

10. 儿童读物购买回去，孩子怎样阅读（　　　　）。

A. 家长陪孩子一起读　　　　B. 家中的其他小孩陪孩子一起读

C. 孩子自己读

11. 您认为这些儿童读物在_____方面对孩子有效，在_____方面没什么效果。

A. 获得知识　　　　　　　　B. 促进运动技能的发展

C. 促进沟通技能的发展　　　D. 学习生活常识

E. 促进社会交往　　　　　　F. 为孩子带来快乐

G. 提供丰富的感官刺激　　　H. 激发孩子的学习兴趣

12. 根据您孩子的具体情况，您对未来的儿童读物市场有何期望？

_____

_____

_____

_____

_____

再次感谢您的支持！

年　月　日

浅谈教学中古典诗词诵读对智力障碍学生的康复作用

聂宝权

【摘要】古典诗词是中华文化遗产中的瑰宝，不但能给人以美的享受，而且能使懵懂的孩童于不知不觉中开发智力、启迪思想，开扩胸襟，形成开朗乐观、豁达开阔的好性格。智力障碍学生有一定的好奇心，但感知觉迟钝、缓慢，注意力不集中，语言能力薄弱，机械记忆力尚可，抽象思维能力极差，意志力差。但只要在特殊教育学校就读的智力障碍儿童就有一定的学习能力，能够接受课堂教学。特殊教育学校利用多种教学途径对智力障碍学生进行康复性训练，以挖掘潜能，语文教学中借助古典诗词的吟咏、理解、背诵，对智力障碍学生的记忆力、感知力、思维力、想象力等有一定的康复作用，可提高智力障碍学生的审美意识。不过这种教学选用的古典诗词要符合他们的心理特点，才能取得很好的效果。

【关键词】古典诗词　智力障碍　语言能力

古典诗词是中华文化遗产中的瑰宝，它以深邃的意境、生动的形象、凝练的语言、丰富的内涵和独特的表现手法，在中国文坛上独树一帜。古典诗词在内容上最具有心灵性，形式上最富有审美意味，是文学的精华和灵魂。古典诗词形象鲜明，富有意境，语言精练，一字一句都有显著的色彩，词语组织配合又非常严密，于短小篇章中，蕴含丰富的思想内容，不但能给人以美的享受，而且能使懵懂的孩童于不知不觉中开发智力、启迪思想，开扩胸襟，形成开朗乐观、豁达开阔的好性格。

依据智力障碍程度的不同，智力障碍儿童可以分为轻度智力障碍、中度智力障碍、重度智力障碍、极重度智力障碍。智力障碍学生有一定的好奇心，喜欢音乐，但感知觉迟钝、缓慢，注意力不集中，语言能力薄弱，意志力差，机械记忆力尚可，抽象思维能力极差。但是，只要在特殊教育学校就读的智力障碍儿童就有一定的学习能力，能够接受课堂教学。智力障碍学校利用多种教学途径对智力障碍学生进行康复性训练，以挖掘潜能，例如在语文教学中借助古典诗词的吟咏、理解、背诵，对智力障碍学生的记忆力、感知力、思维力、想象力等有一定的康复作用，可提高智力障碍学生的审美意识。不过这种教学选用的古典诗词要符合他们的心理特点，才能取得很好的效果。

一、借助古典诗词诵读康复智力障碍学生发音

智力障碍学生的语言表达能力差，是一种普遍现象。有的口齿不清，有的词汇贫乏，有的甚至连基本日常用语说起来都感到困难，他们的语言发展和所用的词汇增长的情况是各不相同的，但在学语言时，常常会遇到发音困难，往往发音不准确，让人听不懂，智力障碍学生对某些语言音节发音困难时，教师总想方设法让其慢慢地学会，在语文教学中教智力障碍学生学习语言，有许多好的方法可供参考，说儿歌、背诗词就是促进智力障碍学生语言发展的有效手段之一。

古典诗词富有节奏，读来朗朗上口，韵味无穷，具有声韵和谐的音乐美。便于智力障碍学生通过吟诵康复其口齿的发音，词汇的积累。非读不能练发音，非读不能积词汇，非读不能益其智，必须在反复地诵读古典诗词的节奏和韵律基础上进行发音清晰的康复。如唐朝诗人王翰的《凉州词》，这首诗讲究押韵，平仄相对，音调和谐，朗朗上口，具有强烈的节奏美和音律美：

葡萄/ 美酒/ 夜光杯，

欲饮/ 琵琶/ 马上催。

醉卧/ 沙场/ 君莫笑，

古来/ 征战/ 几人回。

教师在这一过程中应进行科学的诵读指导，正确停顿、富有节奏地吟

咏该诗，引导智力障碍学生把握诗句中音节语句的声调，读准诗句的节奏，真正体现诗句朗读中的音乐美，帮助学生康复口齿发音。类似的诗歌有很多，教师可根据学生的不同特点，根据实际教学需要在中国古典诗词海洋中选取。

二、借助古典诗词诵读康复智力障碍学生记忆

就智力的内容看，记忆力也是其中之一，通过背诵古典诗词训练记忆力，就是益智的一个方面。根据心理学家的调查表明：智力障碍学生的记忆能力弱，但古典诗词语言简洁，内容凝练，合辙押韵，便于记忆。智力障碍学生反复背诵，不仅对理解的东西，即使是不大理解，甚至不理解的东西也能很快记住，尤其对那些没有内在联系的记忆内容更能迅速记忆。从唐宋开始，不少诗人学者就从古代诗词中选编那些内容健康、语言浅显明快的诗作，用作对儿童益智的教材，既符合其心理特点，又容易激发他们学习兴趣。同样，今日把古典诗词运用于智力障碍学生的学习，用于康复智力障碍学生的记忆力也大有用途。

从生理上来看，因古典诗词具有音乐性，节奏鲜明，对听觉器官是一种良性刺激，并通过大脑产生生理效应。朗读诗句是一种口腔运动，而口腔运动具有健脑作用。此外，反复吟诗，可使大脑皮层的兴奋、抑制过程达到相对平衡，血液循环加速，体内的生化代谢更加旺盛，能增加一些有益的激素及活性物质的分泌，这些物质能使血流量、神经细胞的兴奋趋于最佳状态，十分有益于体力和智力的发育。如《咏鹅》，相传是初唐诗人骆宾王在7岁时写的一首咏物诗。这首千古流传的诗歌，没有什么深刻的思想内涵和哲理，而是以清新欢快的语言，抓住事物（鹅）的突出特征来进行描写。写得自然、真切、传神，多被咿呀学语的儿童背诵，更利于智力障碍学生吟咏背诵：

鹅，鹅，鹅，
曲项/向天歌。
白毛/浮绿水，
红掌/拨清波。

教师选取这些格调明快，诗意明了，轻松而又富有想象力、充满生活情趣的古典诗词一定会对智力障碍学生智力有康复作用。

三、借助古典诗词诵读康复智力障碍学生思维

古典诗词具有简洁、篇幅短小而意蕴丰富的特点，智力障碍学生要了解诗中的意境，诗句的言外之意，就要靠自己的想象补充和领悟。利用古典诗词作为一个载体去联想、补充和创造，以构想诗词中的画面。这就培养了智力障碍学生的想象力。同时对于智力障碍学生而言，有了点滴的想象力就是思维的康复。古人云：不著一字，尽得风流。即是这个道理。由此可以引出古典诗词的作用，那就是康复思维的训练。古典诗词教学给了智力障碍学生一个发挥想象发展思维，进行艺术再创造的空间。智力障碍学生在读古典诗词时，对诗中描绘的各种形象大都见过，然后利用想象根据诗意把大脑中记忆的各种意象进行再造组合，从而在大脑中创造一个新的画面。这样不仅对诗意的理解更加深刻，也充分发挥了主导作用，培养了他们的思维能力和想象力，这对于促进智力的发展有着重要作用。

诗词重抒情，而情感往往是跳跃的，是波动的，真正优秀的诗词是句断而意不断，通过似断非断的变化，给欣赏者提供想象的空间。教师在引导智力障碍学生鉴赏诗作时，可以先通过背景介绍或词句讲解，让智力障碍学生在理解内容的基础上进行想象与联想，把诗中有、无、隐、显的空间填补起来，在脑中形成一幅与诗歌内容相符的图画。让诗中的意境过理解、想象、联想，得到充分的还原、再现。如南宋诗人杨万里的《小池》，他的诗通俗清新，流畅自然，诗的内容以山水风光自然景色为主，每首诗即为一幅画卷，便于学生在大脑中表现：

泉眼/无声/惜细流，
树阴/照水/爱晴柔。
小荷/才露/尖尖角，
早有/蜻蜓/立上头。

此诗描绘出一幅具有无限生命力的朴素、自然，而又充满生活情趣的

生动画面，泉眼、细流、树荫、荷叶、蜻蜓，智力障碍学生在生活中有所见，通过吟咏想象，可在大脑中勾勒出一幅自己独有的美丽画卷。

四、借助古典诗词诵读康复智力障碍学生心理

古典诗词是思想的结晶，情感的果实，它本是文人墨客的密友、骚人学子的情侣，如果精心选用，古典诗词可以成为心理健康教育的有效工具。教育学家孔子曾对弟子说："诗可以兴，可以观，可以群，可以怨。迩之事父，远之事君，多识于鸟兽草木之名。"（孔子说："同学们怎么不学诗呢？诗可以激发情志，可以观察社会，可以交往朋友，可以怨刺不平。近可以侍奉父母，远可以侍奉君王，还可以知道不少鸟兽草木的名称。"——笔者注）寥寥数语，指出了古典诗词的认识价值和对人们生活的指导意义，同时也点明了诗歌心理教育的功效。许多心理学家认为：诗中自有妙药。诗歌优美的意境和形象的语言具有高雅的情趣和非凡的魅力。无论吟诗和赏诗，都可以达到诗化心灵的效果。吟诗时，通过对诗歌内容的联想，能够产生一系列的心理效应，从而达到宽松情绪、荡涤肺腑，激励志操的良效。赏诗时，那五彩缤纷的意境和精妙绝伦的语言，都会令你心旷神怡，让你的愁绪烦恼抛至九霄云外。

智力障碍学生由于生理、心理特点，不能像正常人一样交流沟通，但他们也有心理需求，如不正确疏导，极易产生不同程度的心理问题。因此，教学中借助古典诗词学习，指导智力障碍学生去欣赏、体味作品中反映的生活美、自然美、情感美、艺术美，能够有效帮助他们疏通心理障碍，培养健康的心理。教学中集体吟咏古诗就是"可以群"，合作交往，即个体融于集体之中，共同登台表演获得热烈的掌声，尝试成功的喜悦，感受集体的力量，利于树立自信，就是"可以兴"。智力障碍学生通过诗歌感受生活的美好，就是"可以观"。智力障碍学生自创诗歌表演抒发情感，就是"可以怨"。诗歌教育康复羽翼凸显。

如《行走江南》一诗就是一名智力障碍学生游历江南时有感而写，语言简洁，色彩凝练，画面清晰。读后令人陶醉在愉悦的体验和美好的幻想中。

融和育人，共享发展
北京市东城区培智中心学校教育探索与实践

> 云清清，水凌凌，
> 江南楼台烟雨中。
> 树绿绿，花红红，
> 踏着评弹画中行。

此诗有物：云、水、楼台、烟雨、树、花；有色：清、凌、绿、红；有声：评弹；有动：踏、行；更有感：画。淋漓尽致，好一幅诗画江南！正如一曲评弹，清洁曲折，扣人心弦，雅俗共赏，令人遐想，不亚于白居易的《江南好》："江南好，风景旧曾谙。日出江花红胜火，春来江水绿如蓝，能不忆江南？"杜牧的《江南春》："千里莺啼绿映红，水村山郭酒旗风。南朝四百八十寺，多少楼台烟雨中。"

诗词具有陶冶性情，高尚情操，完善人格的基本功能。诗词是心灵的甘泉，包含丰富多彩的感情，博大精深的思想，深邃幽杳的意境，精致优美的语言，能使学生自然地受到熏陶，纯洁心灵，解除心灵的枷锁，在诗的领域里自由协调健康的发展。让学生在诗词学习的过程中，将自我的内心体验投射到"可以兴，可以观，可以群，可以怨"之中，在这种艺术的美感，心灵的融洽和美好的人际氛围中，养成开朗、宽广、平和的心态，对自我的完善，个性的塑造和丰富都是极为有利的。

总之，古典诗词是我们伟大民族五千年灿烂文化的结晶，是我们的宝贵财富。只要运用得法，对智力障碍学生的身心健康，个性发展必将产生重要影响。优秀古典诗词是特殊教育的重要资源，优美的诗词，深刻的内涵，高远的意境，流传的佳句，精湛的语言，是特殊教育取之不尽、用之不竭的宝藏。

关于孤独症儿童上肢运动能力的研究

杨 振

【摘要】本文主要采用测量法，选取特殊教育班30名7~13岁孤独症儿童为研究对象，用自编测试表进行测试，并另测试了25名平均年龄8岁的普通儿童作为研究参考，得出以下结论：（1）孤独症儿童上肢运动相对自身而言，关节活动相对灵活，但力量不足且持久性差，左手、右手发展不均衡；（2）孤独症儿童上肢运动能力与普通儿童有明显差异，且均低于普通儿童；（3）孤独症儿童上肢运动能力在性别上整体无明显差异，且不随年龄增长而增强。

【关键词】孤独症　运动能力　上肢运动

运动对于人类生存、发展的重要作用毋庸置疑，在人类生命早期，运动更成为生命体生存以及认知世界的方式。儿童早期通过不断运动不仅能够增强体质，还可以促进神经系统的发育，促进儿童的感认知与创造性思维，进而增强儿童理解力及社会能力等各方面的发展，并让儿童从运动中体会到快乐、自信等积极的情感。然而，特殊儿童常由于生理原因导致运动障碍，再加上后天自身及环境等不利因素的影响，最终导致运动能力较之同龄儿童差。

近年来，随着特殊儿童发生率的升高，越来越多的学者开始关注特殊儿童，并对其进行多方面的研究。在特殊儿童中，孤独症是很特殊的一类，它是涉及社会交往、沟通发展和想象行为等根本性损害的一种罕见的神经发展障碍，至今病因不明，也没有治愈的药物与手段，目前较为有效的办法就是通过干预和训练最大限度地开发患儿的潜能。已有研究表明，

运动康复对孤独症来说是十分重要的康复手段之一。❶❷❸❹

一、孤独症的含义及相关特征

孤独症❺也称自闭症。孤独症儿童的身体素质普遍不高，❻如出现严重的偏食行为、经常生病等，并伴随身体原因导致一些情绪行为问题。大多数儿童因身体健康原因导致运动耐力和强度较差，个别儿童身体协调性差，但从一般户外活动中基本看不出运动发展异常，仅常有多动、自伤等行为出现。

二、研究现状

现国内外关于运动研究的研究对象多是脑瘫儿童，也有一些针对智力障碍儿童开展的有关运动疗法等的研究，对孤独症儿童的运动研究较少，但我们在见习、实习中看到很多孤独症儿童手不停地乱摆，同时不会系扣子、系鞋带、拧毛巾等。鉴于此，本文对特教班孤独症儿童上肢运动能力进行研究，以了解孤独症儿童上肢运动的特点，旨在更有针对性地为孤独症儿童制定训练计划，提高孤独症儿童康复训练效果。

（一）普通儿童上肢运动及协调能力

儿童动作协调能力随生长发育成熟逐步提高，在反映左、右上肢协调能力（如双手拍球）上，10岁前女童比男童好，10岁后男童开始超过女童并在11~12岁年龄段出现快速增长趋势。在反映视觉与上肢协调配合能力（如双手拣球）上，女童要好于男童；在手对物体的控制能力上，男童在11岁后要好于女童；在反映抛出物体速度和准确性的运动（如沙包掷准）方面，男童也较好。此外，研究还表明，男女儿童在10~11岁的双手拍球

---

❶❺ 刘鸣.孤独症儿童的康复干预：22例6个疗程训练效果分析[J].中国临床康复，2005.

❷ 朱艳.运动训练促进自闭症儿童适应性行为发展的个案研究[J].南京特教学院学报，2011.

❸ 兰玉萍.运动对儿童心理发展的积极影响[J].青岛大学师范学院学报，2012.

❹ 胥爱红.蒙台梭利运动教育思想探析[J].遵义师范学院学报，2011.

❻ 王梅等.孤独症儿童的教育与康复训练[M].北京：华夏出版社，2007.

能力均出现发展暂时性停顿或减缓现象，而在11岁以后又均出现加速发展趋势；在双手拣球测验中，男女儿童的测试成绩在10岁以后均出现发展速度变缓或停顿的现象，一直到12岁仍无发展回忆的迹象。综上，我们可以认为儿童的两侧上肢动作协调能力在7~10岁发展较快，而其原因可能是儿童手部关节的灵活性有了较大的发展；儿童时期，女童的上肢能力普遍优于男童。

（二）孤独症儿童上肢运动及协调能力

国内外研究者对不同年龄、不同程度、不同类型的孤独症儿童进行了大量实验研究和实证研究证实，孤独症儿童存在明显的运动障碍，运动能力较之同年龄的普通儿童差。对相关文献的元分析发现50%~73%的自闭症儿童在各种各样的研究群体中存在明显的运动迟缓。❶研究自闭症儿童手的灵活性、物体控制能力方面发现，手的灵活性属于差和极差范围。

三、研究对象、方法与过程

（一）研究对象

本文从新源西里小学、海淀区培智中心学校、西城区培智中心学校、东城区特殊教育学校、东城区培智中心5所学校的特教班中，选取30名7岁以上孤独症儿童作为测试对象。测试对象平均年龄9岁，其中有男生22名，女生8名。此外，另测试了30名普通儿童，最后选取25名平均年龄为8岁的普通儿童，作为研究参考，与研究对象测试结果进行对比讨论。

（二）研究方法

本次研究主要采用的是测量法，并用肯德尔相关系数检验观察信度，测试所得结果与普通儿童进行比较，得出结论。

（三）研究过程

本文先对普通及孤独症儿童进行小范围初测，修订测试表。用正式的测试表对30名普通儿童上肢运动能力进行测试，测试结果为基本评量标

---

❶ 韩文娟.《特殊儿童运动能力评估量表》的编制[D].上海：华东师范大学，2012.

准,然后再对30名孤独症儿童施测,记录下原始数据。

四、研究结果与分析

(一)孤独症儿童上肢运动能力的研究结果

表1为孤独症儿童左右上肢各运动项目的比较结果。通过T检验得出孤独症儿童左右上肢在关节活动度、综合肌力及配合、耐力三项上无明显差异（p>0.05）；在肌张力上有显著差异（p<0.05）。孤独症儿童左上肢肌张力好于右上肢肌张力，在肌张力差（与均值相差两个标准差）和一般（与均值相差 1~2 个标准差）的孤独症儿童中，右上肢张力高的有16人，多于左上肢张力高的人数（11人），左右上肢张力低的共3人（左1右2）。

表 1　孤独症儿童左右上肢各运动项目比较的研究结果

	均值	N	标准差	均值的标准误	T检验
关节活动度左	2.23	30	.568	.104	p=0.326
关节活动度右	2.20	30	.551	.101	
综合肌力及配合左	1.27	30	.521	.095	p=0.326
综合肌力及配合右	1.30	30	.535	.098	
耐力左	1.33[a]	30	.479	.088	无差异
耐力右	1.33[a]	30	.479	.088	
肌张力左	2.40	30	.814	.149	p=0.048
肌张力右	2.10	30	.803	.147	

(二)孤独症儿童与普通儿童上肢运动能力比较的研究结果

本文选取30名7~13岁孤独症儿童为研究对象,研究对象平均年龄9岁。此外,本研究特选取25名 7~9岁的普通儿童,对他们也进行了相应的测试,并与孤独症儿童进行比较。（见表2）

表2 普通儿童左右上肢各运动项目的研究结果

	均值	N	标准差	均值的标准误	T检验
关节活动度左	3.00ª	25	.000	.000	—
关节活动度右	3.00ª	25	.000	.000	
综合肌力及配合左	3.00ª	25	.000	.000	—
综合肌力及配合右	3.00ª	25	.000	.000	
耐力左	3.00ª	25	.000	.000	—
耐力右	3.00ª	25	.000	.000	
肌张力左	2.68	25	.627	.125	p=0.714
肌张力右	2.64	25	.490	.098	

从表2可以看出普通儿童左右上肢在关节活动度、合肌力及配合、耐力三项上结果一致，通过检验得出普通儿童左右上肢肌张力无明显差异（p>0.05），因此说明普通儿童左右上肢运动能力整体上无明显差异。并且从表2可以看出普通儿童在关节活动度、综合肌力及配合、耐力三个项目上均能全部达标，肌张力项目也在高范围内人数最多，上肢运动能力整体较好。

五、思考与建议

（一）孤独症儿童上肢运动能力普遍需要提高

运动训练是认知、生活自理等能力训练的基础。从表2可看出，孤独症儿童上肢运动能力大体上低于普通儿童，且相差较远，说明孤独症儿童上肢运动能力普遍需要提高，因此，教学中需注意对孤独症儿童上肢运动能力做针对性训练。

多数教育者及家长都过于注重对孤独症儿童认知的培养，但先做好运动训练，调整孤独症儿童的情绪问题，再通过生活积累经验，促进孤独症儿童生活自理能力、言语交往的发展，这样对促进孤独症儿童认知能力的发展会更有帮助。

（二）康复训练中要考虑孤独症儿童上肢运动能力发展不均衡问题

从表1可看出，孤独症儿童上肢运动能力在各运动项目上有差异，说明孤独症儿童上肢运动能力发展不均衡，其中较为明显的一是肌肉力量不足，协调性、持久性差；二是上肢配合能力差，运动变化能力弱。这两点与孤独症儿童学习、生活密切相关，尤其是后者，孤独症儿童缺乏"变化"意识，也影响到认知等多方面的发展，因此需要格外加强。

（三）需要加强孤独症儿童上肢运动左右协调性训练

儿童上肢运动能力的左右协调很重要，表1中表明孤独症儿童左上肢肌张力比右上肢肌张力好，并在表2中也发现孤独症儿童左上肢肌张力与普通儿童无明显差异，而右上肢肌张力低于普通儿童，更加说明孤独症儿童左右发展不协调，因此训练者需注意加强孤独症儿童左右上肢协调性训练，可多做些需双手配合的运动，既训练左右上肢的配合能力，也可让左右上肢协调发展。

六、结 论

（1）孤独症儿童左右上肢运动能力除肌张力外无明显差异，研究对象相较于自身而言，上肢关节活动较灵活，但肌肉力量不足且持久性差。

（2）孤独症儿童与普通儿童上肢运动能力整体上有显著差异。在关节活动度、综合肌力及配合、耐力三方面均有显著差异，而在肌张力上左上肢无明显差异，右上肢有显著差异，孤独症高张者偏多。孤独症儿童在各项目上均比普通儿童差。

（3）孤独症儿童上肢运动能力性别比较，综合肌力及配合、肌张力两项上男女间无明显差异，关节活动度、耐力两项上男女间有显著差异。

（4）孤独症儿童上肢运动能力年龄段比较，低龄段与高龄段在各项目间均无明显差异，上肢运动能力没有随年龄增长而提高。

参考文献

[1]体育学院通用教材.运动训练学[M].北京：人民体育出版社，1990:12-230.

［2］刘大维. 儿童动作协调能力的内涵、影响因素及其培养策略［J］. 学前教育究, 2011（6）: 45-47.

［3］潘泰陶, 吕东江. 7～12岁儿童动作协调能力测试结果的分析研究［J］. 西安体育学院学报, 2001（4）: 41-43.

［4］潘泰陶. 7～12岁儿童动作协调能力性别差异的研究［J］. 中国体育科技, 2002（11）: 16-18.

融和育人，共享发展
北京市东城区培智中心学校教育探索与实践

浅谈朗读对智力障碍儿童阅读能力的影响

郑颖嘉

【摘要】造成智力障碍学生阅读障碍有多方面的原因。在阅读教学中，积极的朗读训练可以有效地改善学生的阅读障碍。本文将从朗读时机、形式、程度等方面阐述如何帮助智力障碍儿童熟读课文，同时对智力障碍学生进行阅读教学的递进式要求进行了探究和实践，以本校中轻度智力障碍班的阅读教学案例来验证学生在朗读训练中对人物心理活动、行为反应的理解。

【关键词】智力障碍　阅读障碍　朗读训练

造成智力障碍学生阅读障碍的原因是多方面的。首先是生物学方面的因素，例如，视觉功能障碍，眼球振动不平稳，就造成读书时跳字、串行等；听觉功能障碍，造成读而不闻，读而不懂；另外如失语症、大脑麻痹、运动失调等大脑神经功能障碍也会造成阅读困难。其次是情绪因素造成的，例如有的孩子有严重的胆小、自卑情绪，对老师的问题做简短的回答都很费劲，还有的孩子非常敏感，对别人的评价特别在意，生怕读错了引起同学笑话。他们不敢在课堂上朗读，结果恶性循环，越不练习就越产生障碍。

对于有阅读障碍的孩子，一方面家长和老师要尽早求助于心理医生进行科学的神经功能训练，另一方面要对孩子进行有针对性的阅读训练，提高孩子的学习能力。

一、朗读的意义

朗读能够帮助学生掌握最基本的语文知识，具有初步的阅读能力，能够阅读难易程度适合的简短书报，养成良好的阅读习惯。对于智力障碍儿童而言，在语言环境中识字，要好于机械简单地重复，能够更好地提高识字质量；此外，在阅读教学中通过朗读、思考问答等方式培养学生的理解和表达能力，轻度智力障碍学生还能够从模仿句子到段落进行简单地仿写。

言语功能的发展需要经验，与普通学生相比，智力障碍学生需要更多的言语经验来发展言语能力。在阅读教学中，朗读是阅读教学中最经常最重要的训练。朗读教学中，老师如果能够创设读的情境，给足读的时间，为学生提供读的帮助，让学生自由地读、充分地读，在朗读中体会、不断感悟，以理解自己所读的课文内容，智力障碍学生的语言表达能力就有可能在不断的发声练习中得到提高。

二、如何帮助智力障碍儿童朗读课文

（一）把握好朗读的时机

初读课文时的朗读，要求学生把语句读通顺、读正确，生字词要反复读，目的在于读准字音、读通句子。在讲读课文过程中，特别是重点段落，要带着学生朗读甚至是教师范读。

（二）把握好朗读的形式

朗读的形式可以人为地创造多种，这是帮助学生理解课文内容的重要途径。在教学中，可以让学生自由小声读、集体齐读、分段落读、分角色朗读等，无论采用哪一种方法朗读，都力求学生提高朗读的正确率。

（三）把握好朗读的分寸

把握读的分寸，一方面是读的数量，不能平均用力，应视文章的内容和学生的掌握情况而定，重要段落或精彩之处，可以让学生多读。另一方面是读的质量，把自己对课文内容的理解，对课文思想感情的体会，用传声表情的方法读出来。

（四）把握好朗读的方法

学生在朗读过程中的表现是千差万别的。思维活动方式不同，情感活动的形式各异，意志活动的强弱不一，学习的过程和方法也不一样。对于具有功能性障碍的学生，可以制作出相应的学具辅助学生朗读，如图1中的学具辅助学生进行从句到段的朗读训练。

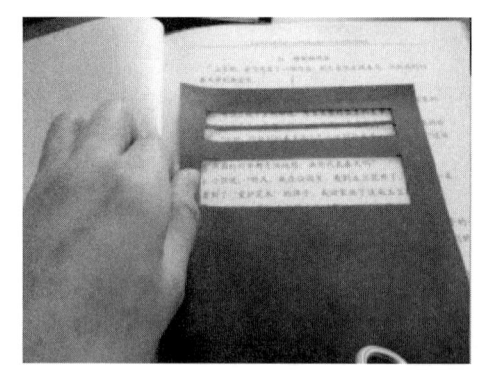

图 1　朗读训练学具

三、对智力障碍儿童朗读教学的递进式要求

首先是认读。要求读正确，扫清朗读的基本障碍。音准字熟，是学生朗读能力发展的重要起点。很多智力障碍儿童不会或无法独立拼读拼音，所以往往很难像普通学校学生朗读一样，一目双行地借助拼音来感知语言，他们只能在教师的指导下，先学习句子中的生字，扫清句中的障碍，再在老师领读下听课文，最后尝试朗读。

其次是连读。要求读流利，感知语言的基本意思。眼到口到，流畅地朗读，是阅读教学中培养学生朗读能力的重要要求。这其中包括：

（1）营造氛围，让学生放声朗读，连词成句。

（2）连句成段，朗朗上口。

（3）读中反顾，找出难读词句，反复试读。

（4）质疑再读。教师对于学生已经努力仍读不好的地方实施点拨，或者范读，学生体会，掌握方法。

（5）朗读交流。互听互评，互读互促，提高学生语言感知能力。

（6）认识"自然段"。读中要求学生声音响亮，自信心强；不指读，不唱读。能正确停顿，达到流利的朗读水平。

最后是精读。培养有感情朗读的能力。培智学校的校本教材，大多短小精美，充满童趣，有利于学生的学习和朗读。

作为教师，应引导学生确定重点词语，进行品析与体会。多种形式的感情朗读方法，一般采取分角色朗读、配乐读、分组读等，让学生们读出兴趣和真情实感。

四、案　例

北京市东城区培智中心学校校本课程义务教学组轻度班语文课文讲读课第一课时《玲玲的画》，提出了三个学习要求：

（1）正确流利地朗读课文，理解课文主要内容。

（2）通过课文中的人物对话了解人物的内心思想和情感。

（3）培养学生主动开动脑筋解决问题的思想意识。

由于课文涉及大段的人物对话，有比较多的生字，再加上学生本身阅读认知水平比较低，对课文的朗读和理解是一个比较大的问题。在教学中，笔者首先要求学生认读课文，感知语言符号。在认读的过程中划出课文中的重点词汇，教师领读，读准字音。练读课文时要求学生读准字音，读通句子，其中形式包括自由读、指名读等。

当学生大致了解课文主要意思之后，就标出课文的自然段，激励学生分自然段练读。读中标记出自己有困难的词句。对于学生通过努力仍读不好的句子再实施指导，例如学习怎样断句。当学生能够读下整篇课文时就让学生比赛看谁读得流利。自由读、交流读——自己愿意读哪个自然段就读哪个自然段。因为是对话占主要内容，所以让学生分角色品读课文，体会人物的心情，读出自己的感情。例如："我的画脏了，另画一张也来不及了。"通过带有感情地朗读玲玲的话语，让学生体验小主人公的焦急和沮丧心情，这样的感同身受让学生更好地理解人物在情境中的反应，展开符合逻辑性的故事情节。又例如课文中爸爸的话语："好多事情并不像我们想象的那么糟。只要肯动脑筋，坏事往往能变成好事。"实际上就是课文的中心思想，引导学生通过读出这个句子领悟到课文要告诉他们的道理：要积极动脑筋解决生活中的问题。

五、帮助智力障碍儿童强化阅读积累

在诵读课文的过程中，教师要运用各种方法来帮助学生强化阅读积累，例如看图画诵读、看板书诵读等，或借助音乐诵读。要求学生朗读并不是撒出去网后就不管学生了，教师要检查诵读效果，采用多种形式检查，例如可以同桌互读、小组赛读、全班齐读等。在学生能够较好地朗读一篇课文后，教师还应将知识延伸到课外，利用学校的现有条件，播放相关的多媒体资料；或者利用现实生活中的细节，回忆课文的表达方法，例如："当你遇到糟糕的情况后，会是什么反应？"还可以让学生发挥想象，自己说一说，如果真是这样，该怎么解决问题。这样，不但强化记忆了课文中的内容，而且延伸了学生的知识，训练其迁移的能力。

总之，通过朗读，我们可以把无声的书面语言转换成有声的口头语言，通过朗读训练，帮助学生把不熟悉的课文变成熟悉的话语，从而逐步改善智力障碍儿童的阅读障碍，提高语言表达能力。

关于动作教育教师专业成长的案例研究

石 唱

【摘要】本文通过访谈北京某培智学校内的四名动作教育教师，对其专业成长经历与感悟进行比较与分析，探寻其对动作教育的专业化认识和理解、动作教育专业知识与能力的成长变化、动作教育专业实践情况以及其动作教育教师的专业发展过程中遇到的挑战和帮助。

【关键词】动作教育 动作教育教师 教师专业成长

随着社会的进步与发展，特殊教育逐渐走进人们的视野，并得到社会各界的关注与支持，特殊儿童的教育也越来越受到重视，培智学校开展了丰富多样的课程来对儿童进行教育与康复，其中动作教育为培智学校近年内新开设的教育康复课程，经过笔者前期了解，在现阶段，动作课程的设置对于特殊儿童的运动、认知、情绪等方面都有所改善。而动作教育教师作为课程的领导者，对动作教育的专业化认识和理解有怎样的变化？他们的动作教育专业知识与能力是如何成长的？对动作教育专业是如何进行实践的？动作教育教师在专业发展过程中遇到了怎样的挑战和帮助？本文希望通过对这些问题的探讨，对提高教师素质以适应特殊教育发展的需要，具有启发性；对特殊教育学校调动动作教师工作的积极性，具有现实意义；同时通过这些问题的探讨，为教育理论研究提供参考价值。

一、动作教育教师专业成长案例研究的背景和意义

（一）案例研究的背景

提高特殊教育教学质量的关键取决于教师的专业素质和水平。2010年《国家中长期教育改革和发展规划纲要（2010-2020年）》强调"加强特

殊教育师资队伍建设"。2014年国务院办公厅发布《特殊教育提升计划（2014-2016年）》，明确指出"提高特殊教育教师的专业化水平""探索教育与康复相结合的特殊教育模式"。2015年教育部《特殊教育教师专业标准》也提出特殊教育教师要"制定自我专业发展规划，爱岗敬业，增强专业发展自觉性""逐步提升专业发展水平""促进教育教学、康复训练与生活实践紧密结合""协助相关专业人员，对学生进行必要的康复训练"。这些相关文件强调要提高特殊教育教师的素质和专业水平，重视教学与康复训练要紧密结合。动作教育教师作为特殊教育教师中的一类，是康复教育的主力，应该将提高自己的专业能力作为首要任务。

通过在培智学校工作，可知在培智学校学习的特殊儿童，除了智力方面的问题，一些学生还存在着肢体或身体方面的障碍，如肢体动作不协调、无法独立上下楼梯、情绪问题严重等，特殊儿童在动作康复训练方面有很大的需求量，需要专业的动作教育教师来进行教学与指导。

本文中动作教育教师专业成长的调查研究，拟选取北京市东城区培智中心学校进行。该校在2014年开始进行动作教育教学，动作教育课程目前还在起步阶段，从事动作教育的教师都还在成长当中，在专业成长上有很多方面值得去探析与研究。

（二）案例选题的意义

1. 理论意义

西方国家在20世纪六七十年代就开始将动作教育教学应用到特殊儿童教学课程内容中，证明动作教育教学对提高特殊儿童各方面能力有所帮助。我国的动作教育在20世纪90年代才起步，目前，理论系统还没形成，实践探索相当薄弱，尽管有部分学者进行了一些研究，但研究对象也多为幼儿（张玉佩，2005；钱建龙，2007；代浩然，高嵘，2010）。❶

本文可以进一步深化对动作教育教师专业成长的了解与认识，对动作教育教师的培养机制将起到一定的作用。

---

❶ 朴永馨.特殊教育辞典[M].北京：华夏出版社，2006.

2. 实践意义

对于我国大陆的培智学校来说，动作教育教学是一种新兴的、有效的教育手法，对于专业的动作教育教师有很大的需求，因此关于动作教育教师的专业成长很值得探讨与研究。

（1）对教师专业发展的意义。

根据预调查了解，动作教育教师多是在工作后才接触到动作教育教学相关课程，培训时间较为短暂，且学习和独立教学时因为不同类型特殊儿童的独特性遇到的问题也是各不相同。因此本文旨在帮助动作教育教师整理分析在专业成长中遇到的困惑、困难或问题，以便能更好地得到提高。

（2）对学校课程设置的意义。

据了解，北京市大部分的培智学校开始设置动作教育课程，动作教育教师的成长与学校的支持和帮助绝对是密不可分的。没有理论的实践是盲目的实践，没有实践的理论是空洞的理论。因此给教师创造学习的条件和氛围显得尤为重要。随着对动作教育教师在专业方面的思考和成长的探析，给予学校一些启发，如课时、师资、辅助等方面。

（3）对学校师资建设的意义。

动作教育教师作为培智学校内新兴的一个专业类型教师，在特殊教育大学生培养时相关课程设置较少，动作教育教师的培训与学习大多来自工作之后。本文对于高等院校更好地培养这一专业型教师，在课程设置、实践观摩、动手实操等方面提供参考。

二、国内外研究现状

（一）概念界定

动作教育（Movement Education）：对这个概念学界有多种版本，本文采用的是《动作与心理发展》（董奇，陶沙，2004）中总结提出概念，指通过身体动作活动或创造性运动经验的增进，使个体的身心获得"最适发展"的教育或历程，这一过程的着眼点不只是动作技能的掌握，同时包括促进个体的身心和谐发展。动作教育不仅是锻炼儿童身体各部分技能的教育方法，而且是借着运动技能的习得与身体意识（空间与时间的认识、对事物的基本认知、自我意识、语言等方面），来提升各种心理机能，区别于体育教学中的动作教学。

动作教育教师：根据动作教育概念和专业教师概念，本文将动作教育教师界定为在培智学校从事动作教育教学的教师，区别于体育教师，不仅是带领特殊儿童参与体育活动，而且是掌握更多的专业知识，例如对特殊儿童动作能力进行专业评估、了解骨骼与肌肉的构造、掌握动作教育教学方法等，可以对特殊儿童进行更为专业、更具有针对性的动作教育教学。

教师专业成长：指教师不断提升其专业意识，建构其专业理念和专业知识，增长其专业能力的过程。❶

（二）文献综述

1. 动作教育相关研究情况

通过中国知网，以"动作教育"或"动作教学"或"动作训练"或"动作疗法"并包含"教师"为关键词进行检索，限定时间2000～2016年，共搜得文献100余篇。

从国内现有的相关资料来看，有一些人认为：动作教育的创始者是美国的Frosting M.，1964年由他完成了"视知觉发展测验"的标准化，而后开发了"视知觉训练课程"，并在1970年公开发表《动作教育之理论与实际》一书，逐步建立了动作教育的理论体系，并将之纳入特殊教育与幼儿教育，使这种深具特色的教育方法广受瞩目。❷在此基础上，动作教育的倡导者开始注重动作经验对儿童各种机能发展的影响，强调通过身体动作促进身心和谐发展。另一些人提出动作教育的概念是由英国学者Cassidy Brown提出的，它起源于英国，20世纪60年代被美国引进，后逐渐发展成为世界范围内颇具影响的体育教学流派之一。❸

早期的动作教育注重知觉的训练，特别是重视研究发展与动作相协调

---

❶ 顾明远.教育大辞典[M].上海：上海教育出版社，1998.
❷ 刘全礼.特殊教育导论[M].北京：教育科学出版社，2003.
❸ 王梅，曲学利，毛荣建.适应地方特殊教育需要搞好特殊教育师资培养[J].现代特殊教育，2006.

的视知觉训练课（Frostig，1964）。在训练学习困难儿童的过程中，人们发现动作教育是一种十分有效的方法，它对于自我探索、了解身体结构，调整身体结构，学习身体正确、有效率地使用，提供了很好的观念和操作方法。因此动作教育被纳入特殊教育与幼儿教育，从而使这种颇具特色的教育手段广受瞩目。在此基础上，动作教育的倡导者开始注重动作经验对儿童各种机能发展的影响，强调通过身体动作活动促进身心的和谐发展。❶

动作教育自1964年后在西方一些国家（尤其是英国和美国）得到了广泛的应用和发展。后来被引入日本，目前日本动作教育发展也相当好，如"操体技巧"就是创于日本的身心技法，是身心动作教育的主要内容之一。

我国台湾地区从西方和日本等国引进动作教育的理论和方法后，动作教育现在也发展得非常成熟。目前，对动作教育的多学科综合研究成为主流趋势，"富兰克林技巧"（Franklin Method）和"操体技巧"两种动作教育方法在国际上比较流行。

我国大陆地区自20世纪90年代初开始，一些机构逐步开始进行感觉统合训练的尝试。近年来，研究者已逐步将感觉统合理论从治疗少数特殊儿童转向以开发正常儿童发展潜能为目标的创造教育。例如，将感觉统合理论用于幼儿园教学，可矫正儿童的语言障碍和感觉统合失调；也可与幼儿体育活动课程相结合，促进婴幼儿运动机能的发育；或作为幼儿情绪辅导的手段之一，促进儿童的情绪、情感的发展。

目前对动作教育的研究已经从运动学、神经科学、教育学和心理学等多种学科进行综合分析研究，国外已将动作教育纳入国家幼儿教育、基础教育和特殊教育体系，并通过动作教育来促进儿童青少年身心和谐发展。

现在研究"动作教育"的关注点主要集中在："动作教育理论"❷ "动

---

❶ 刘全礼. 培智学校教师的专业素养研究[J]. 中国特殊教育，2015.
❷ 陈英三，林风南，吴新华. 动作教育的理论与实际[M]. 台北：五南图书出版公司，1994.

作教育的发展趋势"❶ "动作教育的作用"❷ 等方面。从目前检索到的文献看,对于动作教育教师的研究相对来说较少。

2.教师专业成长相关研究情况

(1)国内相关研究。

国内对教师专业成长阶段划分:白益民将其划分为非关注、虚拟、生存、任务、自我更新的五个关注阶段;❸ 连榕、孟迎芳等将其划分为新手型、熟手型、专家型三个阶段;夏循藻、潘海燕等根据一般教师成长为优秀教师的时间划分出积累、成熟、创造三个时间段;周力耕的探索、适应、成长和成熟的四阶成长期;王铁军等划分的教师成长五阶段:入职适应期、成熟胜任期、高原平台期、成功创造期、退职回归期。❹

这些学者根据教师在其成长过程中对教师职业能力和专业知识的掌握程度和熟练程度以及适应程度,来划分教师专业成长阶段,使教师能在成长过程中根据自身的经历和成长中的困惑及时调整自己的心态,把握自己发展的发向,并能根据相关知识及时更新自己、储备知识,根据自己的发展状态和发展需要制定进修计划,提高自己的综合素质。在专业成长的进程的研究中大多数学者表示:教师专业成长是一个连续过程,如叶澜的"教师自身在自我更新意识指导下谋求专业成长,以致走完整个职业生涯,是教师的专业成长或教师内在专业结构不断更新、演进和丰富的过程"。❺

(2)国外相关研究。

国外对教师教育教学研究的关注从20世纪60年代开始,如,日本从

---

❶ 代浩然,高嵘,动作教育理论阐释[J].湖北体育科技,2011.

❷ 国家中长期发展规划纲要(2010—2020年)[EB/OL]. http://news.xihuanet. com/edu/2010—07/c_12389320.htm,2010-07-29.

❸ 特殊教育提升计划(2014—2016年)[EB/OL]. http://www.gov.cn/zwgk/ 2014—01/20/eondent—2570527.htm,2014-01-20.

❹ 特殊教育教师专业标准(试行)[EB/OL]. http://www.moe.gov.cn/srcsite/A10/s6991/201509/t20150901_204894.html,2015-08-21.

❺ 叶澜等.教师角色与教师发展新探[M].北京:教育科学出版社,2001.

学校文化
关于动作教育教师专业成长的案例研究

1971年审议通过的《关于今后学校教育的综合扩充与调整的基本措施》开始加强教师专业化开始，到1984年注重教师实际教学能力，1987年注重教师素质的提高，1988年重点关注教师培训课程的专业化，现在强调在职教师和未来教师专业能力的提升和在职培训，到逐步增重对师专业化成长对教师的综合素质提升的比例。

美国从1980年拉开了以促进教师专业成长、提高教师综合素质为核心的教育改革序幕，1987年成立的国家专业教学标准委员会根据教学的实际，先后针对不同学科和不同学段制定了各个学科教师的专业教学的标准，为成为优秀教师提供标准和可视性的具体操作步骤和方式方法，指明具体的方向，以提高教师队伍的整体素质，全面提升教师的教学质量和教学效果，推进美国教育教学改革进程。

英国政府自20世纪80年代以来，一直致力于教师教育的研究，80年代末建立了校本培训模式促进教师专业化成长，建立新教师的"入职档案"制度，2002年，颁发入职教师标准和在职教师训练标准，把教师的专业成长看作一个连续的过程，并建立"入职与发展档案"，这是对教师在入职初期以及在其成长过程中的职业能力从教学新手成长为能游刃有余的将自身的特长与知识运用于教学的成长记录。

对教师在专业成长过程中促进教师专业成长的方式方法，很多研究者都强调教师的反思、经验在其专业成长扮演着重要作用，其中最具代表的是美国心理学家波斯纳提出的教师成长的公式："成长=经验+反思"，他认为在教师的专业成长过程中要求教师结合自己的教学实践经验对自己的教学行为进行反思总结，才能更有利于教师的专业成长。格拉特霍恩也认为在教师的专业成长中教师的教学经验和对整个教学系统的综合审视以及反思对教师的专业成长有益。[1]

对教师专业成长过程中所涉及的内容，相关的研究学者随着教师这一职业的社会专业化地位得到大多数学者的认可，即"教师专业成长是指教

---

[1] 傅道存.教师的成长与发展[M].北京：教育科学出版社，2001.

师在教学职业生涯中掌握良好专业实践所必需知识与技能的过程"。❶大多数研究者认为，教师专业成长是教师在成长的过程中必须掌握的专业知识和教学技能，这样才能真正体现教师职业的专业化。

三、研究的实施方案

（一）研究方法

1. 访谈法

访谈对象为北京市东城区培智中心学校内动作教育教师4名、学校教学主任W主任和几位学生家长。对动作教育教师使用的访谈工具是自制访谈提纲，从专业理念、专业知识与能力、专业实践和专业学习与发展这四个维度对教师进行访谈。访谈形式为一对一、面对面地访谈并录音。

2. 观察法

观察对象为动作教育教师、学生、家长，了解动作教育课程及训练是如何进行的，辅助理解、分析访谈内容。

（二）研究思路与实施流程

按照"提出问题—分析问题—解决问题"的思路，在观察、了解东城区某培智学校动作教育教学方面的相关情况后，编制访谈提纲，确定更具有典型性的动作教育教师为访谈对象，进行访谈，整理分析访谈资料，提出建议。

1. 研究对象的选择

由于该校在2014年9月才正式开展动作教育课程，学校内接受过动作教育课程培训的教师并不算多，但参与到动作课程中的教师（包括授课和辅助将近20人），在听从教学主任的建议后，我选择了接受过动作培训课程的、教龄最长的L老师，最早被学校送去参加动作培训课程的青年教师Z老师，第二批参加动作培训课程且一直作为主要授课并获得主任良好评价的年轻教师Q老师，以及校内从事动作教育课程的唯一一名男性青年教师且大

---

❶ 邢同渊. 特教教师专业成长问题及原因分析 [J]. 当代教育科学，2015.

学专业为体育教学的Y老师，作为观察、访谈对象。

上述研究对象具有一定的年龄差和教龄差，结合他们自身的专业成长经历，可以分析出各具特色的成长过程与心态。

2. 研究对象情况

研究对象的性别、年龄、教龄等具体情况统计如表1所示。

表1 研究对象情况

姓名	性别	年龄（岁）	教龄（年）	身高（cm）	体重（kg）	学历	专业
L	女	40	22	165	55	本科	特殊教育（中专）经济管理（本科）
Z	女	27	5	162	56	本科	特殊教育
Y	男	27	4	176	85	本科	体育教育
Q	女	24	2	163	55	本科	特殊教育

四、分析与讨论

（一）对动作教育的专业化认识和理解

1. 对接触动作教育的时间点的分析

从时间点来看，"在大学的时候就听过一个老师讲运动康复，不是像这种的，是体育方面的一个，没系统接触过，就听说过。等到我上班来，第一次参加那个培训，才第一次知道这么一个算是系统的一个操作方法吧，然后逐渐再系统的学习"（Z），"上学时候就有。然后上班之后，就是深入到这套理论去。因为我们上学的时候就有运动力学、运动解剖这些课，这都是必修。毕业之后通过这套理论，拿原来的知识相结合去理解他这个理论"（Y）。这说明个别老师在上学时对相关动作教育有所了解，但是更偏向于体育方面，而不是与动作教育相关的系统操作方法。

真正接触基本是在工作之后，"去年，啊，14年"（L），"12年11月"（Y），"了解是在实习13年的时候。然后开始接触是14年上班之后"

融和育人，共享发展
北京市东城区培智中心学校教育探索与实践

（Q），时间在2012年11月之后，该培智学校从2014年9月正式开设集体动作教育课程，这说明动作教育作为新兴专业，动作教育教师作为这一专业的主导者，同时也是一名学习者，还有待成长。

2. 对动作教育的认识和态度

对于动作教育的认识，4位老师的反馈较为一致：接触动作教育前后，在认识上有较大的转变，在接触一段时间后都认可了动作教育的效果。

从时间点来看，未接触时，大家的看法普遍是"不了解"（Q）、"那会儿没什么看法，刚刚接触的时候还不了解什么叫做动作训练"（L）。这说明刚开始接触动作教育时，不管是成熟教师还是刚入职的教师都表示不了解，也没什么看法。这反映出特教教师在大学课程及之前的工作培训中，都未开展与动作教育相关的课程。

刚接触时的看法与认识：4位老师对动作教育的效果表示："神奇"（L）、"与感统训练差不多"（Q）。从老师的表达中，可以看出在刚接触动作教育课程时，教师自然将动作教育与自己所接触过的感觉统合训练相对比，对它的效果感到神奇，这说明在学习动作教育的课程中，老师亲眼看到特殊儿童经过动作训练，各方面能力得到提升。

接触过一段时间后的看法与认识："能帮助到孩子"（L），"这个方法挺管用的对残疾孩子"（Z），对学生的帮助比较大，比较接地气（Y），与"感统区分开来"（Q）。在经过一段时间的学习与自己操作，教师对动作教育的认识更加全面，与感统区分开来，并看到了动作训练的效果，这说明动作教育在特殊儿童的教学中是可以起到作用的，是一种有效的教育康复方法。

现在的看法与态度：在询问教师如果有选择机会是否还愿意继续从事动作教育教师这个专业，4位老师都表示了愿意继续从事该专业，"还是愿意的，因为看到成效了，确实对孩子有帮助，为后边的那个启动综合课的一些认知思维什么的确实有用"（Q）。

这说明动作教育在教学实践过程中，确实起到了作用，让动作教育教师看到了动作教育的效果：它能够切实地帮助特殊儿童提升各方面的能力，并对其他的知识教授起到辅助作用。这让动作教师有了持续学习与实践的动力。

3. 动作教育教师眼中动作教育所需的知识技能

根据访谈内容，综合4位动作教育老师的观点，作为一名合格的动作教育教师至少需要掌握以下几方面的知识或技能：

生理运动知识："骨骼、肌肉这方面知识，动作姿势的这种知识"（L），"肌肉和骨骼的相关理论"（Y）。这说明教师要掌握骨骼与肌肉方面相关的专业知识，明白为什么训练，而将肌肉与动作相融合，则可以帮助教师设计新动作。

说明动作示范的技能："动作教育的理论和一些实践的操作方法"（Q），"理论和操作方法应用到实际课堂中，与课堂的一个衔接"（Q）。这说明老师掌握正确的动作，才可以开展教学，指导家长和学生进行学习与训练。

与家长沟通的有效方法：

问题："您认为成为一名合格的动作教育教师需要具备哪些品质，或者说需要有哪些知识技能的准备呢？"

回答："……还有与家长沟通这方面的知识"（L），"……与家长解释和沟通时的一些小技巧和方法"（Q）。

这说明要老师学会与家长沟通。在动作教育训练中，家长也是非常重要的参与者，有了家长的理解与帮助，可以有效地将动作教育训练开展下去，这一点在后面的访谈内容中也有所体现。

对教师意志品质的要求："勤学、苦练"（Z），"有耐心"（Y）。这说明动作教育训练是需要旷日持久的坚持才可以得到成果，这就需要教师不断提高自己的业务水平，并且有耐心，这样才能够切实地帮助学生取得进步。

（二）对动作教育专业知识与能力分析

1. 动作教育教师眼中的自我专业能力水平

本问题受教师的教学经验、自身的知识积累、工作经验等多方面的影响，有强烈的主观色彩。根据访谈结果，可以分为以下几点：

擅长的残疾儿童类型："都还行"（L），"没有特别擅长的"（Z），"自闭和脑瘫"（Y），"自闭症类型"（Q）。工作时间最长的L老师和没有教授动作教育课程的Z老师表示没有什么特别擅长的，Y老师和Q老师作为年轻老师，同时也是班主任，据我了解，班内学生类型多为孤独症和脑瘫，老师在教学时相对来说更为熟悉。

独特的教学方法："独有特点和方法不好说，只要能坚持下来"（L），"没有自己独有的，都是老师教给的"（Z），"课上令行禁止，然后不急不躁"（Y），"用数字制约的方式在训练中少量多次"（Q）。L老师认为长期坚持最重要；Z老师并没有接受动作教育培训课程，因此没有独有的教学方法；Y老师和Q老师作为每日都进行动作教育课程的教师，在动作教育课程的实施中有属于自己独特的方法。

满意实践案例分析："自闭症孩子的情绪转变"（L），"效果很明显，大家也都看到了"（Y），"进步非常明显，然后家长也配合"（Q）。在比较满意的案例中，学生都得到了非常明显的效果，孩子得到改变。

不满意实践案例分析："肢体方面非常僵硬，有时候老师掰都掰不动；然后家长这方面，也不是很配合"（L），"因为他家长的原因，一直断断续续的，没什么效果，没有什么看得见的进步"（Y），"由于家长的不配合一直是原地踏步"（Q）。这说明除了学生自我身体条件受限外，家长的不重视、不配合，也导致学生经过动作教育并没有明显的改变，这一结果更强调了家长在教育过程中的重要性。

2. 对相关知识技能掌握程度的自我评价

根据访谈结果，可分为以下几点：

自身知识技能掌握满意度："不够，尤其是专业知识这方面"（L），"不够，还很欠缺"（Z），"差不多，不能说完全"（Y），"我觉得不太够用"（Q）。4位教师都对自身目前的知识技能掌握感到不满足，这说明，动作教育专业是个需要非常大的知识量的专业，教师需要不停地学习与充实自己。

继续学习需求："体育知识、骨骼肌肉、哪些动作对孩子哪个部位"（L），"不断的摸索和实践中去学习，不能单学习"（Z）、"医学方面"（Y），"评估的方法、技巧"（Q）。在学习需求方面，4位教师都有不同的需求，说明动作教育包含的知识非常广阔与丰富，需要学习多种多样的知识。

继续学习方式："网络、培训、走进别人学校去参观、听课"（L），"多碰个案"（Z），"请专业的人来讲、直接去看案例，课是怎么上的"（Y），"专业的培训班，有理论、有实践、有示范，有综合实践操作的这种"（Q）。4位教师都提到继续学习方式要理论与实践相融合，这说明，在学习动作教育的时，理论知识与实践要相结合，缺一不可，这样才能真正有效的学习。

（三）动作教育专业实践情况

1. 动作教育专业的实践情况

除了在教学二段担任班主任的Z老师，L老师、Y老师、Q老师每周都有4节教学一段的动作教育课的主授。

集体课程：访谈的4名教师所在的培智学校，从2014年9月开始将周一至周五的前两节课设置为集体动作教育课，根据学生年龄及自我水平，分为三组，由不同的教师进行教学及辅助，家长也需要参与进课程内。

个训课：据了解，只有Z老师现在在给一名学生做个训。"曾经有过一段时间"（L），"我没有个训课，但是我有两个个案"（Q）。其他教师都曾经有过，Q老师将自己在学习动作教育培训课程中的个案一直持续地做下来（见表2）。

表2 动作教育专业实践情况

姓名	集体课程	集体课程课时	个训课	个训课课时
L	有	有	无	无
Z	无	无	有	2课时/周
Y	有	4课时/周	无	无
Q	无	4课时/周	无	无

2. 对动作教育实践的感受的变化

刚开始独立实践的时候："不太好掌握这个动作正确的度，还有那个量，动作量是多少适合孩子"（L），"没有信心吧，老是害怕给学生评的对不对啊，对他的训练计划到不到位啊。第二就是，他的训练时间吧，反正老是保证不了，学生的强度没有那么大"（Z），"对学生感受，刚起步的时候比较难。然后尤其是对家长的控制比较难；学生和家长情绪的控制"（Y），"第一就是累，第二感觉就是每个孩子的个体跟个体之间是不一样的"（Q）。在刚开始独立进行动作教育时，教师都觉得没有信心，对训练量觉得难以把握，不仅孩子情况各不相同，与家长沟通也是一大难事。

（四）动作教育教师的专业发展

1. 专业发展的困难

（1）学习过程中。

挑战和困难："理论方面的，不理解"（L），"学习当中好像就是老师教给我们的，我们有不会的当场就提问了"（Z），"比较不容易理解，怎么从动作怎么到认知，或者怎么到语言，还是怎么到这个别的方面"（Y），"在理论方面，肌肉的分布"（Q）。这说明在学习时，遇到的困难都是理论方面的，刚开始学习时因为老师们没有受过相关训练，所以对动作教育的内容很难理解，而且怎样将动作与认知、语言等方面串联起来是个难题。

如何解决挑战和困难："学习和实操"（L），"从学生效果方面，它能看出来"（Y），"需要你课上听了，课下看大量的书籍，把这些知识给串一遍。"（Q）。这说明解决理论知识的困难需要不断地学习与巩固。

（2）实践过程中。

根据访谈内容，分为以下两点：

挑战和困难："针对实操当中"（L），"家长不怎么重视"（Z），"动作的设计方面，比较欠缺"（Y），"实施起来这个过程很艰难"（Q）。这说明实践过程中的困难是多种多样的，除了动作相关，还要跟家长交流，提高家长的认可度与参与度。

如何解决挑战和困难:"向别人请教,自己想办法,和老师讨论"(L),"跟家长面对面的沟通,然后给家长把训练计划用特别形象的图文给他解释一下。有条件的话,让家长得到专业老师的指导"(Z),"自学,在网上找一些资料,在网上看一些相关的内容"(Y),"尝试了辅助的教具学具;动员家长一起配合;把动作进行分解"(Q)。这说明解决实践中的困难,要将理论与实践先结合,多学习,虚心求问,积极与家长沟通,共同努力。

2. 专业发展的支持

培训课程:"去海培,还有一些就是王老师来咱们这儿讲课之类的"(L),"有校外的,也有校内的""市里,市特教中心组织的"(Z),"就是这个,这个理论,我去了三次。它应该是市级,就是它在海培,叶老师办培训班,然后整个北京市的老师都可以去,人家海培自己请的"(Y),"在学校就是请其他的任课老师,像王老师和其他专家老师来做讲座,我们去听讲座,然后参加全市就是市里特教中心办的培训班"(Q)。这说明,教师参加的培训课程丰富,除了北京市特教中心组织的,还有海淀培智中心学校学校组织的,学校还会请人来进行讲座,充足的培训课程帮助教师们学习与提高,也说明北京市越来越重视动作教育教师这一专业的发展。

培训方式:"培训方式像是理论、实操、观摩,都包括"(L),"先理论,然后是老师评估我们来看,再然后就是我们来评估老师来评价我们"(Z),"讲座,就是理论培训,然后评估"(Y),"理论、实操、观摩、教师指导这些都有"(Q)。这说明培训的方式丰富多样,理论与实践相结合,帮助教师在学习理论知识后,可以很快的应用到实际教学中。

学校支持:"非常大的帮助和支持,如果学校不给予这么大的支持的话,我们这个运动训练开展不起来,现在你看已经是三个教室在上了"(L),"学校也是给我们很大的空间让我们来做这个动作训练,也给了我们培训的支持"(Z),"开这个课,然后学校提供教室,然后安排教师这方面。还有对家长的培训,然后学校请一些专家,比如老师,老师给家长做一些培训,给老师做培训,这些方面"(Y),"给予了帮助。就是以全人疗愈这张表来说吧，学完之后，学校是实践基地之一。然后在这个过程当中，全程录像，把这些专家的话，还有一些典型的视频全都留下来，便于老师们日后的一些讨论、学习"（Q）。这说明，学校对动作课程给予非常大的支持，同时学校也大力推广动作教育的开展，将其应用到教学当中。

3. 专业发展的个人努力

"看网上的知识、跟老师讨论等"（L），"就是看看书然后不懂的可以跟老师们沟通"（Z），"就自学"（Y），"努力，上辅导班。把之前老师来的时候，动作的一些示范，规范的标准的动作示范那些视频反复的看。然后还有就是定期的给每个学生都录下来一些视频的影像的一些资料。然后等到一段时间之后，把这些视频拿出来你再看，再做整理，是一个经验的梳理和累计"（Q）。这说明除了各种培训，老师们在课外都会自学，为了教学，努力学习，可以使课程更好地进行。

4. 专业发展的愿景

"就是说能够使我们的理论知识更扎实、更专业，然后指导家长的动作也更专业，使家长能够更支持我们学校的工作，孩子变得越来越好"（L），"不仅是在学校和老师之间推广，在家庭方面也要推广，家庭要多重视"（Z），"希望它发展得越来越专业，就是对孩子的剖析和练习得更细化一些，然后对孩子的效果更明显，也要让老师跟得上。别理论发展很快，老师都跟不上，那也白发展"（Y），"我的期望就是动作教师的队伍可以更大一点，专业性更强一点。然后就是更希望以学校的层面动员家长，然后有一些家校配合吧，效果肯定就更好"（Q）。

教师们在三个方面提出了期望：一是加强教师队伍的建设，提高教师的专业性；二是提高家长的认可度，增强家长的参与度；三是学校多参与，促进家校合作，共同成长。

五、思考与建议

（一）对动作教育教师专业发展的建议

（1）加大宣传力度，大力推广动作教育。

（2）加强对动作教育教师的专业培训，丰富培训方式，提高教师的专业认可度，提高教师的专业价值观与专业理想。

（二）对特教学校开展动作教育的建议

（1）设立专职动作教育教师岗位，提高教师待遇。

（2）增强家校合作力度，大力向家长普及和推广动作教育，提高家长的认可度和参与度。

（3）加强学校、教师间的联系，开展教学交流，提高教学水平。组织动作教育教师定期外出参观交流，及时推广优秀的教学经验。

（三）对特教师资培养培训单位的建议

在师范院校开设动作教育相关专业课程，借鉴国外和我国港澳台地区培养动作教育教师的模式，制定符合我国国情的培养体制和模式。

六、结　论

从本文可以看出动作教育教师师资结构存在不足，年龄呈年轻化，性别比例差异明显，女多男少，教师第一学历专业与动作教育相关较少，无专职动作教育教师，都是班主任或任课教师兼任动作教育教师。

动作教育教师专业思想素质水平较高，教师热爱特殊教育事业，热爱学生，具有较强的责任感与事业心。动作教育教师知识素质整体水平偏高，具有很强的上进心，专业技能与专业基础知识掌握扎实，对动作教育教学技能掌握得也较为熟练。

动作教育教师培训多种多样，职前培训、入职培训、职后培训紧密联结，学校应大力支持，要全方位地考虑每位教师的综合能力，增加外出培训、学习提升的机会，采用科学合理的管理方法和评价方式提高教师的专业水平。

课程模式

Kecheng Moshi

浅谈智力障碍儿童课堂分心行为的原因及对策

曹 蕊

【摘要】学生注意力集中是课堂教学有效性的重要前提，但智力障碍儿童在课堂教学中经常出现分心行为，导致教学达不到预设的效果。本文主要从智力障碍儿童的认知特征、教室环境、现代教学媒体的使用以及教学内容的选取四个方面探讨智力障碍儿童课堂分心行为产生的原因，并在此基础上制定相应的对策，以为智力障碍儿童的教学提供参考。

【关键词】智力障碍儿童　课堂教学　分心行为

智力障碍儿童在智力功能和社会行为方面存在障碍，学业能力、认知能力、社会交往以及自理能力都明显地落后于同龄儿童。通过对特教老师的问卷调查和在特殊小学课堂的实地观察，笔者发现在课堂教学过程中，智力障碍儿童的注意力很难集中，经常出现课堂分心行为，具体表现为东张西望、随意插话、咬指甲、不停翻抽屉等。教师不得不花费较多的时间维持课堂纪律，给教学造成了负担。针对这个现象，笔者试着分析引起智力障碍儿童分心行为的原因，并提出相应的对策。

一、智力障碍儿童课堂分心行为产生的原因

（一）智力障碍儿童认知特征

智力障碍儿童与普通儿童相比在注意力方面存在较大的差距。对普通儿童而言，随着年龄的增长，注意力的集中性和稳定性不断增长，注意的范围不断扩大，注意力的分配和转移不断提高。而智力障碍儿童注意力的发展水平普遍较低，难以完成从无意注意向有意注意的转变。智力障碍儿童的注意转移迟缓，不够灵活，当教师的教学已经转移到新的学习任务，

而智力障碍儿童却仍停留在旧的学习任务上。这与某些智力障碍儿童的神经系统灵活性差有关,也与他们的惰性严重、心理内驱力弱,身体状况差等有关。因此,在学习过程中,他们往往难以区别相关刺激与无关刺激,难以将注意力集中在特定的学习任务上。具体表现为只能在一节课刚开始的前十几分钟集中注意力,有时连 3~5 分钟的集中注意也难以达到,这是由其认知缺陷造成的。通常情况下,智力损伤的程度愈严重,这种情况就愈突出。

(二)教室环境产生的影响

教室环境一般分为六个方面:地面空间、墙面空间、操作台、书架、壁橱以及气氛。

教室可以布置许多装饰,特别是墙面空间,教师可以张贴信息,展览学生的优秀作品,或者是贴一些激发学生努力进步的标语、班级座右铭、班级规章制度等。在大多数教室里,操作台位于窗台下,由于自然光照射,适合动植物养殖活动,常见的是种植水仙花、仙人掌,饲养小鱼、乌龟等比较容易生存的生物。这些装饰使教室环境更加丰富多彩,也为学生的学习环境带来了生机和乐趣。每个班级的教室空间都是学生自己布置的,有着班级的特色,增强了学生对班级的归属感和班级凝聚力。但与此同时这些装饰也给课堂教学带来了一些负面的影响,教师经常会发现,在教学过程中学生会被这些装饰所吸引,注意力被其分散。

在座位安排方面,如果有学生在教师的视线盲区内,长时间得不到关注,那么他上课分心的行为就会比较严重。同桌的安排也是影响分心行为的一个因素,如果把两个比较活跃的学生放在一起,他们之间的互动过多,上课时就很难集中精神听讲了。

气氛是充溢在教室里的一种无形的东西,但却是教室环境中很重要的一个因素。良好的学习气氛能传递美感、舒心、安全和快乐,反之则会使教室里显得乱七八糟。在课堂教学中缺乏纪律的约束,学生随便插话、下座位、甚至打闹等行为会影响教学的正常进行,在这样一个缺乏稳定的环境中,学生也很难集中注意力。

（三）教学媒体的不合理使用

传统教学使用的媒介通常是黑板和书本，随着现代教育技术的进步与发展，多媒体教学设备逐渐被广泛使用，课件制作也成了一名教师必备的技能。多媒体教学图文、音像并茂，可以逼真、形象地呈现各种动态事物，同时可以不受时间、空间因素的限制，既能显示肉眼无法看到的微观世界，又能将浩瀚宇宙尽收眼底。这种直观化的教学方式更符合智力障碍儿童的认知特点，能引起他们的兴趣，给课堂教学增添趣味性。但任何事都有两面性，现代教学媒体在带来诸多便利的同时也容易使课堂教学本末倒置，学生将注意力集中于教学形式而忽视了教学内容。例如在课堂情境导入时，在现代教学媒体广泛使用之前教师一般会通过一个小谜语或小故事导入新课，而多媒体的出现给了教师更多的选择。有些教师会选择播放一首儿歌或一段动画来进行情境导入，培智学校一节课35分钟，播放一首时长5~10分钟的儿歌或动画占用了较多的课堂时间。何况智力障碍学生不会立即进入新课内容，他们的注意力还会长时间停留在刚才的导入上，相互讨论，教师还要花时间维护课堂纪律。所以教师对现代教学媒体的不合理使用也会分散智力障碍学生的注意力，给课堂教学带来负面的影响。

（四）教学内容安排不合理

智力障碍儿童在智力、社会适应方面与普通儿童存在较大的差距。同时，就智力障碍儿童这一群体而言，轻度智力障碍儿童、中度智力障碍儿童、重度智力障碍儿童又各有其自身的特点，所以在教学过程中更要注重因材施教。一些培智学校采用的教材直接来自普通学校，明显不符合智力障碍儿童的能力水平，知识点过难且脱离学生的生活实际，这就给课堂教学带来了困难。学生理解不了教学的内容，难以参与到教学过程中，注意力就会转移到其他方面。

二、智力障碍儿童课堂分心行为的教育对策

（一）科学设计活动方案，训练学生注意力

注意力训练属于认知训练的范畴，在训练前首先要进行评量，常用的评量工具有数字划消测验、舒尔特方格、专注力行为评估问卷。教师依据

融和育人，共享发展
北京市东城区培智中心学校教育探索与实践

评量结果选择合适的训练方案，在训练时要充分与学生的游戏、活动等融合起来。例如游戏"连连看"就可以有良好的训练效果，其他常用的方法有"物品变位"：在桌子上摆几件物品，让学生看清楚后，令他转过身去，将物品变换位置或取走其中的一两件物品，再让他转过身，说出物品的变位或者说出被取走的物品名称；"目视追踪"：设置一个情境，帮助小动物回家，让学生根据连线找出不同动物的窝。通过这些充满趣味性和挑战性的活动设计来训练智力障碍儿童的注意力简单有效，为他们今后的课堂学习奠定良好的基础。

（二）创设良好教育环境，激发学生兴趣

（1）当教室出现新的物品比如小鱼、仙人掌等，教师可以先向学生介绍一下，让学生认识它们，消减学生过度的好奇心。

（2）安排座位时要让每一个学生都处在老师的视线范围内，当学生注意力不集中时老师可以随时提醒他。

（3）一个有秩序的班级离不开规章制度的制约，教室环境保持整洁和井然有序，上课遵守纪律，培养学生的荣誉感和责任感。

（4）当学生认真完成老师布置的任务时，可以将成果在班级的墙面上展示出来，激发学生学习的热情。教师有不同的审美风格，不能要求每个教室都布置得千篇一律，只要求能做到简洁、有效、不分散学生的注意力，至于具体怎么布置这取决于教师和学生。

（三）合理使用教学媒体，避免以辅代主

在使用现代教学媒体时要避免以辅代主、本末倒置教学与媒体的关系。在教学过程中学生是主体，教师起主导作用，多媒体教学设备是为收到预定的教学效果而使用的一种辅助手段。同时也要避免以演示代替交流，分散学生注意力。不同年龄阶段学生对事物的接受能力不一样，选用教学媒体时必须考虑他们的年龄特征。每节课使用多媒体教学的次数不宜过多，解释要细致，使用音像内容宜选用短片。

（四）有效安排教学内容，采用分层教学

对学生进行分层教学有利于学生积极参与课堂教学，是使全体学生共

同进步的一个有效措施,也是使因材施教落到实处的一种有效方式。主要分为分层备课、分层施教、分层作业、分层辅导和分层评价五个方面。将智力障碍儿童依据其学习能力分为A组、B组和C组,为他们制定有针对性的教学目标,以教学目标为导向制定适应各层次学生认知水平和心理特点的教学步骤、教学方法等。对各层次学生的启发提问、例题讲解、巩固复习等,要针对他们的接受能力、思维特点、知识基础等,确定出知识的分量轻重、进度的快慢、提问讲解的方式方法。激发不同层次学生的学习动机,提高他们课堂的学习效率。

总之,改善智力障碍儿童的课堂分心行为是一项长期的工作,除了上述的对策外,还有许多行之有效的方法需要我们去学习、借鉴和探索。在这个过程中应因人而异,要了解课堂分心行为的成因,做到对症下药,才能切实提高课堂教学质量。

参考文献

[1] 刘春玲,江琴娣.特殊教育概论[M].上海:华东师范大学出版社,2008.

[2] 张文京.特殊儿童班级管理[M].重庆:重庆出版社,2007.

[3] 李玲英.小学数学分层教学策略探微[J].数学大世界,2012(1).

[4] 刘全礼.智力落后儿童的特点与教育纲要[M].天津:天津教育出版社,2008.

[5] 马玲花.浅谈现代教学媒体的合理使用[J].新课程教育学术,2011(4).

融和育人，共享发展
北京市东城区培智中心学校教育探索与实践

直观教具在培智学校课堂中的应用研究

杜 萌

【摘要】目前，在培智学校就读的学生大多数为中度智力落后儿童，虽然他们在生理、心理机能方面存在缺陷，但大量研究和实验表明，智力落后儿童接受系统的学校教育，可以使他们的身心得到一定程度的补偿，更好地适应社会，参与一般社会生活，实现自身价值。但是，对于他们的教育要采用特别的方式，直观教学是符合他们身心特点的教学方法，智力障碍儿童感知事物慢，较容易识记形象具体的事物，他们的思维停留在形象思维阶段。直观形象的教学有利于帮助他们理解和掌握抽象概念，其中直观教具的应用，是实现直观教学的重要手段。

【关键词】直观教具　直观教学　培智学校　智力落后儿童

发展心理学的研究表明，❶儿童思维发展分直观行动思维、具体形象思维、抽象逻辑思维和辩证思维四个层次。儿童思维的主要特点是它的具体形象性以及进行初步抽象概括的可能性。所谓具体形象性的思维，是指儿童的思维主要是凭借事物的具体形象和表象，即凭借具体形象的联想来进行的。儿童的这种具体形象思维，是跟儿童知识经验的缺乏分不开的，也是跟儿童第一信号系统活动占优势分不开的。所以儿童的发展必然需要直观。智力落后儿童更不例外，而且在对他们的教育教学中，直观教学是十分符合他们身心特点的教学方法。

实现直观教学的重要手段是直观教具的使用。目前国内外对直观化教学的研究很多，但极大部分的直观化教学研究对象还是正常儿童，对于智

---

❶ 皮连生.学与教的心理学［M］.上海：华东师范大学出版社，1997，5.

力落后儿童的直观化教学研究并不多，虽然从智力落后儿童的生理、心理方面分析了直观化教学对于智力落后儿童发展的重要性，也仅仅停留在理论研究的层面上，没有具体的实例。另外，目前大多数直观性教学研究是对多媒体教学设备，而没有对传统教具的直观性研究。

一、直观教学与直观教具

（一）直观教学的含义

直观教学原则在教学中的具体体现是直观教具的使用，它要求充分利用直观手段和形式开展教学活动。

直观教学一般有如下几种情况：

（1）使用实物、标本、模型、图表、幻灯、电视、电影、录音等直观教具进行教学；

（2）利用自然环境和现场进行教学，教师根据教学内容有计划地带领学生到大自然中去观察、采集标本或到城市、乡村参观、访问、调查，通过教师在这个基础上的讲解，使学生对教学内容的认识上升到理性认识；

（3）使用直观语言进行教学，教师用生动的语言对事物进行形象地描绘，有时借助教具强化学生大脑中的直观形象，促使学生领会、理解教学内容。

（二）直观教具的含义

直观教具是指在教学中提供的供学生直接感知的教学用具。直观教具的种类有：实物、模型、图像、再现事物现象及其过程的现代化设备，如电影、电视、投影、录像、计算机等硬件和软件等。

（三）直观教学与直观教具的关系

直观教学是一种教学策略也是一种教学原则，直观教具是在这种教学方法下运用的教学用具。直观教学的应用有助于学生对生物学知识的理解，提高他们的学习效率。

（四）直观教具在培智学校应用的重要性

直观教学在培智中心学校教学中具有极为重要的作用。智力落后儿童的学习过程也是一种特殊的认识过程。它同人类其他的认识过程一样，必须先从感性认识开始，然后上升到理性认识。离开了感性认识，理性认识便无法形成。对于智力落后学生来说教学的形象化尤为重要，直观教具便是使知识形象化的重要手段。

一方面，智力落后学生由于缺少生活经验，表象不丰富、不清晰、不准确，与现实之间的差距较大，导致他们在学习间接经验时缺乏必要的直接经验的支持，不能很好地理解所学的知识，掌握所学的技能。另一方面，由于他们的思维是以直观形象思维为主，在一定程度上，智力落后学生是按照事物的色彩、形状、声音进行思考的，抽象逻辑思维能力较差，所以他们在学习较抽象的知识和较复杂的技能时，如果缺乏形象化教具的帮助，将会遇到极大的困难。教师在教学中需要借助于形象的直观教具，如图画、图表、实物、模型、幻灯、投影、电视等去帮助学生加深对教学内容的感受和理解，从而使学生更好地掌握较抽象的知识和技能。

因此，要强调智力落后儿童教育中教学的形象化。形象化是智力落后教学的要求，借助各种形象化的手段，让学生接触认识的对象，观察它们、触摸它们、体验它们。例如，视听教具可以将学生的听觉记忆与视觉记忆有机的结合起来，活跃他们的思维。当教师出示形象化直观教具时，学生不仅要用眼睛看，还要用耳朵听，有时候还要去触摸、品尝、操作等，从而调动他们的多种感官的积极参与。教师要利用声、光、形、色直接刺激学生的感觉系统，创设出一个图文并茂、生动活泼的教学环境，培养学生的学习能力。借助形象化的直观教具，可以使学生感知到一些他们从来没有见过或根本不可能见到的东西。有些东西老师费尽口舌也可能讲不清楚，但通过形象化的直观教具，就可以使学生一目了然，还可以帮助学生集中注意力，提高学生的学习兴趣和积极性。

二、研究方法

（一）观察法

本研究主要使用的是观察法，观察地点为北京市城区内的一所培智学校，观察重点是学校的数学、语文课堂教学各10节，了解直观教具在教学中的应用情况，收集教学案例。

（二）访谈法

同时，本研究还使用访谈法，在所观察的学校中，访谈教授数学、语文、美术的教师，了解他们对于直观教具应用问题的看法、经验、建议等，收集相关素材。

三、研究结果及分析

（一）观察结果

通过2017年3月26日至4月20日为期4周的对这所培智学校语文、数学课堂教学各10次的观察，结果发现：数学课堂教学中直观教具的出示次数为15次，分别出现在8节课中，类型有实物、图片两种。（见表1）

表1　10次观察中培智学校数学课上直观教具的使用的类型及次数

类型	实物	标本	模型	图片	幻灯	体验	录像	录音
次数（次）	12	0	0	3	0	0	0	0

语文课堂教学中直观教具的出示次数为4次，出现在3节课中，类型有实物、图片、录像及让学生亲自扮演体验。（见表2）

表2　10次观察中培智学校语文课上直观教具的使用类型及次数

类型	实物	标本	模型	图片	幻灯	体验	录像	录音
次数（次）	1	0	0	1	0	1	1	0

（二）直观教具在智力落后儿童数学课、语文课上的使用

1. 直观教具在数学课上的使用

（1）提高学生的学习兴趣。

一位颇具教学经验的老师在讲"4-2"这样一位数减法时，为了提高学生学习兴趣设计了一个玩具停车场，将4辆遥控小汽车停在停车场里，开走了2辆，让学生数一数还剩下几辆；圣诞树上有4个彩球，掉了2个，让学生

数一数还剩几个。智力落后儿童普遍对周围的事物缺乏兴趣，无好奇心，他们的兴趣以可看到、摸到的实物为主，并对形象的、生动的材料感兴趣。因此，在智力落后儿童的教学中，直观教具的一个重要作用，就是激发或保持学生的学习兴趣。

（2）教具的形式多样化。

教具的使用不仅能引发学生的兴趣，而且还可能增进学生的思维能力。但这时需要使教具的形式多样化。

例如，数学复习课有较强的概括性，为了避免枯燥，引发学生的学习兴趣就需要使教具的形式更加多样化。例如在复习数数时，就可以让学生数最感兴趣的小玩意，像彩色橡皮、乒乓球、棒棒糖等；也可以让他们找出图片中气球的个数，请学生数、读、写；或者用展板练习数数，数画面中有几棵大树，每棵树上有几片树叶，停着几只小鸟；当然更可以使他们玩游戏，一名学生闭上眼，让几名学生出去，数一数教室里还剩几个人。

（3）成为贯穿课堂的线索。

在复习相对枯燥的数学课前，教师拿出自制的一朵"七色花"，告诉学生，要答对每种颜色花瓣上的试题才能得到这朵"七色花"，学生的兴趣立刻就被调动起来；或者以一棵小树的成长阶段为线索，每到一阶段小树就会出一道题目，只有全答对后，小树才可以继续成长。教具此时只是一片片七色花的花瓣，或者是一幅幅小树成长过程的图片，尽管这些并不是教学内容，但它们仍是这个教学过程中的教学辅助手段，其作用在于提高学生的学习兴趣，并且也成了贯穿课堂的线索。

数学课主要是培养学生抽象思维，因此教具多为代表数字的实物或模型、图片等，进行从直观形象思维向抽象思维的过渡。在使用上，也是多让学生自己亲手操作来理解算理，提高兴趣。

2. 直观教具在语文课上的使用

（1）直观教具在学习生字中的应用。

语文课主要是学习文字、培养阅读能力和情感体验。一名老师教学生学写"奶"字并准备了一些直观教具，出示学生认识的实物——牛奶，让学生看一看、尝一尝并结合生活中对牛奶的认识认读包装袋上的奶字，播放班里某个学生奶奶的录像,提问:"这是谁啊?"因为这名学生的奶奶每天都接送他上下学,班里其他学生都认识这是谁的奶奶。再让学生说说自己的奶奶对自己怎么好,最后一起来写"奶"字。教师从生活经验、情感、知识上,构建学生对文字的认知。

(2)直观教具在阅读课文中的应用。

有一节语文课,让学生练习朗读《初冬》这篇课文,尽管老师通过齐读、点名读、对读、比读、表演读等形式练习,但许多学生还是显示出厌烦的情绪。这篇课文中有塔、小山、田野、树林等事物,如果教师做出塔、小山、田野、树林的图片,对于朗读水平较差或缺少朗读兴趣的同学,通过图片阅读课文对于他们就是能够提高能力、兴趣的手段;此外,对于一些具有背诵课文能力的同学来说也是一个很好的提示与过渡。有些老师提出将语文课与美术课联系起来,因为图画可以充分调动他们的多种感官参与认知活动,激发他们的学习兴趣,让学生积极主动地投入语文课的学习活动。图画具有鲜明、主动、形象、直观、易于感知的特点,能使人的认识走出直接认识的范围,引导学生作图,以清晰的画面进一步理解语言文字,理解课文内容,提高课堂教学效果。

(3)直观教具在理解课文中的应用。

在语文课中除了学习生字要借助直观教具外,在理解课文时同样需要直观教具。比如在学习《拔河》这篇课文时,老师就让学生在课堂上进行了一场小型的拔河比赛,让学生设身处地地体验课文中的文字与内容。直观教具在这里就成了帮助学生理解课文的助手,进行情感体验。

3. 直观教具在美术课上的使用

在教授学生认识各种常见水果的颜色并正确涂色的一节美术课中,教师先出示常见的各种水果的实物,让学生观察实物水果的颜色,为提高学生的学习兴趣,教师让学生认真观察后品尝各种水果的味道,再出示几种水果的有色和无色图片,让学生先回忆再认识,加深印象,最后自己动手为几种水果涂色。原本枯燥的认识颜色、涂色课,在直观教具的使用下使智力落后学生富有学习兴趣,学习效果也十分显著,每一个学生都能正确的给每种水果涂色。

四、讨论与思考

（一）实物直观与模型、图像直观

在直观教学中所运用的图画、图表、实物、模型、幻灯、投影、电视等都属于直观教具，直观教具是教学的辅助手段也是教学的物质基础。直观教学中所运用的直观教具多是实物直观与模型、图像直观。

1. 实物直观的优势劣势

实物直观是以实际的事物本身作为直观对象而进行的直观活动。包括实物观察、搜集标本、野外考察、参观、实验等活动。通过实物观察，学生获得的感性知识亲切、真实、印象深刻。实物直观易于激发学生的求知欲，学生在接触实物的过程中能深刻地感受到书本知识不仅仅是一堆符号而是真切有用的东西，增强了学习知识的积极性。实物直观与具体情景相联系，学生在以后遇到类似问题情景时能增强命题激活和识别的线索，回忆起在实物直观中学会的知识并自觉加以应用。

例如：在学习认识数字"11"时，教师为了让学生记住数字"11"的特点，就把"11"比作学生们平时上课经常用到的小棒，并拿出实物，让学生观察并学会一句话："两根小棒并排站。"这样，班里8名智力落后学生在形象和声音的刺激下都掌握了数字"11"的特点。当学生以后在日常生活中看到两根小棒时就会想到数字"11"，这样就突破了教学中的一个难点。课例中的小棒是学生生活中经常接触到的物品，容易成为激活学生回忆起"11"写法的线索。因此，教师总是用与学生生活密切联系的实物作为直观教具。

当然，实物直观也存在着自身的缺陷：

（1）不易于突出事物的本质特征。在实物直观中如所选的实物特征不明显或无关性特征太多、太鲜明，学生常会注意那些鲜明、生动的无关特征而忽略对所要学习的知识点的注意。在教学生认识时间的过程中，教师选用的直观教具是一块实物钟表，结果在讲课过程中，学生的注意力多集中于其他无关的数字上。教师应选用与相关教授内容有比较明显联系的实物作为直观的对象，以利于学生辨别和分化地进行学习。

（2）实物直观受时间、空间和个人感受器官的限制，并不是所有知识都能运用实物直观。

2. 模型、图像直观的优势、劣势

模型、图像直观是以事物的模拟形象作为对象的直观活动。模型、图片、幻灯、电影等都是事物的模拟形象。模型、图像不是事物本身而是将食物的一部分特征模拟出来用来代表事物的形象，它与实物既有相似的一面也有差异。模型、图像直观能突出事物的特征，这是实物直观无法实现的，在模型、图像直观中，教师可以有选择地将实物特征简化和典型化，只将重要的特征抽象出来制成模型或在模型、图像上着色、放大、缩小、加示箭头，使学生将注意力集中在所要观察的特征上来。一位教师教学生认识"鱼"，她先让学生观察鱼缸中活灵活现的鱼，激发学生的学习兴趣。然后，拿出一个鱼的模型，让学生观察、触摸，以便了解鱼的特征，最后将模型与鱼缸中活灵活现的鱼对比，强化认识。这位老师充分地利用了实物直观与模型、图像直观的各自特点。另外，模型、图像直观大大扩充了直观的范围。

模型、图像直观也有它们的缺陷，由于模型、图像与事物之间总有一定差距，如果模型、图像制作不当或者对模型、图像说明不充分、不准确就有可能引起学生的误解或不适当的联想。

（二）直观教具应用中需注意的问题

1. 教具在教学中是一种手段，不是教学的目的

"1+1=2"是一个非常简单的算式，在教授这个算式时如何使用教具就变成了一个典型的培智中心学校的教学案例，也充分体现了直观教具的"桥梁"作用。

第1步：强化数字"1""2"的概念。通过下列方法，即让学生数自己的手指（原先学过 1~10）；让学生在老师的指令下在盒子里摸珠子；听老师击掌的次数；摆放棋子；观察图片，手段复习数字"1""2"的意义。教师从直观入手，充分调动学生的多方面感官刺激，在多种活动中强化体验数字"1""2"的概念。对于这些孩子，这种认识要反复进行，不断强

化、复习。

第2步：让学生初步理解算理。在实际操作中加强对"1+1"算理的语言描述。例如，老师指导学生说："原来这里有一个珠子，你又拿来一个珠子，现在一共有几个珠子？"将珠子换成圆片、小棍儿、击掌声、图片等，唯一不变的就是对"1+1"算理的反复描述。到后来学生可以自己边操作边说明。在这环节中要注意的是对于词语"原来""又""一共"的解释。同样，直观教具的使用要多变，要调动多感官的刺激与语言的结合。

第3步：开始逐渐的淡化直至撤消直观教具的使用。锻炼学生的形象思维向抽象思维发展。出现算式"___+___=___"。将"___"中的内容由图片、小棍儿逐渐换成数字"1""2"，最后将完整的算式"1+1=2"呈现出来，再反复强化、练习。

在此课例中，直观教具的辅助作用被发挥得淋漓尽致。从看得见、摸得着的实物教具对感官的刺激，到在语言的配合下操作这些直观教具，再到将这些实物教具换成图片、小棍儿等反复强化算理，最后将具体形象的直观教具逐渐转化成抽象的数字。直观教具选取、使用上有着明显的梯度，充分发挥了直观教具连接形象与抽象的"桥梁"作用，需要指出的是充分练习原则，所以"1+1=2"这个最为简单的算式，老师用不同的直观教具、不同的方法反复强化。

直接经验或感性认识并不是教学的目的而是一种手段，以克服智力落后学生思维的直观形象化，发展其抽象思维的能力，从而有利于他们学习知识，把间接经验或理性知识转化为自己的东西。直观教具的应用不应是只满足一种展示或欣赏，而是要充分利用直观教具，来达到教学中每一个环节的教学要求。直观教具演示要明确，出示时机要得当，展示形式要科学，执教者要充分发挥直观教具在教学过程中的作用，从而把握重点，解决难点，使学生有效地学习，达到教学应用的目的。

2. 从学生的实际情况出发，选择教具的类型及使用方式

形象化的直观教具应符合教学目的和学生的实际。学科不同，教学目的和教学内容就会不同；学生的年级、智力程度不同，对形象化的直观教具的要求也会有所不同。教师在上课前进行具体分析，选择最恰当的形象

化直观教具。

在与培智中心学校教师访谈的过程中，老师们一再强调对于如何使用直观教具不应有统一的规范，但"一切从孩子的实际情况出发"的原则是必须遵守的。例如，上面所举的讲授"1+1=2"的课例中，有一名学生对硬币很感兴趣，于是老师在要求其他学生摆放圆片时，就让这名学生摆放硬币。有些学生很喜欢表现，在需要演示、贴图时就可以让这样的学生去做，促进学生的学习积极性。有一名智力落后儿童，口头语言表达能力较差，不爱讲话，但他对老师从背后抽出字卡的行为很感兴趣，于是，老师每次都有意地将字卡藏在身后，以抽字卡的形式让这名学生重复读字、读句，从而产生了比较好的教学效果。

3. 形象与语言的密切结合

智力落后学生第一信号系统和第二信号系统存在着脱节问题，这妨碍了他们的事物表象的形成。教学过程中要注意解决这个问题，要让他们学会通过"听"来学习，用语言来表达所学习的内容。因此，这就要求教师在教学中积极创设语言情境，用形象的语言描述事物，用生动、形象的动作把语言所描述的形象演示出来。

例如，"鱼"的课例中，在水流声音的配合下，老师用形象生动的肢体动作来描绘鱼是怎样在水里游泳的，学生和老师一起在教室里学鱼游泳，并反复重复："我像鱼儿一样游。"学生的兴趣被调动起来了，老师这时拿出鱼的模型形象进行生动地讲解、描绘鱼身体的结构。有许多老师将所要讲授的内容穿插在一个故事中，让学生边听故事边学习，通过复述故事对知识进行强化、复习。非描述性语言虽然不能用于言语直观却能用于组织和引导直观活动，对学生形成的感性知识起到综合、组织、促进、概括的作用。把语言和事物形象统一起来，提高智力落后学生的语言表达能力，也有利于引导学生从感性认识到理性认识的过渡。形象化教学的目的不仅仅是丰富学生的表象，更为重要的是让他们在表象的基础上形成概念。直观形象和表象还不能成为思维发生飞跃的基础，语言可以帮助智力落后学生进行概括和抽象，达到对事物的理性认识。

4. 尽可能让学生自己动手操作

学生在亲自动手操作的过程中能对事物的特征和发展过程了解更精细，对知识应用条件有所领悟，同时实际操作所带来的成功经验能提高学生的自信心和兴趣。

5. 直观教具使用应"精"忌"多"，让学生学会观察直观教具

（1）直观教具使用应"精"忌"多"。

直观教具虽说是智力落后儿童教学中不可缺少的辅助手段，但并不代表使用得越多越好。花样多有时会给人一种杂、乱的感觉。要充分挖掘每一种直观教具的使用价值，尽量做到"精"，就像钻井，要将钻头钻到很深，才能冒出甘甜的水，如果仅是"浅尝辄止"，就会一无所获，当然，这需要大量的实际教学经验的积累。

有一节课例，教学的内容是学会观察找两个相同物体。在这节课上，教师使用了书包、水杯、手卷、图片、蔬菜模具、卡片、皮球、铅笔、电脑课件等教学手段。很显然，直观教具的准备很充分也很精心，极力避免直观教具使用的重复与单调，但是整节课上下来让人觉得直观教具使用得多而繁，却没有用透，课堂感觉杂乱，而且老师忽视了对学生进行观察方法的教授，要组织和引导学生对直观教具的观察过程。

（2）学生要学会观察直观教具。

智力落后学生的观察能力发展水平低，不善于对实物进行有目的、系统的、细致的观察和分析。在形象化直观教学过程中，如果不认真组织他们进行观察，他们就难以对所要观察的对象形成清晰的认识。在教学中，教师首先提出问题或要求，以集中学生的注意力。其次，教给学生观察的方法（从左至右、从上到下的观察顺序）；观察的内容（颜色、形状、大小等特征），因为学生只有学会如何观察直观教具，直观教具的使用才有意义。

（三）影响直观教具使用的因素

无论是传统直观教具还是多媒体课件，在使用上都受许多方面因素的制约，这也是在访谈中被老师们多次提及的问题。

1. 直观教具的质量良莠不齐

培智学校的教具资源多数属于共享，多为老师自己制作，或者利用教学环境中所能利用的最简单最常用的资源。但老师的时间、精力有限，自制教具的数量有限，质量也良莠不齐。而且智力落后学生对直观教具要求较高，既要符合他们的身心特点，还要适合所讲授的内容。另外，教学经费也是制约直观教具来源的一大问题。

2. 智力障碍儿童的理解能力有限

由于中度智力落后儿童的思维能力相对较低，对于语言的理解能力有限，学习兴趣不强，给教具的选择与使用带来了种种限制，教师为使用某种直观教具要做大量的铺垫工作。例如，提高学生的抽象思维能力时，将实物教具苹果转换成苹果图片的过程就很困难，因为学生以形象思维为主且知识迁移能力较差。多媒体课件虽然生动、多彩，但学生的理解、认识能力有限，他们往往不理解为什么出现这个画面。他们的学习只停留在对画面色彩、声音的注意上，至于真正的学习内容他们却无法主动认识。直观教具是为智力落后儿童的学习服务的，应在教学中不断改进教具的应用方式、以适应学生的身心要求。然而老师们做出的课件，往往发挥不了应有的价值。

3. 直观教具的折旧率较高

在培智中心学校教学，重复强化是很重要的原则，所以一个教学内容要反复教授，直观教具的使用率就高，磨损率也高。更何况直观教具多是老师自己制作，所选用的材料，制作工艺条件有限，比较简陋，易损坏、易破旧，反复使用的教具对于学生学习兴趣也会大大降低，且教具的磨损程度较重也会影响到直观教具的使用效率。

（四）对直观教具使用的思考

教育学原理中关于直观教具使用的理论原则虽然浅显易懂，但是在实际教学中贯彻却有很大的困难。教师们凭借自己的理论与经验在教学中尽力做到因材施教，尽量选用直观教具，与学生的生活实际相联系。直观教具使用形式尽量多样化、生动化，充分调动学生的多方面感官参与。但是由于教学环境的限制，教师自身的素质水平，学生身心的缺陷都影响着直观教具的使用。而且，教学效果的反馈缓慢，及时反馈与长时反馈出入较大都造成对直观教具应用效果评价的不确定性。直观教具的使用环境、方式却很灵活，生活、教学环境中的许多东西都可以用来充当直观教具，关键在于教师的教学态度和经验。何种直观教具更适合智力落后儿童学习的需要，何种形式的使用更适合他们的身心特征，这些问题的解决还需要各方面专家与一线教师的长期共同合作实践，及广泛的社会支持与帮助。

五、建　议

根据观察和上述分析，针对学校的实际，笔者提出如下建议：

（1）培智中心学校的教师应加强自身素质，利用教学资源自己制作符合学生要求的直观教具。同时，师资培训机构应该有针对性地开设相应的课程，使学生——未来的教师具有制作教具的能力。

（2）学校应加大对直观教具购买方面的力度，多购买一些颜色鲜艳、特征突出的直观教具，尽量做到使课堂上每个学生都能感受到直观教具的直观特点，弥补教师自己制作直观教具数量少的缺憾。

（3）社会应加强对智力落后儿童教育的关注，发动各界力量为智力落后儿童开发更多、更适合他们的直观教具。

（4）政府部门还应增加对教育的经费投入。

（5）在直观教具的开发上，有关部门及人员应与培智学校的一线教师建立长期的合作，使直观教具的开发更加适合智力落后的需要。

参考文献

[1] 肖非，刘全礼.智力落后教育的理论与实践[M].北京：华夏出版社，1996.

[2] 刘全礼.特殊教育导论[M].北京：教育科学出版社，2003.

[3] 肖非，王雁.智力落后教育通论[M].北京：华夏出版社，2000.

[4] 皮连生.学与教的心理学[M].上海：华东师范大学出版社，1997.

[5] 银春铭.弱智儿童的心理与教育[M].北京：华夏出版社，1993.

[6] 朴永馨. 特殊教育课程与教学 [M]. 沈阳：辽宁师范大学出版社，2002.

[7] 潘一. 特殊教育学基础 [M]. 北京：高等教育出版社，2006.

[8] 方俊明. 特殊教育学 [M]. 北京：人民教育出版社，2005.

融和育人，共享发展
北京市东城区培智中心学校教育探索与实践

浅谈数学在智力障碍学生生活中的应用

赖小京

【摘要】智力落后儿童在思维方面，多停留在具体形象思维阶段，缺乏分析、综合、抽象、概括的能力，因此，他们很难掌握概念和规则。刻板性是智力落后儿童思维的又一特征，他们的思维缺乏灵活性，很难做到根据条件的变化来调整自己的思维定向和方式。此外，智力落后儿童缺乏思维的独立性和批判性，很难提出与众不同的见解。而数学是一门比较枯燥，又难以理解的课程，所以要把数学知识与生活实际相结合，把数学"生活化"，即在数学教学中，从学生的生活经验和已有的知识背景出发，联系生活讲数学，把生活经验数学化，数学问题生活化，以此来激发学生学习数学的兴趣，从而加强学生学习数学的目的性，增强数学学习的趣味性，使学生爱学、乐学。

【关键词】智力落后儿童　数学　生活化

智力落后儿童也称弱智儿童，是指智力明显低于同龄正常儿童的发展水平，并伴有一定的学习障碍和适应行为障碍的儿童。智力落后儿童不是某一种心理活动水平低下，而是整个心理活动水平都较低，所以很难适应周围的自然环境和社会环境，表现为生活难以自理，不能从事简单的劳动，在学校里很难跟班学习等。

小学数学是数学教学的基础，数学源于生活、植根于生活。著名数学家华罗庚先生曾经说过："宇宙之大，粒子之微，火箭之速，化工之巧，地球之变，日用之繁，无处不用数学。"新的《数学课程标准》也提出：应加强数学与学生的生活经验相联系，从学生熟知、感兴趣的生活事例出发，以生活实践为依托，将生活经验数学化，促进学生的主动参与，焕发出数学课堂的活力。数学学科作为工具学科，它的教学必须理论联系实际，学以致用，这就是人们常说的数学知识必须"生活化"。所谓"生活化"，即在数学教学中，从学生的生活经验和已有的知识背景出发，联系生活讲数学，把生活经验数学化，数学问题生活化，体现"数学源于生活，寓于生活，用于生活"的思想，以此来激发学生学习数学的兴趣，从而对数学产生亲切感，增强学生对数学知识的应用意识，深刻体会到生活离不开数学，数学是解决生活问题的钥匙，从而加强学生学习数学的目的性，增强数学学习的趣味性。

一、联系生活找数学，体会数学来源于生活

智力落后儿童在认知方式上能力差，他们的认知方式表面上看与正常儿童没有区别，都是通过人的感知觉器官来认知的，但是对外部事物的认知是有限的、被动的，在他们看来，外部世界与自己毫无关系，许多东西没有什么意义。尽管事实上不是这样，但是他们所认知到的事物不是事物原来所应具备的一些属性，而是他们自身赋予事物的。生活中到处有数学，到处存在着数学思想，如何给这样的学生一双"慧眼"去观察、读懂这个世界的数学？关键在于教师是否善于结合课堂教学内容去联系生活实际，从生活中采撷数学实例，在生活中提炼数学知识，为课堂教学服务。

例如：今天是星期几，这对于正常儿童来说是非常容易的事情，张嘴就能说出来，但是对于智力落后儿童来说就非常困难了，因为星期几在他们的脑海里没有概念，而非要问他们今天星期几时他们就会说出好几个答案，但就是没有一个是对的。为了让他们记住今天是星期几，可以从学生们固定的事情记起，例如：周一升旗、周二吃包子、周五吃面条等。比如：周二吃包子，在第一周开始上课时就渗透给他们，今天是星期二，吃包子。如此反复，经过很长一段时间后，学生们就会对星期二吃包子有了一个记忆，等再问他们："今天中午吃包子，是星期几呀？"学生们就会回答说："今天是星期二。"

让学生体会到生活经验积累的重要性，体会到数学知识与日常生活的密切联系，身临其境的学习数学，从而使学生对数学产生一种亲切感，有

利于形成似曾相识的接纳心理。感到数学与"生活"同在，并不神秘。

二、生活中学习数学，感受数学与生活的密切联系

在认知水平上，70%左右的智力落后儿童智力水平低于同龄儿童，但这些儿童可能在某些方面具有较强能力；20%智力在正常范围；约10%智力超常。多数患儿记忆力较好，尤其是在机械记忆方面，大多数智力落后儿童的认知能力发展严重不足，无法对周围事物进行合理的分析、综合、归纳、整理，对人与人之间的关系更是极度缺乏，许多儿童对人际交往、沟通中的最基本的语言都无法理解。

为了在学生学习数学知识的同时，初步接触和逐渐掌握数学思想，不断增强数学意识，就必须在数学过程中加强实践活动，使学生有更多的机会接触生活和生产实践中的数学问题，认识现实中的问题和数学问题之间的联系与区别。所以在教学中就尽量根据实际情况，找一些与实际生活有着密切的联系物品，模拟一些有利于学生学习的生活环境，设计一些生活场景，激发学生主动学习。

例如，在点数"1"时，为了让他们能够在脑海里建立起数的概念，建立起数量关系，可以带着他们从身边的物品数起，手把手的和他们一起来拿他们喝水的水杯，边拿边说："我拿了一个水杯。"虽说这个过程持续了将近一个月，但是学生们通过点数、拿自己身边熟悉的物品，也能在老师的辅导下拿出 1 个水杯，并把杯子递到老师的手里，边拿边说："我拿了几个杯子。"通过点数、拿等动作也使学生们了解到了"1"的概念以及相对应的关系。如此下来，他们不仅会点数水杯，而且还会点数小棍、积木等一些身边的物品了。

三、重视数学知识生活化，回归生活学数学

学生在学习知识后，不考虑所学数学知识的作用，不应用数学知识去解决现实生活中的实际问题，那么，这样的教学培养出来的学生，只是适应考试的解题能手。学生掌握了某项数学知识后，让他们应用这些知识去解决我们身边的某些实际问题，既有利于培养学生的应用意识和应用能力，还可以让学生在活学的基础上学会活用，他们肯定是十分乐意的，让

数学知识贴近生活，用于生活，这是我们教学所必须达到的目标。

例如，在学习"高、矮"时，如何让学生理解"高、矮"，在生活中区分出"高、矮"，这是需要思考的一个问题。在上课时，可以让学生通过用手去触摸自己和老师来进行比较，并且跟老师学说："高、矮。"当学生对"高、矮"有了一定的理解时，再让他们去拿柜子上的物品，问他们："拿得着吗？""为什么？"教学生说："拿不着，因为太高了。"又让他们尝试着站在椅子上去拿地上的积木，问他们："拿得着吗？""为什么？"教学生说："拿不着，因为太矮了。"让学生们在玩耍中了解"高、矮"的区别。此后，再给他们布置家庭作业：回家后和爸爸、妈妈、爷爷、奶奶比一比，谁高？谁矮？

可见，如果能在教学中高度重视数学知识的生活化，那么，一定会使数学更贴近生活。同时也会越来越让人感到生活离不开数学，数学也会变得有活力，学生才会更有兴致地喜欢数学，更加主动地学习数学。

生活是数学的大课堂，回归生活学数学既是让数学自身的魅力得到充分的展现，又让学生积极主动地学到了富有真情实感的、能动的、有活力的知识。需要注意的是，回归生活学数学绝非回到生活中放任自流地学数学，而应充分发挥课堂的"主阵地"的作用，并重在数学与生活的有机结合。唯有这样，才能使学生更加热爱生活，热爱数学。

融和育人，共享发展
北京市东城区培智中心学校教育探索与实践

浅谈培智学校班主任"三心"运用

刘 博

【摘要】 作为培智学校中的男性班主任，要奉献爱心，使学生在温馨的班级中增长智慧；要依靠耐心，使学生在丰富的活动中增长技能；要显现细心，使学生在和谐的氛围中茁壮成长。

【关键词】 班主任　智力障碍　爱心　耐心　细心

从事特殊教育已将近两年，在这两年中收获很多，同时也总结了一些经验。我的学生是智力落后学生，他们由于自身存在缺陷，各种能力有限，表现出思维缺乏深刻性、灵活性，语言有障碍，运动受局限。在社会、家庭中处于弱势状态，从小缺乏人与人的沟通，心与心的交流，情与情的交融，心灵的角落常常被人忽视、遗忘。他们幼小的心灵渴望得到关注、重视。但是，家长往往会不遗余力地满足孩子的物质需求，却缺乏对孩子心灵的关注，不太懂得孩子的需要及思想。其实，孩子在曲曲折折的成长过程中，特别需要成年人的关注和引导。因此，作为班主任老师要了解学生的个性，把握学生的心理，尊重学生的人格，理解学生的行为，通过多种形式关注学生的心灵，针对学生特点，科学有效地管理班级与教授知识。

一、"亲"学生，献爱心

"亲"要求班主任老师对学生的态度要和蔼可亲。作为一名男性班主任，对学生更要耐心地教育与引导，当学生有异常表现或行为时，要能观察入微，及时给予帮助。

（一）用真情打动学生

班里的学生智力障碍程度不同，有的孩子懂得老师对他的好，而有的孩子自理都会成为问题。尽管这样，作为班主任也一定要做到真诚关爱、平等地对待每一位学生。要尊重学生的人格，让学生有一个温馨和谐的学习生活环境，这样才有利于他们的学习和康复。班中的小涵（化名）从普通小学转入培智学校，自理能力较弱，每次独立如厕都会尿湿裤子，虽然给他换洗衣物不是问题，但是如果能帮助他慢慢改善这种状况，走向正常会更好。

于是我与他的家长沟通好，让家长每天将准备好给小涵换洗的秋裤和袜子带来学校交给我。从那天开始，小涵每次如厕我都陪同他并加以辅导，就这样，经过一次次的尿湿、一次次耐心的辅导，现在小涵如厕问题有了极大改善。在期末与他的家长见面时，他的家长真心地表示感谢学校、感谢老师对小涵的爱心帮助。当听到自己用爱心与真情帮助学生，得到学生和家长赞扬的时候，幸福充盈心头。

（二）用微笑感染学生

每天一进教室，班中的学生们都会微笑着向老师问好，作为老师更应以微笑来回馈学生，并把这一特殊的教育手段——微笑，延伸到班级中的每一位学生，使孩子们在愉悦的环境中开始一天的学习。灿烂的微笑，会让学生的身心感到愉快，从而使智能得到发展。班中的小睿（化名）是一名女生，患有癫痫症并正处于青春期，经常出现上课不进教室的情况，每次上课老师都要到教室外去叫她才会进班。总这样追着叫小睿上课也不是办法，怎么才能让小睿听到上课铃声就自觉地进入教室呢？通过思考我想到表扬小睿身上的优点，让她感觉到老师对她的认可，并且让其他同学向她学习，鼓励她，使她能感觉到老师对她的关心爱护，促进她再进步。

于是在其他老师、同学、家长面前表扬小睿爱学习、乐于助人、愿意与他人交流沟通的优点，还表扬小睿懂礼貌，每天到校都要到办公室门口和所有的老师笑嘻嘻地打招呼的优点。在日常学习中，发现了小睿的优点就及时表扬，并鼓励小睿如果能在听到上课铃响就进班，她就会有更大的进步。就这样在不断受到表扬和鼓励下，小睿有了变化，现在上课铃一响起，她总能配合老师工作，第一个自觉的进入教室。我用微笑和表扬开启了成功教育的一扇门，用微笑和鼓励赢得了学生的喜欢和配合。

二、"勤"工作，靠耐心

特教老师要面对不同智力障碍类型的学生，工作内容是琐碎的、繁忙的，甚至在短期内是看不到成效的。但这更要求作为老师的我，要有足够的耐心去"勤"工作。特教班主任虽然带的学生不多，但由于他们的智力和行为特点各异，需要班主任付出极大的精力和耐心，不厌其烦地指导教育学生。智力障碍学生存在行为缺陷或语言缺陷，他们往往都不能独立完成学习任务。这就需要老师亲自手把手的教学生，帮助他们完成每一个学习任务，让他们从不会到会，最终达到乐学。

（一）勤观察

无论上课还是下课，一定要注意观察学生细微的变化，掌握他们的思想动向，以便随时对学生施以教育和帮助，防范于未然。智力障碍学生出现的问题千变万化，要根据学生的年龄、性格、家庭情况等各因素，找出一个适合于这位学生的教育方法，才能有效地解决问题。

（二）勤练习

智力障碍学生的自控能力较差，行为习惯在短时间内很难形成，所以培养学生的良好习惯。要扎实、反复、灵活多样地对每位学生进行常规练习，内容包括课堂常规、出操常规、卫生常规及排队离校常规等。练习这些常规要做到持之以恒，除此之外，老师还要对学生进行鼓励，学期末发奖状，以鼓励学生做得更好。

（三）勤交流

智力障碍学生家长总感到有这样的孩子面子上不太好看，甚至有的家长对孩子表现为冷漠、歧视、不闻不问，不愿和老师见面，怕老师说孩子没有长进，然而每位家长又都希望老师来关注自己的孩子。因此，特教班主任主动与家长的联系和沟通就显得尤为重要，要理解家长的矛盾心理，要用主动而真诚的态度去联系每位学生的家长，并且取得有效的沟通。得到家长真心诚意的配合，才能制订出符合每位学生的学习训练计划，才能使每位学生都得到符合自己实际的关爱和学习的提高。

三、"抓"时机，显细心

（一）抓住时机，因时利导

在教学中，老师要细心观察学生的一举一动，掌握每位学生的特点，做到胸中有数，这样才能在教育教学中抓住教育学生的"时机"，选择和运用最适合的方法和手段，做到在最有效的时间段对学生进行教育。

当教育学生的"时机"未到时，要善于等待；当教育学生的"时机"来临时，要立即抓住；当教育学生的"时机"已过，应善于迂回并创设、捕捉新的"时机"。班中的小赵（化名）是一名阿斯伯格症学生，识字量大、语言功能正常但交流沟通能力弱。只有当他遇到知道的或感兴趣的事情时才会进行交流沟通，班里的学生不能与他进行交流。因此，我在教学中一直在寻找这样的时机鼓励他说话。在书法课上，有一个环节是请一位同学为班中其他同学读一个书法家故事。每当书法课到这一环节时，小赵都会非常兴奋并高高的举起他的右手，示意我叫他为其他同学朗读。每当此时，我都高兴的让他朗读，一段时间后，我欣喜地发现小赵朗读能力得到了非常大的提高。同时，我发现在小赵为同学们朗读的这个环节中，班里的同学们都听得非常认真，这又激发了同学们的学习兴趣，更重要的是起到了小赵与同学之间的友好交流、共同学习进步的良好班风，可谓是一举多得。可见抓住有利的教育时机，对学生进行教育、开展班级管理，往往会收到事半功倍的效果，从而产生了良好的"时机效应"。

（二）捕捉亮点，因势利导

在日常班级管理中，班主任应采用科学的方法调动学生的积极性，运用正确的激励手段适度地满足学生的心理需求。创造健康、积极向上的班级氛围。

智力障碍学生虽然在某些方面存在障碍，但也有闪光的亮点，及时捕捉学生的亮点进行因势利导，使他们产生积极的情感。从而以点带面促使

融和育人，共享发展
北京市东城区培智中心学校教育探索与实践

学生将自身亮点放大并促进全面进步，这是班主任工作至关重要的一环。班中的小怡（化名）是一名善良有爱心的女孩子，只要是班中的其他学生有了困难，小怡都会耐心地帮助或安慰他们，同学们也都愿意和她一起玩，对于小怡身上的亮点——好品质，我在班中经常表扬。在小怡的带动和影响下，班里的同学们也都自觉地去帮助其他人。可见，学生的亮点与进步是要发现和挖掘的并加以表扬和鼓励，同学们向她学习使全班同学都能够得到进步和提高。

作为一名特殊教育的老师难，作为一名特殊教育的班主任更难。班主任工作平凡而烦琐，班级管理千头万绪，工作方法千差万别，但班主任老师对每位智力障碍学生的关心和爱护永远不变。让我们用欣赏的眼光去看待，用真诚的心去帮助每一位智力障碍学生，使他们在健康和谐的班级环境中快乐成长。

参考文献

[1] 林宝贵. 语言障碍与矫治[M]. 台北：五南图书出版社，2005.

[2] 黄伟合. 儿童自闭症及其他发展性障碍的行为干预[M]. 上海：华东师范大学出版社，2003.

[3] 王梅，张俊芝. 孤独症儿童的教育与康复训练[M]. 北京：华夏出版社，2007.

[4]［挪威］斯蒂芬·冯·特茨纳，［挪威］哈拉尔德·马丁森；五彩鹿儿童行为矫正中心、北京师范大学特殊教育系编译. 走出自闭——发展障碍儿童、青少年和成人的沟通辅助技术[M]. 天津：天津教育出版社，2011.

培智学校信息技术课程教学方法初探

鲁秋生

【摘要】为了更好地促进培智学校信息技术教育的发展进程，信息技术课程在培智学校犹如雨后的春笋一样蓬勃地发展起来。努力探索适合智力障碍学生的信息技术教学方法，利用信息技术激发学生兴趣，培养学生的学习乐趣，增强学生的荣誉感和自信心，提高学生的动手能力，对于学生的成长具有十分重要的意义和价值。

【关键词】兴趣培养　信息技术　实践锻炼

随着信息社会的飞速发展和信息资源的日益丰富，信息技术课程在培智学校当中犹如雨后春笋一样蓬勃地发展起来。为了更好地促进培智学校信息技术教育的发展进程，努力探索适合智力障碍学生的信息技术教学方法，对于提高学生的信息素养，培养学生的创新精神和实践能力，具有十分重要的意义和价值。如何使信息技术课程真正引起学生注意，被学生自然接受，并主动学习，以下几种方法可供参考。

一、兴趣引导，涵养学生学习乐趣

兴趣是学习的原动力，对智力障碍学生而言，兴趣的重要性更是毋庸置疑的。由于智力障碍学生的文化基础比较薄弱，所以，在信息技术课的教学过程中，一定要避免过多的文字描述和专业词汇，这些都是枯燥乏味的东西，很容易造成老师在上面讲得是滔滔不绝，而学生们在下面听得是糊里糊涂的窘迫局面，再加上智力障碍学生的自制能力差，注意力容易分散，结果往往让学生对信息技术课更易产生抵触和排斥。

正确的方法是应从智力障碍学生的兴趣入手，应用新鲜、有趣和直观的知识吸引学生的注意力，利用游戏、竞赛等教学手段来激发学生的学习热情和动力。例如在讲《认识计算机》时，主机内部的各个部件如果用文字描述是非常抽象的，最好的方法是打开一部电脑主机，现场讲解，学生不但可以观察到每个部件的位置和模样，而且还可以通过拔插各个部件，观察计算机出现的状况而了解各个部件在计算机系统里的功能和用途。例如在使用《金山打字》练习打字时，由于打字比较枯燥，学生往往会乱打或者偷偷地玩打字游戏，并且相互之间爱比较谁的得分高，于是我便利用他们爱玩、好胜的心理，将全班分成几个小组，布置相同的打字内容，各个小组进行打字接力比赛，胜利的一组有奖励，落后的一组要惩罚。让学生从比赛中发现自己的不足，促使他们更乐于努力地按照指法去练习打字。最终提高学生打字的速度和正确率。

可见，我们要利用信息技术的固有特征，结合各种信息资源采用形象、直观的教学方法，激发学生的兴趣，涵养学生的乐趣，让学生在主动参与的过程中，加深对信息技术知识的理解和记忆；加强辅导，在巡视的过程中发现问题并尽快解决问题，让学生在操作的过程中验证所学的知识，熟练地掌握计算机的基本技能，从而使学生乐学，让教师乐教。

二、任务驱动，帮助学生体验成功

用任务驱动学生学习对于信息技术教学而言是一个比较好的方法，通过把每一单元的任务细化，让每节课都有一个具体的小任务，让学生们利用计算机来解决一些实际问题，使学生能在解决实际问题当中获得知识、掌握技能，以提高学生的学习积极性。

同时还要注意在各个任务之间建立联系，层层递进，促使学生循序渐进地掌握所学的内容。例如，在学习画图程序时，再学习基本图形绘画时，先用演示法在教师机上演示如何选择绘画工具、如何绘制基本图形，当学生适当掌握了知识后，就布置本堂课的作业，而作业的内容就是让每位学生把事先准备好的小板凳利用画图程序绘制下来。

当收到作业时，如果做得合格的或比较好的学生，就会帮其打印出来放在光荣榜上进行表扬，让做的不合格的学生继续努力，形成你追我赶的良性竞争，一方面促使学生由浅入深，循序渐进地学好信息技术的知识和技能；另一方面对培养学生的荣誉感和自信心具有非常重要意义。

三、实践巩固，锻炼学生动手能力

在信息技术教学中要加大实践的力度，尽量减少对枯燥无味的理论讲解。由于缺乏形象性和可操作性，学生对此兴趣不是十分浓厚，觉得枯燥。如果教师一味按照教材内容顺序循序渐进进行教学，学生缺乏上机操作的时间，积极性会受到挫伤，影响以后教学效果和教学质量。对此，教师可以把一些理论知识夹杂在上机操作过程中予以解决，比如在开机之前认识一下计算机的组成；在文字训练时，输入一段介绍信息技术的文章。

总之，许多理论知识都可以通过一些学生上机操作方式体现出来予以解决。因此，没有必要让学生一味学习理论，而完全可以把理论知识分成若干小块，逐渐消化掉，真正做到理论和实践的高度结合和完美结合。信息技术课是一门实践性很强的课，上机课的课时应占信息技术总课时的70%以上，有关操作的内容应安排在计算机教室进行。根据调查许多学生对计算机都充满了新鲜和好奇，他们都爱上信息技术课，可是老师一再强调不要动这，也不要动那，一定要跟着老师走。当然，教师这样也是可以理解的。但是这只能使学生有很大的局限性，甚至有胆小的同学怕把计算机弄坏，就什么也不敢动，变得谨小慎微，慢慢地，学生的积极性就调动不起来了。基于以上的原因，在上课的时候可以给予学生充足的练习时间，适当强调，适当引导，及时观察学生使用情况，一般情况下计算机是不会出问题的。这样做既可以调动学生的积极性，又能提高他们的动手能力、实践能力。如果我们忽视了信息技术课的最大特点是让学生上机动手操作、参与操作，而只是照本宣科"讲解"教材，这和在岸上学游泳一样永远学不会。"新课标"提出的培养和发展学生的能力，调动学生的积极性和创造性就会成为一句空话。

参考文献

[1] 徐晓东.信息技术教育的理论与方法[M].北京：高等教育出版社，2004.

[2] 叶金霞.中学信息技术教学与实践研究（修订版）[M].北京：高等教育出版社，2006.

[3] 董玉琦.信息技术课程与教学[M].北京：电子工业出版社，2005.

[4] 祝智庭，李文昊.新编信息技术教学论[M].上海：华东师范大学出版社，2008.

[5] 顾建军，李艺，党好政.高中技术新课程理念与教学实践——普通高中新课程教学指导丛书[M].北京：商务印书馆，2006.

论亲子游戏对智力障碍儿童的影响

马 艳

【摘要】 智力障碍儿童作为特殊儿童中的一类，他们心理发育迟缓，智力低下，且伴有适应性行为问题，致使他们在诸多方面存在着特殊性。本文以一位智力障碍儿童为例，通过亲子游戏在教育的过程中对智力障碍儿童的不适应课堂行为进行训练，试图改善他的不适应行为，同时兼顾他教学目标的达成，并且在实施过程中对训练方法上作进一步的探讨和反思。

【关键词】 特殊儿童 心理发育 行为问题

智力障碍儿童作为特殊儿童中的一类，他们心理发育迟缓，智力低下，且伴有适应性行为问题，致使他们在诸多方面存在着特殊性。在学习方面，由于能力有限，他们的学习持续性较短，记忆力较差；应用能力较低；学习的动机少出于自发；欠缺抽象思维，领悟力和理解力薄弱；学习转移能力不足，不能灵活运用所学的知识和技能；感情方面，他们通常思想纯真，性格率直。只要有人愿意与他们谈话、关心他们，他们便会很开心；沟通方面，他们的表达能力，特别是言语方面比较差，常常不能表达自己心里想说的话。抽象及应变能力较差，未能独立处理问题；行为方面，有些智力障碍儿童的行为可能出现问题（例如用发脾气来吸引他人的注意），通常这与管教方法和社会人士对他们态度与期望有关。

在培智学校的课堂教学中，智力障碍学生存在诸多问题，其中课堂行为的问题尤为突出，如课堂上不参与教学和训练、随意讲话、下位、吵架、攻击他人、把课桌椅弄得乒乓响等，严重干扰了正常的教学秩序，影响了教学效果。有时候上一节课，教师课讲得非常卖力，而学生却一无所获，收效甚微。

在近年的研究中，人们已经开始尝试用各种各样的介入方式来改善智力障碍儿童的不良情绪和行为，其中就包括课堂问题行为影响方面。尽最大的努力发展他们的潜力，但大多数研究还只停留在理论基础上，且很少将亲子游戏作为训练方法对智力障碍儿童的课堂问题行为影响进行研究。

本文以一位智力障碍儿童为例，通过亲子游戏在教育的过程中对智力障碍儿童的不适应课堂行为进行训练，试图改善他的不适应行为，同时兼顾教学目标的达成，并且在实施过程中对训练方法作进一步的探讨和反思。

一、背景和意义

课堂是育人的主渠道，是学生学习的场所，让学生在特定的情境中进行实践体验，使他们在活动中体验情感，感悟道理，反思自己的所为。课堂行为就是师生"共同体"在课堂教学情境中共同促进积极教学和自我发展的整体行为。学生的课堂行为直接影响知识的获取。

智力障碍是指智力功能和适应性行为上存有显著的限制而表现出的一种障碍。表现在概念、社会和实践性适应技能方面的落后，障碍发生在18岁以前（AAMR2002）。智力障碍儿童作为特殊儿童中的一类，他们心理发育迟缓，智力低下，且伴有适应性行为问题，这些特征往往使他们缺乏学习兴趣，注意力不集中，自制力差，课堂不专心听讲，经常做一些小动作，有的甚至对老师讲课置之不理。

2006年，国家统计局、民政部、卫生部和中国残联等16个部委组成领导小组对我国第二次残疾人抽样调查数据显示，智力障碍人群在残疾人总人数中占有不可忽视的比例，而目前学龄阶段的身心障碍学生的障碍类别中，智力障碍学生为最大人群，这也代表在以后的时间里很多智力障碍学生会进入普通的教育环境，进入普通班，跟普通学生一起学习、相处和互动，如果我们的社会环境无法给这群智力障碍学生必要的支持与提供足够的资源，他们会因为自身的限制和环境的压力造成很多适应上的问题，从而出现很多不良的适应行为。

在培智学校的课堂教学中，智力障碍学生存在诸多问题，其中课堂行为的问题尤为突出，课堂行为存在的问题又影响到智力障碍儿童的课堂学习，以及对他们在其他方面的发展产生很多的负面影响。为了提高智力障碍儿童智能和社会适应能力，使其将来能更好地融入社会，对智力障碍儿童进行课堂行为的训练就显得非常重要。

二、国内外研究现状

为了了解当前亲子游戏对智力障碍儿童课堂行为影响的研究现状，笔者通过在中国知网、中国期刊全文数据库、万方数据库等进行相关资料的检索，并查阅了相关书籍。发现针对亲子游戏对于智力障碍儿童影响的研究较少，主要研究还在于普通儿童上。

（一）智力障碍儿童及其相关研究

1. 智力障碍儿童的定义

国内：2006年，第二次全国残疾人抽样调查使用的残疾标准中对智力障碍的定义如下：智力残疾是指人的智力明显低于一般人的水平，并显示适应行为障碍。此类残疾是由于神经系统结构、功能障碍，使个体活动和参与受到限制，需要环境提供全面、广泛、有限和间歇的支持。智力残疾包括在智力发育期间（18岁之前）。由于各种有害因素导致的精神发育不全或智力迟滞；或者智力发育成熟以后，由于各种有害因素导致的智力损害或智力明显衰退。

国外：美国智力障碍学会（AAMR，现更名简称为AAIDD）自1921年第一次提出智力障碍的诊断和分类系统后，至今先后进行了9次修订。其中，1959年（第五版）的智力障碍定义，除了智商外，首次增加了适应行为。自此，对智力障碍的判断开始将智力发展的明显落后和社会适应行为障碍作为两个重要的标准。AAMR2002（第十版）的定义：智力障碍是指智力功能和适应行为上存有显著的限制而表现出的一种障碍。

2. 智力障碍儿童的学习特点

（1）注意力缺陷。

刘全礼在《智力落后儿童的特点与教育纲要》❶中指出智力障碍儿童在以下三个方面表现出注意力缺陷：第一，对刺激辨认困难，智力障碍儿童因为不善于对有关的刺激做出选择性注意，所以他们需要花大量的时间才能辨认与注意环境中的有意义刺激，从而做出正确的反应。第二，注意力容易分散，智力障碍儿童注意力集中的时间较短，容易受到周围无关刺激或外来因素所吸引，而无法将注意力集中在学习内容上。第三，注意广度狭窄。注意广度是指在很短时间内所能察觉到的东西的数量。智力障碍儿童比同年龄儿童的注意广度狭窄，因此影响其在短暂时间内迅速察觉刺激的速率。为了提高智力障碍学生学习的专注度，教师必须减少外界不必要的干扰，并提供正确的学习刺激或增加教材的变化或者改变教学的方式，降低教材的难度与分量，避免过长的教学时间，以吸引智力障碍儿童的注意力。

（2）记忆缺陷。

根据 Borkowski 等人（1983）和 Ellis（1963）的记忆广度实验结果显示，智力障碍学生的短期记忆功能特别差。所以，智力障碍儿童需要经过反复不断的练习才能转换成长期记忆，这样就不容易忘记。

（3）缺乏组织能力。

刑同渊在《智力障碍教学法》❷中指出智力障碍儿童无法先将学习材料做有组织的整理，导致他们所学的材料常常杂乱堆积于大脑中，而不以保留和记忆。因此，教师在教学前先将教材加以组织，或是训练学生组织材料的方法，将可提高学生的学习效果。

（4）缺乏迁移类化能力。

刘春玲和马英红在《智力障碍儿童发展与教育》❸中指出的智力障碍儿

---

❶ 刘全礼.智力落后儿童的特点与教育纲要[M].天津：天津教育出版社，2008.
❷ 刑同渊.智力障碍教学法[M].天津：天津教育出版社，2007.
❸ 刘春玲，马英红.智力障碍儿童发展与教育[M].北京：北京大学出版社，2011.

童较不会利用已学得的经验来解决相关的新问题或适应新环境，无法使用旧经验来形成规则以解决日后相类似的情形，而智力障碍学生这种类化能力的困难，不仅是在学科能力表现上，还包括在社会技能方面。

（5）语言发展迟缓，沟通困难。

茅于艳在《智力落后儿童早期教育手册》❶中指出智力障碍儿童由于智力发展迟缓，对于复杂的语言学习过程受到许多限制。因此他们的语言能力不但比同年龄的一般正常儿童低，且智商越低其差距越大。此外，智力障碍儿童语言沟通方面的问题大致可以分为两大类：语言能力发展迟缓以及构音障碍。

（6）学习动机缺乏，预期失败。

刘全礼在《智力落后儿童的特点与教育纲要》❷中指出智力障碍学生由于经常遭受失败，普遍缺乏自信心，遇事未试，就已预期失败，面对学习表现出退缩、拒绝的态度，而成败的归因也会影响智力障碍学生的学习动机。

3. 智力障碍儿童课堂学习适应行为

陈水月在《智能不足儿童"教室内异常行为"之处理研究》❸中指出智力障碍儿童在课堂上教室的异常行为，包括大声喊叫喧闹、无视他人存在、大声谈话、缺乏注意广度及注意力不集中、过度活动、在教室跑动等。这些行为，不仅影响了智力障碍儿童自己的学习，也干扰了其他同学的学习。

4. 智力障碍儿童的相关教育方法

王佳在《浅论奥尔夫音乐治疗法对智力障碍儿童行为治疗的作用》❹中论述了"奥尔夫音乐治疗法"对智力障碍儿童行为治疗的作用，发现它在

---

❶ 茅于艳.智力落后儿童早期教育手册[M].北京：人民教育出版社，2003.

❷ 刘全礼.智力落后儿童的特点与教育纲要[M].天津：天津教育出版社，2008.

❸ 陈水月.智力不足儿童"教室内异常行为"之处理研究[D].国立台湾师范大学特殊教育中心，1992.

❹ 王佳.浅论奥尔夫音乐治疗法对智力障碍儿童行为治疗的作用[J].大众文艺，2011，(12)：13-14.

恢复智力障碍儿童的心理、生理功能，补偿其智力和适应行为的缺陷等方面是一种具有独特效果的治疗手段。

王冰和朱海云在《弱智儿童心理康复与行为矫正游戏最为重要》[1]中指出游戏在弱智儿童心理康复和行为矫正中能起到积极的作用，游戏能帮助治疗者正确诊断弱智儿童的心理问题；游戏能满足弱智儿童的安全需要；游戏能使弱智儿童对他人产生亲近感和信任感；游戏调节了弱智儿童认识和情感之间的矛盾；游戏能使弱智儿童郁积的不良情感得到宣泄；游戏能使弱智儿童获得快乐并体验成功。

杜青青在《音乐治疗在智力障碍儿童领域里的实践》[2]以智力障碍儿童对音乐和声音的敏锐性为切入点，在治疗过程中通过声音听觉的训练向儿童提供更多有益的经验，发现音乐治疗对智力障碍儿童的情绪和行为有良好的干预效果，并进一步分析了音乐治疗在智力障碍儿童领域的可行性及有效性。不难看出，无论是以音乐还是以游戏为切入点，都有一个共同点就是能根据智力障碍儿童自身的能力起点，营造出轻松愉快的氛围，使儿童在快乐中学、自然地发泄情绪并使他们的一些不良的行为得到改善。

（二）亲子游戏及其相关研究

亲子游戏不仅有益于亲子之间的感情交流，密切亲子关系，促进儿童的健康发展，而且对于儿童的实物游戏和伙伴游戏也具有重要的促进和影响作用。儿童在亲子游戏中获得的对待物体的态度、方式方法以及人际交往的态度、方法会迁移到儿童的实物游戏和伙伴游戏中去。反过来，儿童在实物游戏和伙伴游戏中获得的经验又会进一步丰富亲子游戏的内容。

1. 亲子游戏的定义

刘立民在《倡导亲子游戏的意义与策略》[3]中指出亲子游戏是父母与孩子之间，以亲子感情为基础，以婴幼儿与家长互动游戏为核心内容，全方

---

[1] 王冰，朱海云.弱智儿童心理康复与行为矫正游戏最为重要[J].中国社区医师（医学专业），2010，12（8）：17-18.

[2] 杜青青.音乐治疗在智力障碍儿童领域里的实践[J].人民音乐，2011（6）：92-94.

[3] 刘立民.倡导亲子游戏的意义与策略[J].鞍山师范学院学报，2009，11（1）：99-102.

位开发孩子的运动、语言、认知、情感、创造、社会交往等能力，帮助孩子初步完成由"自然人"向"社会人"过渡而进行的一种活动。

2. 亲子游戏的特点

丁海东在《学前游戏论》❶中指出亲子游戏不同于儿童独自游戏和伙伴游戏之处在于加入了成人这样一个既不同于实物又不同于同龄伙伴的交往对象。成人在亲子游戏中和儿童结成了两种关系，一种是横向的、对等的玩伴关系，另一种是纵向的、不对等的应求关系。这样两种关系，使亲子游戏具有情感性和发展性的特点。这两个特点，正是亲子游戏价值的根源所在。

3. 亲子游戏的研究

国内：刘立民在《倡导亲子游戏的意义与策略》❷中指出由于对亲子教育的研究在我国起步时间还比较短，亲子教育的理论还不完善，许多儿童家长关于亲子教育、家庭教育对社会的意义还不十分明确；很多教育机构对于如何开展亲子游戏活动还缺乏有效的研究方法；在教育理论上，对亲子关系、亲子教育、亲子游戏活动以及有关家庭教育中的种种文化现象没有进行详细的、动态的、情境化的描述；家长还普遍存在着缺乏科学的育儿经验，对亲子游戏活动认识不足以及不清楚如何开展积极、有意义的亲子教育等问题。

国外：尹芳在《国外亲子游戏研究的文献综述》❸中指出自20世纪60年代起，国外的一些心理学家和教育学家就开始关注亲子游戏的研究，通过实验或观察，从不同角度对亲子游戏的诸方面进行探讨，其研究内容和成果主要集中于亲子游戏的价值和亲子游戏影响因素：亲子游戏可以促进儿童认知能力的发展，可以促进儿童社交能力的发展，可以促进儿童良好情绪情感的发展。国外研究者认为，父母的游戏性越高，在亲子游戏中的情感表达和游戏刺激越积极，儿童对父母的反应及游戏行为就会越积极。父

---

❶ 丁海东. 学前游戏论 [M]. 济南：山东人民出版社，2003.
❷ 刘立民. 倡导亲子游戏的意义与策略 [J]. 鞍山师范学院学报，2009,11（1:）：99-102.
❸ 尹芳. 国外亲子游戏研究的文献综述 [J]. 山东教育：幼教刊，2006（27）.

母的社会经济地位和文化程度同样对亲子游戏具有一定的影响。

（三）课堂行为及其相关研究

什么是学生应有的课堂行为？这是一个非常复杂的问题，也是一个存在很大争议的问题。施良方在《课堂教学的原理、策略与研究》[1]中对课堂行为作如下理解：在课堂教学中，学生主动积极地参与教学，并对教学活动产生积极影响的行为就是课堂行为；反之，对教学有不良影响、有消极情绪的行为就是课堂问题行为。

王琳琳在《智力障碍学生课堂适应特点研究》[2]中指出弱智儿童由于其心理活动各方面进行缓慢，认识水平低下，基本没有分析和判断能力，因而他们常会不加分析地模仿他人的不当行为。他们的情感控制和调节能力因受机体的需要和激情支配，很难以课堂行为所要求的标准来控制自己的情感，当他们遇到不顺心的事或觉得受到干扰时，会不分场合地大吵大闹，不会随情况的改变而相应改变自己的情感。另外，他们的自控能力也很弱，课堂上往往不能控制自己的行为，想做什么就做什么。

三、通过亲子游戏对智力障碍儿童进行课堂训练的问题研究

（一）本文的主要问题

本文以一名智力障碍学生为对象，通过访谈了解教师对于该生课堂表现的评价，通过日常观察，记录该生在课堂上的表现，包括上课注意力不集中、做小动作和随意下座位等课堂行为。然后对被试者进行评估，根据评估结果选定适合的亲子游戏，通过亲子游戏在教育的过程中对智力障碍儿童的课堂行为进行训练。在训练过后，对比注意力集中的时长、随意下座位的频率以及随意讲话的次数，再进行观察和评定。

亲子游戏对智力障碍儿童课堂问题行为的影响是本文的主要内容。

---

[1] 施良方. 课堂教学的原理、策略与研究 [J]. 吉林省教育学院学报，2015，31（4）：97-98.

[2] 王琳琳. 智力障碍学生课堂适应特点研究 [D]. 重庆：西南大学，2013.

（二）研究方法

本文选取单一被试，通过调查法、观察法、访谈法来收集被试资料。通过对儿童家长进行调查，来收集儿童的基本资料、既往史、家庭资料以及受教育经历。通过对老师的调查，来收集儿童的学习情况。采用直接观察法，通过观察儿童的课堂表现来收集资料，确定以后所要观察的方向。访谈儿童的任课教师和家长，收集反馈信息作为监测研究结果的支持与补充。特别是与家长的访谈，在训练前了解该家长对于亲子游戏的认识。在训练期间，及时和家长沟通儿童的课堂行为的变化以及亲子游戏的进行状况。在收集完资料后，再对儿童进行进一步的观察和评估。根据前期资料收集，观察儿童课堂行为的变化，记录儿童在课堂上注意力集中的时长，随意下座位的频率以及随意下讲话的次数。

（三）研究对象分析

1. 对象

北京市某培智学校康复段学生。

2. 对象资料

姓名：罗某某。

性别：女。

年龄：9 岁。

兴趣爱好：唱歌，跳舞。

残疾类型：脑瘫。

特殊病史：癫痫。

感知觉：听觉正常；视觉正常但有些斜视。

肢体：大运动方面右侧肢体不便，行走不稳，能独立行走，会跑且好动；精细运动方面左手能拿捏小物件。

沟通：发音不是很清晰，表达能力不清楚；能与人互动交流。

认知：会数数 1~30。

生活自理：自理能力较好。

韦氏儿童智力量表：韦氏得分 43 分，言语评分为 93 分，操作评分为

48分，属于重度智力障碍。被试的言语智商较操作智商强。

老师评价：该生在上课时经常注意力不集中，容易涣散。

课堂表现：注意力容易分散，注意力集中的时间较短，容易受到周围的影响，眼神经常飘忽不定，且经常做一些小动作，有时还会随意下座位，无法将注意力集中在学习内容上。

家庭资料：父母从事个体经营，一家四口（孩子、哥哥、父亲和母亲）。

受教育经历：到培智学校前未受过学前和小学教育，在培智学校已入学一年。

3. 选择对象原因

智力障碍儿童作为特殊儿童中的一类，他们心理发育迟缓，智力低下，且伴有适应性行为问题，这些特征往往使他们在学习上缺乏兴趣，有的甚至对老师讲课置之不理。而该儿童在课堂上注意力不集中，经常做小动作且有时会随意下座位，所以选其为被试者。

（四）训练程序

1. 训练目标

大目标：通过亲子游戏对被试者进行训练，使其课堂问题行为有所改善。

小目标：通过训练使被试者在注意力集中的时长、做小动作的频率以及随意下座位的次数等行为中至少有一项有所改善。

2. 训练材料

本研究选取单一被试者，进行为期7周28课次（平均每周4课次）的训练，要求同时记录训练结果。

观察点为注意力集中的时长、做小动作的频率、随意下座位的次数。

注意力小游戏（举例）：

（1）寻找数字"1"：在下列数字中圈出"1"，家长记录每次完成的时间。

123456123456
654321654321

6 1 5 2 4 3 3 4 2 5 1 6
3 4 2 5 1 6 6 1 5 2 4 3
1 2 4 5 3 6 1 2 4 5 3 6
5 6 1 2 4 3 6 5 2 1 4 3
6 2 5 4 5 4 6 2 1 3 5 6
4 5 5 4 1 2 3 5 3 3 1 2
6 5 4 3 2 1 1 2 3 4 5 6
1 2 3 4 5 6 6 5 4 3 2 1

（2）寻找词语"西瓜"：在下列词语中圈出"西瓜"，家长记录每次完成的时间。

苹果 香蕉 西瓜 桃子 草莓 菠萝
苹果 西瓜 草莓 苹果 香蕉 菠萝
桃子 西瓜 草莓 香蕉 苹果 桃子
西瓜 香蕉 菠萝 桃子 西瓜 苹果
桃子 香蕉 菠萝 香蕉 苹果 西瓜
草莓 菠萝 桃子 草莓 香蕉 西瓜
草莓 菠萝 香蕉 菠萝 西瓜 苹果
菠萝 香蕉 西瓜 草莓 苹果 桃子

（3）寻找词语画笔：在下列词语中圈出"画笔"，家长记录每次的完成时间。

本子 铅笔 画笔 书包 铅笔 本子
书包 画笔 本子 铅笔 书包 画笔
铅笔 本子 书包 画笔 本子 铅笔
画笔 书包 本子 铅笔 画笔 书包
书包 铅笔 画笔 本子 书包 铅笔

本子 画笔 书包 铅笔 本子 画笔

画笔 书包 铅笔 本子 铅笔 本子

铅笔 本子 画笔 书包 画笔 书包

（4）寻找字母"A"：在下列字母中圈出"A"，家长记录每次完成的时间。

A B C D E F
F C D A B E
B D A E F C
C E F A D B
E A D B C F
D F A E B C
A B C F D E
C D F E B A

（5）寻找图形"✈"：在下列图形中中圈出"✈"，家长记录每次完成的时间。

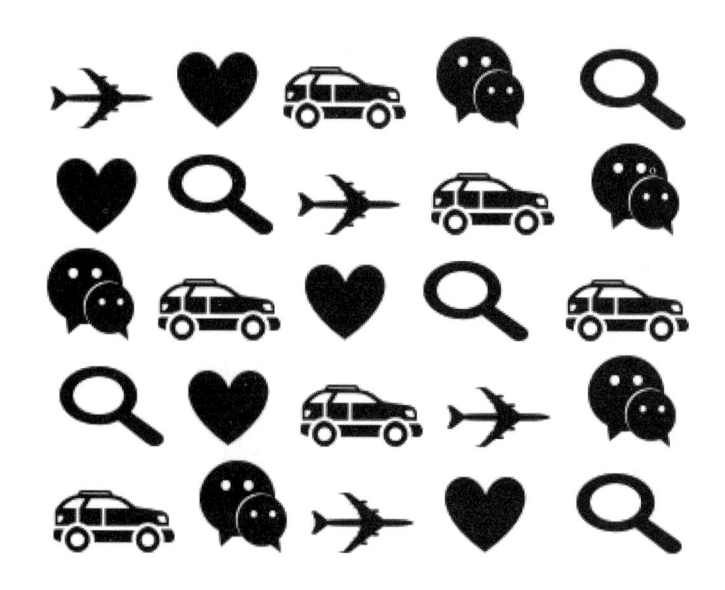

(6) 寻找图标"➡"：在下列图标中圈出"➡"，家长记录每次完成的时间。

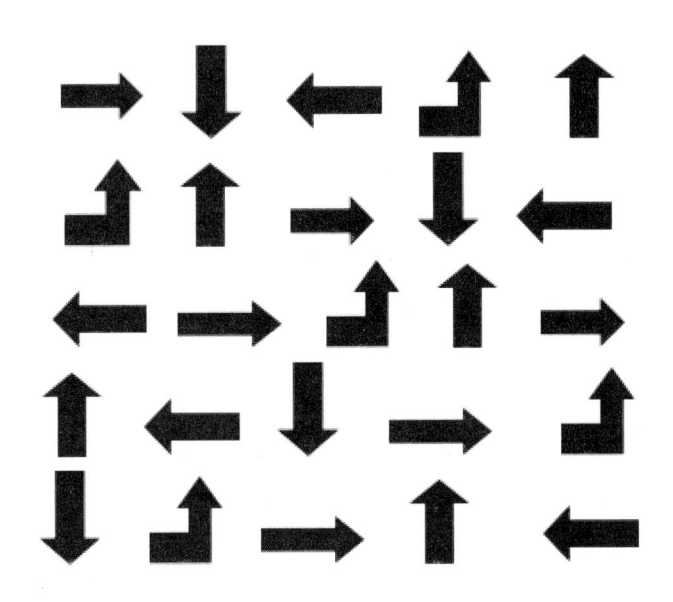

(7) 寻找图形"●"：在下列图形中圈出"●"，家长记录每次完成的时间。

3. 训练流程（方案）

（1）确定研究对象。

（2）收集被试基本资料。

（3）建立良好的情感关系。

（4）进行观察和评估：进行为期两周，共计8节课（平均每周4课次）的课堂观察，记录儿童在课堂上注意力集中的时长，做小动作的频率以及随意下座位的次数。

（5）制定训练方案：制定为期7周28课次（平均每周4课次）的训练方案，家长与孩子在进行亲子游戏时，应让孩子处于主导的位置。考虑到智力障碍儿童自身的特点，每次训练时选择2~3种游戏，且游戏的时间为20~30分钟。

（6）进行训练：在训练的过程中要根据实际情况以及被试者课堂行为表现的变化，适时地调整训练方案，如更换亲子游戏的内容。在每次亲子游戏进行之后要观察儿童的课堂行为。

（7）进行训练后评估和观察：在训练过后进行为期两周4次共计8节课的课堂观察，记录儿童在课堂上注意力集中的时长、做小动作的频率以及随意下座位的次数。

4. 家长对被试的亲子游戏的指导方法

以言语指导为主，向孩子讲明训练方法，在进行每项亲子游戏前，用言语集中孩子的注意力，例如："请你看看我的眼睛，好我们现在开始"等，有明确的指令性的要求；在训练结束后要加以鼓励，例如："你这道题做的真好"等，有明确指向性的鼓励。

（五）干预前和干预后各目标行为的比较

1. 注意力集中的时长

干预前被试者的注意力集中时长为7分钟或8分钟，干预后被试者的注意力集中时长为8分钟或9分钟。由此可见，通过亲子游戏的训练被试者在课堂上的注意力集中时长有所增加。（见表1）

表1　干预前后注意力集中时长统计

	课次	1	2	3	4	5	6	7	8
注意力集中时长（分钟）	干预前	7	7	7	7	7	7	8	8
	干预后	7	8	8	8	8	9	9	9

2. 随意下座位的频率

亲子游戏前后被试者在课堂上下座位的频率并没有太大变化，基本上一节课上随意下座位的频率为10分钟一次。（见表2）

表2　干预前后随意下座位的频率统计

	课次	1	2	3	4	5	6	7	8
随意下座位的频率（分钟/次）	干预前	10	10	10	10	10	10	11	11
	干预后	10	10	10	10	10	11	11	11

3. 随意讲话的次数

亲子游戏前后被试者在课堂上随意讲话的次数并没有太大变化，基本上都为一节课3次。（见表3）

表3　干预前后随意讲话的次数统计

	课次	1	2	3	4	5	6	7	8
注意力集中时长（分钟）	干预前	3	3	3	3	3	3	2	2
	干预后	3	3	3	3	3	2	2	2

4. 干预前和干预后学期成绩的比较

任课老师发现了被试者在课堂上有注意力不集中的现象，并希望被试者的注意力有所改善。（见表4、表5）

表4　第一学期成绩单

科目	成绩1	成绩2	成绩3	主要表现
沟通	优	优	优	说、做能力有提高，蒙氏儿歌基本都会
认知	优	优	优	望提高注意力

（续表）

科目	成绩1	成绩2	成绩3	主要表现
生活适应	良	良	良	学习穿衣、叠衣、叠被等生活自理知识，还需要加强练习
绘画手工	合格	合格	合格	注意力不够集中，致学习效果不佳
思维训练	良	良	良	能掌握简单电脑游戏的操作

表5 第二学期成绩单

科目	成绩1	成绩2	成绩3	主要表现
音乐	良好	良好	良好	能积极主动参与活动，关注度有待提高
认知	良好	良好	良好	能在练习中了解数的概念、会数数；认知简单的图形，例如圆形、正方形等
思维训练	良好	良好	良好	能参与到课堂活动中，注意力有待提高
沟通	良好	良好	良好	对老师的指令有时未及时给予相应的反应

亲子游戏训练后，被试者的成绩与上学期相比较并没有太大的变化。（见表6）

表6 第三学期成绩单

科目	成绩1	成绩2	成绩3	主要表现
适应	良好	良好	良好	—
认知	良好	良好	良好	—
思训	良好	良好	良好	—
美术	良好	良好	良好	—
沟通	良好	良好	良好	—

5. 干预过程中各目标行为的变化

在亲子游戏的进行过程中被试的注意力集中时长有所改善，随意下座位的频率和随意讲话的次数并无太大变化。（见表7）

表7 干预过程中各目标行为变化的统计

	第1周	第2周	第3周	第4周	第5周	第6周	第7周
注意力集中平均时长（分钟）	7	7	8	8	8	8	8
随意下座位平均频率（分钟/次）	10	10	10	10	10	10	10

（续表）

	第1周	第2周	第3周	第4周	第5周	第6周	第7周
随意讲话的平均次数（次/节）	2	3	3	3	3	3	3

6. 亲子游戏记录统计表

注意力训练选定的亲子游戏总共进行7周，每周游戏的内容不一样，每周进行4次，共进行28次，并记录每次的完成时间。

由于每周的游戏内容不一样，游戏完成所需的时间也不一样。其中，寻找数字"1"和寻找图形"●"这两个游戏所需的时间相对较少。（见表8）

表8 注意力小游戏完成时间统计

	完成时间（分钟）				
	1	2	3	4	5
寻找数字1	0	0	3	1	0
寻找词语西瓜	0	0	2	2	0
寻找词语画笔	0	0	2	2	0
寻找字母A	0	0	1	3	0
寻找图形✈	0	0	2	2	0
寻找图形➡	0	0	1	3	0
寻找图形●	0	1	3	1	0

四、讨论与建议

由表8可见，注意力训练由7种小游戏进行训练，这7种小游戏所需的完成时间的集中分布不同，寻找数字"1"与寻找图形"●"相比所需时间较短。这与亲子游戏的内容有关，被试者对于数字和简单图形的认识更为熟悉，而对于"水果""画笔"等词语则相对陌生。

由此可知，培智学校课堂上的教学内容的定制十分重要，学生对于教学内容的认知度和兴趣度直接影响教学效果。对于被试者来说，如果课堂上的教学内容是她很熟悉或感兴趣的，她的注意力时长会相对较长。

| 融和育人，共享发展
| 北京市东城区培智中心学校教育探索与实践

在亲子游戏训练的过程中，与家长进行沟通时，家长反映当在亲子游戏前给予被试者相应的言语指令时，被试者能很快地进入亲子游戏中，注意力相对集中。

因此，培智学校课堂上教师的语言运用对于学生至关重要，学生对于教师语言的理解直接影响教学效果。对于被试者来说，如果教师在日常的课堂上在对被试者提问时以指令性语言为主，她的注意力时长会相对较长。

通过本文我们可以发现教师要积极关注智力障碍儿童的课堂问题行为，并及时进行训练。在培智学校中，教师已逐渐关注智力障碍儿童的课堂问题行为，力图尽最大的努力发展他们的潜力，但大多数研究还只停留在理论基础上，所以在学校中教师首先要加强对智力障碍儿童课堂问题行为的重视程度，其次要积极关注班级中的学生，对于智力障碍儿童的课堂问题行为进行训练。

通过本文，我们可以发现训练课堂问题行为要讲究方式方法。在近些年研究中，人们已经开始尝试用各种各样的介入方式来改善智力障碍儿童的不良情绪和行为，其中就包括课堂问题行为影响方面。对于智力障碍儿童的教育方式以音乐和游戏为主，无论是以音乐还是以游戏为切入点，都有一个共同点，就是能根据智力障碍儿童自身的能力起点、他们的兴趣，营造出轻松愉快的氛围，使儿童在快乐中学、自然地发泄情绪，并使一些不良的行为得到改善。

通过本文，我们可以发现亲子游戏后被试者在课堂上的注意力集中时长有所增加，但随意下座位的频率和随意讲话的次数并没有明显改变。这可能是因为选择的亲子游戏主要是从视觉和听觉两个方面进行选择性觉察，实质是选择性注意的训练。所以训练后，注意时间和效果会有所改变。游戏对下座位次数没有影响，是因为在游戏中，学生的兴趣被调动了，但课堂讲授并不等同于游戏。虽然培智学校的教学比普通学校的教学直观形象，但对于弱智孩子本身还是有难度。教学毕竟是教学，所以学生在上课时下座位的行为没有显著改变。这提示若是想改变学生的这种行为，还需要其他的方法，比如行为矫正法的支持。同时，还有赖于教师在教学中选取有趣的事例，生动形象的讲述，结合学生的兴趣点进行教学等。

通过本文，我们可以发现对被试者进行亲子游戏后，被试者的学习成绩并没有太大变化。这种现象可能是由于两个原因，一是培智学校的学期成绩是以等级来进行评价的，评价标准和评价方式不太客观；二是培智学校的学生各方面能力有限，导致亲子游戏进行后学习成绩并没有发生太大的变化。

五、结 论

本文通过对智力障碍儿童进行个案训练，改善其课堂问题行为。经训练研究，研究结果如下：

（1）本文的小目标是通过训练使被试者在注意力集中的时长，做小动作的频率以及随意下座位的次数等行为中有一项有所改善。经过亲子游戏训练后：

第一，被试者每节课的注意力时长有所增加；

第二，随意下座位的频率没有改变；

第三，随意讲话的次数没有改变。

（2）亲子游戏训练后被试者的学业成绩没有太大的变化。

（3）单一游戏的方法对改善被试者的目标行为的效果不佳，需采用多种方式和方法综合训练。对于智力障碍儿童的教育方式以音乐和游戏为主，无论是以音乐还是以游戏为切入点，都有一个共同点就是能根据智力障碍儿童自身的能力起点、他们的兴趣，营造出轻松愉快的氛围，使儿童在快乐中学、自然地发泄情绪，并使一些不良的行为得到改善。

六、研究的不足

由于时间较短，在观察中有一些外来的不定因素影响，导致观察有一定的干扰，出现的波动较大，此外还有观察记录较少等问题。所选择的亲子游戏主要是从视觉和听觉两个方面进行选择性觉察，实质是选择性注意的训练。所以训练后，注意时间和效果会有所改变都是本研究的不足之处。

参考文献

[1] 张苏华. 如何矫治弱智儿童的不良心理与行为 [J]. 现代特殊教育, 2002（11）:44-55.

[2] 庄佳骝. 特殊的领域——关于弱智儿童的教育问题 [M]. 广州：广东教育出版社，1997.

[3] 王敏. 中、重度弱智儿童课堂行为问题的研究 [J]. 现代特殊教育，2004（Z1）:5-8.

[4] 王佳. 浅论奥尔夫音乐治疗法对智力障碍儿童行为治疗的作用 [J]. 大众文艺，2011（12）:5-10.

[5] 王波，康荣心. 智力落后定义的百年演变 [J]. 中国特殊教育，2010（6）:19-22.

[6] 王倩. 游戏治疗与特殊儿童 [J]. 现代特殊教育，2007（9）:23-27.

[7] 王琳琳. 智力障碍学生课堂适应特点研究 [D]. 重庆：西南大学，2013:15-55.

[8] 赵丽娜. 智力障碍儿童现场教学研究 [D]. 重庆：西南大学，2013:20-28.

[9] 罗培安. 弱智儿童行为分析 [J]. 川北医学院学报，2003（4）:160-161.

[10] 曹金枝. 亲子游戏 [J]. 教育，2014（19）:17-22.

[11] 严羚. 家庭亲子游戏的指导策略 [J]. 科学大众（科学教育），2014（3）:116-118.

[12] 尹芳. 国外亲子游戏研究的文献综述 [J]. 山东教育（幼教刊），2006（27）:56-58.

[13] Yvonne Garaza, Richard E Watts, Sarah Kinsworthy.Filial therapy:A Process for Developing StrongParent-Child Relationships [J]. The Family Journal, 2007 :226-231.

[14] Van Fleet R.Filial therapy:Strengthening parent-child relationship through play [J].1994 :157-171.

[15] 王顺妹. 游戏在弱智儿童心理康复与行为矫正中的作用 [J]. 中国临

床康复，2003（27）：3740-3741.

[16] 谢明.关于我国智力障碍儿童心理发展的研究[J].当代教育论坛（综合研究），2011（3）:58-60.

[17] 闫守轩.游戏：本质、意义及其教学论启示[J].教育理论与实践，2002（5）:53-55.

[18] Sheryl L. Olson, John E. Bates, Kathryn Bayles. Early antecedents of childhood impulsivity:The roleof parent-child interaction, cognitive competence, and temperament[J]. Journal of AbnormalChild Psychology, 1990（3）:317-334.

附录：智力障碍儿童课堂问题行为观察记录表

被观察对象：　　　情绪：　　　观察科目：　　　日期：

观察行为	总次数	每次发生的时间	伴随的行为表现	备注
注意力不集中				
随意下座位				
随意讲话				

浅谈从动画到"动话"的教学模式

王 丽

【摘要】 智力落后学生的语言障碍表现为发展迟缓。语言表达能力差，吐字不清；接受能力，理解能力较差。不能表述清楚，不能表达准确。肢体不协调，身体不适，伴有其他疾病。由于孤独症学生的语言迟缓和损伤没有适当的表达方式，所以他们的需要与愿望得不到理解时，其必然的后果就是愤怒和挫折。"动话剧"《小蝌蚪找妈妈》通过将动画片《小蝌蚪找妈妈》情节，改编成能够训练学生语言，锻炼学生身体，提高交往能力的"动话"剧模式的学习课程，尝试从动画到"动话"的教学模式转变，以促进学生成长。

【关键词】 动话剧　兴趣培养　理解能力

一、教学背景

（一）目前智力障碍学生整体发展现状

智力障碍学生视觉的发展速度和质量远没有达到普通儿童的水平，且智力落后程度越严重这种现象就越明显：听觉比较迟钝，对声音辨别能力差；皮肤感觉、嗅觉、味觉、动觉、平衡觉，内脏感觉都不如普通儿童敏感；速度缓慢，视觉容量小，分化不够联系少，缺少知觉的主动性和积极性；识记缓慢，保持差，在线不完整，识记材料的处理存在困难，记忆的目的性欠缺，有意识记差，机械相对较好；发展水平较低，注意的稳定性差注意广窄度分配能力差；发展过程较晚，表达能力差，词汇贫乏，语法简单，言语发展过程有障碍；思维直观具体，概况水平低，思维缺乏目的性、灵活性、批判性和独立性；情绪不稳，体验不深刻，控制情感的能力差，高级情感发展缓慢；缺少主动性，难以抑制冲动性，固执和易受暗示。智力落后，不管是其缺陷和程度如何，都会有不同程度的生长发育和学习的能力，智力落后儿童的发展，有共同的方面，也有个体与环境相互作用的动态过程，还有特殊性（自闭症学生的单一发展）。

（二）北京东城培智中心学校康复段学生情况

我所教授班级共有16名学生，其中孤独症学生有8名，唐氏症，其余7名为智力障碍并伴有其他疾病。

目前，康复段有16名学生，1名长期不到校，1名试读生（只上半天课），其余全部参与，结合中英课题，完成校本课程。

二、从动画到"动话"的课程设想

智力落后学生的语言障碍表现为发展迟缓，语言表达能力差，吐字不清；接受能力，理解能力较差。不能表述清楚，不能表达准确。肢体不协调，身体不适，伴有其他疾病。由于孤独症学生的语言迟缓和损伤没有适当的表达方式，所以他们的需要与愿望得不到理解时，其必然的后果就是愤怒和挫折。

如何让我们的学生从一个旁观者到参与者，我思考很久。因为我们的学生各方面能力较低，无论是语言、理解能力、肢体行为还是表演都是第一次，而且要全部参与。但是这的确是我们要发展的，要给予孩子们学习的，也是一种学习的途径。学生都喜欢看动画片，只有动画片能够吸引他们的兴趣，使他们能够安静下来。动画片还能带给孩子们欢乐，孩子们非常喜欢动画片里的话和模仿动画片里的人和事。为什么不尝试着让孩子们参与其中，乐在其中，学在其中呢？带着这个想法，我开始了"动话剧"《小蝌蚪找妈妈》的学习。通过将动画片《小蝌蚪找妈妈》情节，改编成能够训练学生语言，锻炼学生身体，提高交往能力的"动话剧"模式的学习课程，尝试从动画到"动话"的教学模式的改变。

三、从动画到"动话"的课程实践

我一直注重学生的全方位的学习。在日常的课堂上，我发现学生在听到喜欢的、感兴趣的内容时都表现得非常兴奋，我曾经尝试过把语言肢体同伴交流结合起来，运用游戏的方式来进行活动，发现学生们非常高兴，还易掌握。但是我对目前的状况还是有些担忧，不知能否作为课堂教学内容达到预想效果。然而，想到学生能在课堂上快乐学习，我还是想尝试一下从动画到"动话"的教学模式。学习初期，我把这个课程分为四个阶段。

（一）看——培养兴趣视觉训练

方法：观动画片《小蝌蚪找妈妈》故事内容，初步了解故事大概剧情。让学生多次观看动画片《小蝌蚪找妈妈》，了解动画片中的人物，人物之间的关系、场景、环境等，只培养学生对课程内容的兴趣，不作过多要求。

开始，我找到的是老版的黑白片，有的学生没有兴趣，看了几次后就不爱看了，有的学生视线转移了，有的看到后说："不要，不要。"面对这种情况我马上到处找彩色的、清晰的版本。学生渐渐喜欢了，还不时地念叨着。甚至看到我进教室就对我说："小蝌蚪找妈妈。"我也会及时抓住机会问他们："你在《小蝌蚪找妈妈》里都看到了谁呀？"

（二）听——听觉辨别能力

老师讲动画片《小蝌蚪找妈妈》故事，让学生初步了解故事内容里的各种动物习性和特点。在经过观看后，已经有许多学生有了自己的理解和表达了，这时及时抓住孩子们的心理，询问他们听故事里的人物都有谁，故事里的人物说了什么，是怎样说的，能叙述一下吗？开始的时候，我让学生看着屏幕听，学生容易被画面的情景干扰，后来关了屏幕听，以减少学生的注意力，集中学生听力。但是没有画面，学生的兴趣又没有了，情绪不稳了，我关几次，他们就开几次，真不知如何是好。我只好反复给学生讲道理，采取开一次，关一次的训练方法。

（三）说——语言表达理解能力

引导、帮助学生尝试用语言描述动画片《小蝌蚪找妈妈》的故事。

这个过程看似简单，但在实施的过程中却是很难的。许多学生语言表达不清，甚至说完了，再问就又不知道了。还有的学生理解能力差，无法对话。例如，故事中有一个场景是鸭妈妈带小鸭子在池塘边。老师指着鸭妈妈提问："这是谁妈妈？"学生回答："我妈妈。"老师说："不是你妈妈。"学生再次回答："你妈妈。"尽管这样，我们依旧一遍又一遍不停地重复着，引导学生慢慢理解，逐步学会用语言简单地讲述故事。

（四）动——肢体表现同伴合作

在老师的带领下参与活动及角色扮演，排练"动话剧"《小蝌蚪找妈妈》。没想到这最后的环节是最难的，我几乎都想放弃了。学生不知道如何表现，也不知道如何对话，我一会儿站在左边给这个同学演示，一会儿又站在右边替那个同学表达。好长时间感觉我一个人在那里表演。唯恐说少了，学生记不住。学生不会做动作，我先做，年龄大了，真的很难看，但是为了学生，不顾面子和形象了。想动作如何表现清楚，就一遍一遍做给学生看，经过我们的共同努力，终于初见成效了，特别是青蛙妈妈扭屁股生下小蝌蚪一幕，学生表演得非常可爱。

四、从动画到"动话"的课程效果

（一）学生收获

1. 视野和探知能力得到提高

学生的视野开阔了，对人和事的好奇心、探知能力增强，对学习的兴趣越来越大了，他们喜欢提各种问题，还能够流利地跟家长叙述事情。

2. 心灵得到净化

学生们的学习源于模仿，正确的引导可以让学生们学习到许多为人处事方式。在学习排练过程中，我们注重德育的培养，例如同学之间的礼貌问候、互动间交流等，既使学生们学到了团队精神，学到了如何与其他班同学相处和到其他班级如何遵守规矩和要求等，又培养了他们良好的品质。

3. 记忆力及理解能力得到提升

"动话剧"《小蝌蚪找妈妈》情节的发展，使学生们对故事的发展有了一个完整的认知和理解。

4. 暴躁的情绪得到缓解

当孤独症的孩子不满意的时候就会拉扯衣服、乱扔物品，甚至自残，而且这种情绪还会影响其他人。经过对"动话剧"的学习后，他们已经会用我们能够接受的方法沟通，他们会反复告诉老师他们的意图，或用肢体语言进行表达，有效地缓解了他们的情绪。

（二）社会效应

2012年12月28日，我们的"动话剧"《小蝌蚪找妈妈》在红剧场演出了，全员参与。这是我们低段学生第一次站在社会的大舞台上，他们有秩序、认真地表演，收获了兴奋和满足。

2013年4月1日，北京市东城区培智中心学校学生参加了东城区中小学生文艺会演。家长们终于看到了孩子们亮点，看到了希望。他们的孩子能够像其他孩子那样表演，登上那么大的舞台是他们不敢想的。每一位家长都热泪盈眶，就连我们老师都激动不已。我们的孩子已经能够渐渐走入社会这个大集体了。

五、对校本课程的思考

"动话剧"是可以成为校本课程的，它是遵循了智力落后学生教育的教学原则，涵盖的内容很多也很广。

（一）个别化教育原则

智力落后儿童之间个别差异很大，但每个智力落后儿童都应当有机会参加学习和生活的权利，他们更应该接受符合自己身心特征和发展水平的教育。

（二）激发兴趣的原则

教学过程是教师与学生互动的过程，学生是教学过程中接受知识的主体，教师在教学中起着主导作用。这个过程如果没有学生主动、积极参与就很难取得好的教学效果，所以创造一个充满爱与快乐的教学环境是非常重要的。

（三）充分练习原则

智力落后学生记忆慢，遗忘性强。教师尽可能地引导学生对教学内容进行清晰感知和理解。只有充分练习才能产生牢固的记忆效果。

（四）补偿性原则

智力落后学生在生长发育过程中由于受先天素质和后天环境的不利影响，会出现很多的问题，有针对性的补偿和矫正也是我们的教学目标之一。

对于特殊教育，有爱才有未来。要爱字当头，用爱浇灌才会有爱的果实，爱能创造奇迹，耐心能铸造灵魂。如果我们能够付出真心与耐心，为学生们创造适合他们身心发展的良好环境，把关爱倾注于整个教育过程中，就一定收到满意的教学效果。

参考文献

[1] 北京市教育委员会，北京市特殊教育中心.特殊教育学校教师基本功培训手册[M].北京：轻工业出版社，2013.

[2] 朴永馨.特殊教育概论[M].北京：华夏出版社，1999.

浅谈利用多元智能理论对智力障碍学生进行音乐教育

王　昕

【摘要】教学中可适当运用多元智能理论来认识、开发学生的多元智能，因此，本文通过五方面来研究：（1）创建通过听觉体验来激发学生潜在的多元智能的空间；（2）提供有利于促进学生智能互补的合作式学习机会；（3）设计有利于激发学生各种智能组合的音乐专题学习；（4）结合语言的音乐教学；（5）结合动作的音乐教学。

【关键词】特殊教育　多元智能理论　教学应用　研究

有人说，选择了教育就等于选择了变革。当今的教育正处于一个变革的非常时期。教育实践呼唤教育理论，教育的时代机遇与挑战迫使教育理论跳出纯思辨的象牙塔，在实践的丰富与困惑、摩擦与冲突中锤炼其锐利、深度与实质。

教育实践渴望开放交流，在思想的撞击与智慧的交锋中流衍互润，滋养提升。现代的特殊教育面临的挑战与基础教育相同，社会、家长的需求与压力，千头万绪的困难与问题，急需在理论和实践上寻求改进的对策和突破口。因而，有必要从国外教育的智慧长河中汲取营养，在互惠中共存，在学习中创新，在参照中超越。由美国加德纳教授提出的多元智能理论像最耀眼的一朵浪花在众多的教育理论浪涛中闪烁着炫目的光芒。

多元智能理论突破了传统智力理论所依据的两个基本假设：人类的认知是一元的；采用单一的、可量化的智能概念就可以对个体进行恰当的描述。这种理论提出人类具有八种或八种以上的智能结构：逻辑数学智能、空间智能、肢体运动智能、音乐智能、人际智能、自我认识智能、自然观测智能、语言智能。这八种智能理论能够更为准确地描绘人类智能的面貌，为理解人类的本质提供一个更为广阔的图景。尤为重要的是可利用多元智能理论创建一个开放的教育系统，促进人类心灵全面而充分的发展。

基于以上理论的形成，我常常想象，我所面对的教育对象或许并不是他们所呈现出来的智力落后，利用多元智能的理论，大多数孩子的很多潜在的智能有待于我们教师和他自己去认识、挖掘、开发。因此，我在自己所从事的音乐教学中渗透了多元智能的教法，并以此作为自己的课题研究。下面谈一谈我在探索中的点滴体会。

一、创建灵活的空间，以听觉体验来激发学生潜在的多元智能

加德纳的多元智能理论提出，在可能的范围内，教师的教学应该根据不同的学生智力特点来进行，根据教育对象的不同创设各种适宜的教学手段、方法和策略，使学生能以向他人（包括自己）展现他们所学的、所理解的内容方式了解和掌握教学材料，并给予每个学生最大限度的发展机会。音乐是听觉的艺术，听觉体验是音乐学习的基础。因此，在音乐教学中，必须突出音乐听觉体验。

因此，课堂中可通过听音游戏、欣赏等形式加强听觉体验。学生听觉会因每个人的生活经验、知识积累程度、智能的不同组合而产生不同的体验，表达的方式也会因此而不同，如语言智能占优势的则会用语言或文字表达，运动智力占优势的则会用动作来表达，空间智能占优势的则会用图画或颜色来表达等。

例如：在帮助学生感知音的高低概念时，协助学生用自己所喜欢的理解来表达，当我用断奏弹出上行的 C 大调"mi""so""do"三音时，有的学生我让他把手举过了头顶，有的学生我允许他爬到桌上或站到凳上，有的学生我帮他在纸上画了一条向上的线，还有的学生我让他在地面上跳了三下来体会。

因此，作为教师要善于创建这种灵活的空间，让每个学生自由地来表达，充分展示其智能优势，发展其个性。

二、提供合作式学习机会，促进学生智能互补

人际智能是多元智能中非常重要的一个方面，合作学习不仅能培养学生的交往意识和能力，开发学生的人际潜能，而且可以帮助、促进弱势群体，从而达到智能互补的效果。在音乐教育中，我们要充分给学生提供合作学习的机会，如师生合作、生生合作，在教学创作旋律、老歌新唱或者某一问题可能有多种答案或多种表现形式等内容时实施。

合作方式要多种多样，如小组活动比赛法、交错学习法、小组调查法等，从而使教学充满生机和新意，也让学生明白团体的成功有赖于团体的合作努力，从而相互依赖的关系。当然仅仅给学生分组并不能确保学生人际交往能力的提高，必须有目的地给予引导。

三、设计音乐专题学习，激发学生各种智能组合

与传统的智力理论相比，加德纳的研究不仅揭示了一个更为宽广的智能体系，而且提出了新颖实用的智能概念。他把智能定义为：在实际生活中解决所面临的实际问题的能力、提出并解决新问题的能力、对自己所属文化提供有价值的创造和服务的能力。这种能力实际上是多种智能的组合。在多元智能环境里，为学生提供单一的、直接用于激发学生某种智能的素材可能并不是最主要的，重要的是设计出一些让学生感到有意义的活动，来激发他们的各种智能的组合。

四、结合语言的音乐教学

本来人的语言只能是与音乐智能分属左右两半脑不同的区域。但语言和音乐却密不可分。语言的语意、语音、语气、音色都与音乐是相通的。因此利用语言进入音乐教学的确是一个非常有效的手段。奥尔夫教学法中结合语言用于节奏训练。比如利用字词、词组、人名、地名做节奏基石——一种最简单的二拍子节奏型（××李某）不断反复，形成一个固定的节奏型。一起有节奏的念，当大家基本念齐后，在加一个新的词组（不同节奏的），如（××王某某）然后，可分成两个声部念。如果学生们基本按节奏念齐了，还可以加上第三个节奏型（××××欧阳某某）这样全

班就组成一个三声部的节奏合说了。在把音色几声部的交替变化加进去，三个小小的单词可以使学生享受到的愉悦是难以形容的，它又是人人可参与、人人容易学的。同样的方法，利用谚语、成语可以组织更多样的节奏型和多声部的节奏句。童谣、儿歌被称为儿童精神世界的大自然，朗朗上口的童谣儿歌具有鲜明的节奏型，孩子们边念儿歌边打节奏，稳定的拍率、准确的节奏感就在这里得到训练。

五、结合动作的音乐教学

柯达依体系的原创者柯达依曾说："任何音乐理念都可以转化为身体的律动，而身体的律动也可以转化为音乐。"[1] 这样，一种将动作和音乐教育彼此交融、补充的崭新的教育思想产生了。好的音乐和动作训练可以培养孩子们社会行为的独立性、交流和合作意识，甚至可以充分发挥想象力和创造力。但现在我们给予孩子的活动空间和大动作活动的机会太少了。除了客观原因之外，更重要的是主观原因。应将孩子的手、脚解放出来，还孩子活动的自由。柯达依体系的动作训练是从人类最常见的走和跑开始的，从通过动作进行节奏训练起步。听教师的鼓声"走"（一拍节奏）、"跑"（半拍节奏），并跟着鼓声自由的走和跑，关键是动作和鼓声相结合，迅速反应鼓点的变化。还可以在停止时下一个动作口令，由学生自己创造一个造型动作。通过这样的动作帮助学生掌握一拍和半拍的区别是行之有效的。其实每个人都具有最为自然和灵活表达音乐的乐器——我们的身体。我们应最大限度地解放自己和学生的双手和双足，加入到教学和学习当中来。教育是未来世界的希望，特殊教育作为一个不可或缺的部分，对社会乃至世界存在着巨大的作用，作为特教教师生生不息的创造是高质量教育的依托。特殊教育工作者要敞开心灵，接纳多种国内国外先进的教育理念，为教育改革注入清新的甘泉，还孩子一个快乐、纯真、开放的课堂。

---

[1] 转引自蔡觉民，杨立梅.达尔克罗兹音乐教育理论与实践［M］上海：上海教育出版社，1999.

浅谈培智学校校本课程设置与实施的原则和方法

薛文靖

【摘要】课程是学生在学校安排与教师指导下，为达成教育目的，所从事的一切有程序的学习活动与经验，是一种具有很强的综合性的训练活动。课程实施的载体之一便是教材，但课程与教材是实现教育目标的手段。课程评价是教育评价的重要组成部分。若从评价本身的过程来看，课程评价就是以一定的方法和途径对课程与教学的计划、活动及结果等有关问题的价值或特点作出判断的过程。

【关键词】中度课程　中度教材　多元主体评价

从 1996 年开始，北京市东城区培智中心学校本着一切从中度智力障碍学生的实际出发、一切为了中度智力障碍学生的生存与发展的办学思想，开始展开中度课程改革的研究。

一、课程理念

学会生活是中度智力障碍学生最大的困难，帮助他们解决这个困难是我们的职责。杜威说过："教育就是生活。"他提出：教育是一个社会过程，学校是社会生活的一种形式，教育是社会进步的基本方法和工具。由此，北京市东城区培智中心学校校长王红提出"源于生活，回归生活"这一中度综合训练的教学理念。我们的课程设置及实施便是在这一理念的指导下开展的。

二、培养目标

中度智力障碍学生缺乏适应社会、适应生活的技能与经验。几年来，

融和育人，共享发展
北京市东城区培智中心学校教育探索与实践

结合北京市东城区培智中心学校中度智力障碍学生的具体情况，通过各种有效的教育训练，培养他们的适应能力、交往能力和实用学习技能；发展良好的社会行为，最大限度地为他们融入社会、自食其力提供支持。

三、遵循原则

北京市东城区培智中心学校课程是为了学生得到全面发展，在实施过程中注意遵循以下几个原则：

（1）课程组织要依据技能领域（居家的、社区的、职业的、休闲的、实用语文及实用数学）为重点，以实用为原则。

（2）需同时考虑学生的心理年龄（难度）和生理年龄（内容）。

（3）教学与评量相结合。

（4）重视真实情境的教学。

（5）重视分层、分类的小组教学。

（6）积极创造机会与正常人接触（以社区为基础）。

四、教学模式

东城区培智中心学校以学科教学为基础，在各个学科之中渗透与学生生活密切相关的知识技能，使学生能够将所掌握的知识技能应用于实际的生活之中。

在实际的教学中以某一学科的内容为核心，融合其他相关知识的教学模式。教学时，教师通过对学生进行综合训练来加以体现。即每节课教师要确定学习的主教材，然后以主教材为主线，把不同学科相关知识有机地编排在一起，协调处理好多种教学内容，贴近学生的认知基础，激发学习兴趣，使智力障碍学生在轻松愉快的环境中增长知识，提高能力。

五、具体设置

东城区培智中心学校在课程设置时，依据学生生活技能领域，以学科名称来显现。在安排课程具体内容时，主要从以下几方面加以考虑：

（1）生活自理技能和家政知识领域：开设生活适应课。

（2）动作技能：开设音乐、体育、美术和潜能开发课。

（3）实用文化知识技能：开设实用语文课和实用数学课。

（4）道德品质与社会适应：开设班会、常识课和社区实践课。目前东城区培智中心学校全面开展的社区实践课，能够在其他学科的支持下将学生带入真实的社区环境之中学习各种生活技能，从而培养学生的生活适应能力与社会适应能力。

虽然1~9年级课程名称相同，在课表中的节数相同，但是一方面，教学中的综合训练使得各学科间相互渗透，相互融合，密不可分；另一方面，由于每一阶段训练侧重点的不同，各种技能在各阶段所占比例也是不同的。（见表1、表2）

表1　各阶段训练侧重

低年级	习惯养成
中年级	生活训练、实用文化知识技能训练
高年级	劳动技能训练

表2　各技能所占比例　（%）

年级段	生活适应	活动训练	知识技能
低	30	40	30
中	40	30	40
高	50	20	30

六、课程体系

培养目标如图1所示。

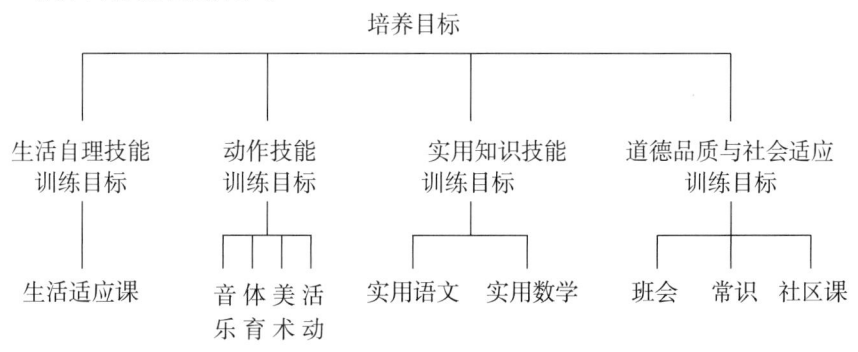

培养目标
├── 生活自理技能训练目标 —— 生活适应课
├── 动作技能训练目标 —— 音乐 体育 美术 活动
├── 实用知识技能训练目标 —— 实用语文 实用数学
└── 道德品质与社会适应训练目标 —— 班会 常识 社区课

图1　培养目标

以使用语算为例（见图2）：

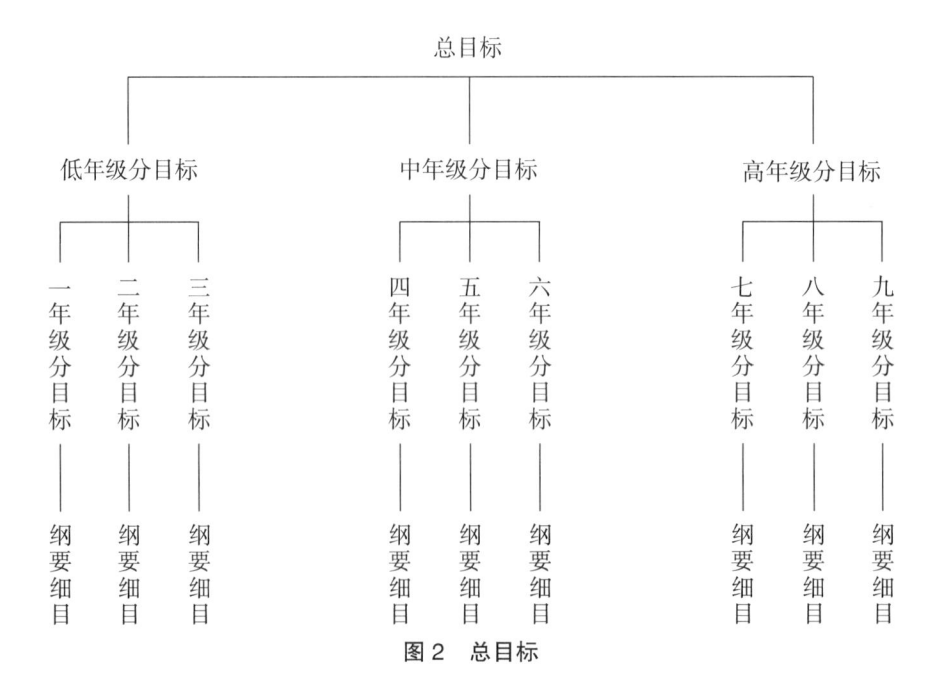

图2　总目标

```
                        总目标
          ┌──────────────┼──────────────┐
       低年级分目标     中年级分目标     高年级分目标
      ┌────┼────┐    ┌────┼────┐    ┌────┼────┐
    一年  二年  三年  四年  五年  六年  七年  八年  九年
    级分  级分  级分  级分  级分  级分  级分  级分  级分
    目标  目标  目标  目标  目标  目标  目标  目标  目标
     │    │    │    │    │    │    │    │    │
    纲要  纲要  纲要  纲要  纲要  纲要  纲要  纲要  纲要
    细目  细目  细目  细目  细目  细目  细目  细目  细目
```

七、中度课程的实施——教材的选编与运用

课程实施的载体之一便是教材，在"源于生活、回归生活"教学理念的支持下，在教材的选编中，我们非常注重知识内容的生活实用性。

（一）将生活技能作为知识点编入教材

基本的生活技能是中度智力残疾学生赖以独立生存的工具，因此我们的教师非常注重知识点的生活性与实用性，能够将生活技能巧妙地编入教材。例如：实践课。（见图3）

图3　生活技能实践课

（1）在班中模拟每人购买一件物品（单价是几元或几角的），自己付钱并算出应找回的钱数。

（2）向全体同学说明自己所买物品的名称、单价、付钱数和找回的钱数。

（3）经过课堂上几次练习以后，可以与超市联系，在老师带领下到超市购买物品。

在这一教学单元中，教师带领学生模拟购物，通过学习，使学生了解了购物过程中所必须要掌握的技能。如了解物品的名称、单价、金额、货币的找赎。学生不可能一下子全部掌握这些知识点，他们必须在教师的带领下，逐步地学习。而正因为模拟了社会中的真实环境，学生的学习兴趣才会浓厚，学习效果才有所提高。

（二）将生活中的美德作为知识点编入教材

教材不仅仅是培养学生知识技能的工具，同样也是培养学生道德情操的工具。在教材的编选过程中，教师能够结合学生心理、生理年龄的特点，设置既有难度又有趣味的知识点，使学生在学习过程中，能够有效地接受良好思想道德的教育。例如：想一想，说一说，我们应该怎么做？把答案找出来。（见图4）

图4 你来说一说

又如：

上学见到老师时，你应该说什么？

融和育人，共享发展
北京市东城区培智中心学校教育探索与实践

与家长告别时，你应该说什么？

需要帮忙时，你应该说什么？

别人帮了你的忙时，你应该说什么？

不小心做错事了，你应该说什么？

原谅别人，你应该说什么？

这是一篇低年级的语文教材，教师根据学生刚刚入学、年龄偏低、很多行为习惯还未养成的特点，在对学生进行语言训练的同时，巧妙地将尊重师长、乐于助人、诚实勇敢、宽容体谅等美德作为问题提出，学生不仅解决了问题、锻炼了语言表达能力，内心也受到了传统美德的熏陶。

（三）将教材由课堂延伸到社区

前文提到，教师在教材中会设置一些模拟社会活动的环节，使学生更有效地学习。但是我们发现，模拟环境并不是真实再现，学生最终还要用学到的知识回归生活。所以，在实践了一个学期的基础之后，东城区培智中心学校将"社区本位课程"正式纳入课表，在全校开展了"社区实践课"。在课上，教师将学生带入社区，在真实的生活环境中培养学生的生活适应能力。（见图5）

图5 北京市东城区培智中心学校社区实践课

图5是教师带领学生进行社区实践课活动的部分内容，通过对教材内容的选编与实施，学生学会了过马路、乘坐地铁、独立买食品、游览天坛公园等一系列生活技能。

正是由于教师能够将教材内容由课堂延伸到社区，使得学生在真实的生活环境中感受、发现、解决问题的过程中，不断地提高自己需要的生活适应能力。

八、课程的评价

（一）确立发展性评价，建立促进学生发展的评价体系

多元智力理论所确立的新的评价理念，部分地反映了中度课改中所倡导的发展性评价理念，为促进学生发展提供了基础。在具体的评价体系中，这些理念体现为：

1. 评价方式多元化

注重学生综合素质考察，尊重个体差异，以质性评价为基础，采用有效的评价方法。我们所强调的是学生综合能力的有效提高，所以在评价方式上强调突出多元性。

由于中度智力障碍学生无法参加诸如统一考试、统一比赛等评价活动，所以学校针对中度智力障碍学生的身心发展特点及需要，设置了如观察评价、学生作品展示评价、档案袋评价法等多种评价方式。例如：在学校每周下午的活动课中，学生可以根据自己的兴趣爱好自主选择活动课的内容。在每年学校举办的"新年庙会"活动中，学生可以将通过一个学年训练的成果以跳舞、电子演奏、手工制作、轮滑表演等丰富多彩的形式向全校老师及家长进行展示。智力障碍学生在展示过程中，不仅仅用实际行动告诉了我们他们是怎样努力学习的，而且他们在老师家长充满鼓励的称赞与掌声中获得了成功的快乐，增强了自信心。

在这里，没有令人紧张的师问生答，没有刻板数据统计，更没有绝对的对与错。在这里，只有学生自信的表情、老师和家长欣慰的笑容以及欢快和谐的氛围。同时，负责活动课的教师也可以从自己每月填写的"学生技能掌握反馈表"中积累学生不断发展的资料，根据这些资料更为有效地改进活

动课。

2. 评价过程动态化

将结果性评价与形成性评价有机结合，强调多次评价、制度化评价，将评价贯穿于整个教育教学过程。我们所关注的是学生全生涯的发展，所以我们不会只因为一两次评价结果便对学生作出某种界定。例如，为了学生的作业，老师精心准备了几个不同的小印章，打开作业本，可以看到"嘉奖""好""加油"这样充满肯定与鼓励的字眼。低年级的老师还用有趣的小动物代替文字鼓励学生。有些智力障碍学生的小肌肉群不发达，根本握不住笔，写起字来自然也不那么美观，但是每一次的作业老师都会用"加油""真棒"这样的字眼鼓励学生。要知道，学生虽然不能书写出一手漂亮的汉字，但是老师的评价却让他们有了成功的情感体验，使学生心理得到健康发展。在学校，老师们为每一位学生制订了一份个别教育计划，在计划的制定与实施过程中，老师根据对学生的多次评价（短期目标完成情况的评价），不断调整计划内容，逐步开发学生潜能，最终实现学生知识技能水平的提高（长期目标完成情况的评价）。

（二）建立多元主体，复合标准的评价结构体系

将教师、学生、家长作为平等合作的评价主体适当纳入评价过程。虽然教师、学生、家长都是评价主体，但他们在评价活动中的作用是有差别的，也是不可能完全相同的。传统评价过分突出评价的管理、甄别、鉴定功能，致使本该成为评价主体之一的被评价的学生、教师长期处于被动地位，限制了评价促进学生发展和教师提高的激励与导向功能的正常发挥。

在课程评价的过程中，教师既是被评价者也是评价者，他们通过各种形式获取他人的评价信息，再针对自身进行自我评价。这样自评与他评相结合充分体现了东城区培智中心学校评价尊重人、评价体现人、评价发展人的评价原则。

随着评价主体多元化发展，应保证主体之间的互动性、协调各不同主体在评价活动中的相互作用，做到既平等参与又相对统一集中，避免因评

价主体多元化而造成评价管理效能的下降。

（三）建立以开放性、多层次性、适用性为特征的评价方案体系

作为一个有着独立的发展历程和相应结构层次的系统，评价方法包含评价组织方法、评价实践方法和评价研究方法三个方面。这三个方面共同处于评价方法体系之中，构成了评价方法发展的不同层面。在实践中，应考虑利用发展过程的生存性，形成评价方法体系的开放性，以增强体系结构的伸缩性和适应性。方法的选择，不仅仅是工具、手段的确定，它反映出评价者基本的评价观念和价值取向，体现了不同评价水平的认知策略和选择智慧。

利用并发展量化评价方法的已有成果，进一步完善、规范量化方法的使用，并侧重在课程与教学实践中以质性评定统整量性评定。量化评价认为，只有定量的研究、量化的数据才是客观、科学的。所以，这种方法具有简明、精确的特点，可将人的主观影响降至最低。

（四）建立规范、可行、科学的评价操作程序，完善评价的实施、保障机制

在课程实施过程中，评价的保障体系，关系到评价的有效实施和适时调整，对评价功能的充分发挥具有重要意义。可以从三方面考虑来加强评价保障体系的建设：

（1）使新的评价理念成为教育管理者、教育决策者的共识。这要求教育管理者对新的评价观念、评价方法及操作实施有清晰认识，从而为评价实施提供实质性的、长久性的支持。

（2）争取全社会对课程评价思想的认可与接受。这要求家长和社会各界破除已有习惯，理解并接受新的观念和方式，只有获得家长、教师、学生包括社会有关人士的支持与参与，我们的评价体系才能获得实施环境，才能取得最终的实效性。

（3）建立由课程专家、评价专家、教师、学生及教学管理人员组成的评价机构，科学地进行评价和实施评价，恰当地分析和使用评价结果，及时交流评价信息，监控调节课程实施。

九、成功经验

（1）目前学校已经构建了中度实用语数、生活适应、社区综合实践的课程框架。实用语数、音乐、美术、生活适应、社区课教材已经完全在中度教学班使用，并得到了市、区领导专家及学生家长的认可与好评。

（2）通过教材的实用，中度智力障碍学生在入学后几年内的生活适应能力均有不同程度的提高。很多孩子在各种活动和比赛中都获得了可喜的成绩。

（3）通过评价，有效地提高了学校中度教学质量，确保了我校中度课程的进一步完善与成熟。对学生所采取的各种评价方式，保证了学生有效地获得满足其需求的知识进能，促进了学生的健康发展。

十、今后改进

（1）目前编写教材是一项非常繁重的工作，我们试图减轻教师的负担，实现资源共享的理想境界。

（2）今后还应该在将教材的综合性更有效地体现出来，让学生从多个角度充分利用手中的教材学习知识。

（3）做好量化评价与质性评价的有效整合工作，使评价更具客观性、科学性。

（4）积极创造机会，鼓励教师参与更多方面的评价，使教师的自主性评价能够在教学工作中有更多的体现，并能收到良好的效果。

参考文献

[1] 石欧，刘丽群. 中小学课程与教学改革 [M]. 长沙：湖南人民出版社，2003.

[2] 霍力岩. 多元智力理论与多元智力课程研究 [M]. 北京：科学教育出版社，2003.

探究适合中度智力障碍学生的体育教学模式
——对同伴式教学方法的研究

张育才

【摘要】本文所述的是根据中度智力障碍学生生理和心理的特点，在体育教学中运用同伴式教学方法的实践，以及实践的效果和应注意的问题，得出同伴式教学方法对提高中度智力障碍学生的体育教学效果有很大帮助的结论。

【关键词】中度智力障碍　体育教学　同伴式教学方法

一、研究背景

如何使中度智力障碍学生学会锻炼身体的方法，达到锻炼身体的目的，一直是特殊教育学校体育教学中的一个难题。造成这个问题的主要原因有两个：一是中度智力障碍学生在智商上、能力上、生理上都存在着不同程度的差异；二是多年以来沿用的班级授课制度为主的教学模式本身不适合中度智力障碍儿童。现在，很多体育教师已经意识到了这些问题，纷纷进行教学改革的尝试，利用分类分组教学、单元式活动教学、综合主题教学等教学模式改进课堂教学，并取得了一定的成果。为了能够更好地面对全体学生，同时又照顾到学生的个体差异，提高教学效率，笔者在教学实践中，根据智力障碍学生群体的生理、心理特点，运用了同伴式教学方法。现将实践的内容和效果一一叙述，以供广大体育教师们一起进行研究和探讨。

二、研究对象及其特点

（一）研究对象

中度智力残疾儿童，是指IQ值在40～55（韦氏量表），适应行为中度落后的儿童。本文针对北京市东城区培智中心学校三个年级共36名中度智力障碍学生展开研究。

（二）特点

这些儿童在心理发展上除了发展的生理基础和基本规律总体讲与正常儿童有共同性外，在心理和生理的各个方面都因其残疾而表现出很多缺陷。

1. 生理特点

（1）中枢神经活动的特点。

中枢神经活动是人体活动的指挥系统。中度智力障碍学生的中枢神经活动具有本身的特点，例如大脑皮层神经联系的接通机制较弱；形成较复杂的神经联系困难；分化抑制难于形成，而且容易消退；神经传导过程不灵活，惰性严重；大脑皮层容易出现超限抑制等。

（2）身体素质特点。

身体的腹肌力量和耐力、上肢肩带静止耐心和下肢爆发力的状况，是影响健康的重要指标。而中度智力障碍学生这些方面的素质明显低于正常学生。

（3）运动能力特点。

中度智力障碍学生的运动能力水平很低，触觉能力和平衡性较差；运动的协调性和准确性差，速度缓慢；难于理解口头下达的任务，掌握一种技能需要长期的锻炼，倾向于单一、重复的定向操作等。

2. 心理特点

（1）感知觉特点。

感知觉是人们接触、了解和认识客观世界的重要环节。中度智力障碍学生由于大脑受损以及受其他因素的影响，他们的眼、耳、鼻、舌、身等感官的机能普遍较低，反应迟缓，力量感觉、重量感觉、平衡感觉、空间感觉等较差。

（2）注意的特点。

在体育教学活动中，中度智力障碍学生普通存在的注意缺陷是：注意短暂、注意的灵活性和准确性较差，有时伴有多动行为。

（3）记忆特点。

中度智力障碍学生机械记忆大大优于理解记忆，记忆能力差。

（4）思维特点。

中度智残儿童抽象思维、概括能力差，还具有不连贯性和非批判性等特点。

（5）情感特点。

中度智力障碍学生情感分化慢、不稳定，而且往往以自我需要为中心，缺乏理智。个别学生的情感有病态，常表现出暴躁、不信任、淡漠等。

（6）意志特点。

中度智力障碍学生意志缺陷主要表现在主动性不足，有依赖性，不善于约束自己的行为，不善于克服较小的困难，不善于抗拒任何引诱或影响等。

（7）身体的想象力。

正常儿童成熟以后，便对自己的身体有知觉，对身体的形态、结构也有知觉，这就是所谓的身体想象力。中度智力障碍学生这种想象力不成熟，多数人具有以下特点：

① 不善于区分身体的左、右等方向；
② 不善于区分身体不同的部分；
③ 不善于将自己的体型和别人的体型相比较；
④ 手感不精细，手指细微动作校差；
⑤ 不善于区分男、女不同的体态。

三、研究的内容、方法及成效

根据中度智力障碍儿童的心理特点和他们日常上课所表现出来的特征和状态，笔者在实践中对原有的教学模式进行改革，运用同伴式教学方法展开教学工作，效果明显。

（一）研究内容

所谓同伴式教学方法，即在一个教学班中，充分发挥学生为主体作用，利用同伴之间相互帮助的友爱情感，协助教师完成课堂上教与学过程的一种方法。从中不难发现，中度智力障碍学生在课余玩耍中，总是两个结伴，相互之间的关系非常融洽。在这两个人之中，其中一人能力较强，另一个始终伴随并模仿能力较强学生左右。这就使我们开展同伴式教学活动有了保证。在教学中，通过利用学生间的伙伴关系，教会能力强者，再通过他教会他的同伴，转而达到教会二人的目的（伙伴之间已经形成默契，他们之间的语言是旁人无法知晓的而且所用时间很短，即可达到教师无法短时达到的目的和效果）。

（二）研究的方法

采用观察法、调查法、比较法、经验总结法和评价研究法等方法进行研究。

（三）实践的效果

通过实践证明，运用同伴式教学方法，对于学生的生理、心理以及交往和接受能力都有不同程度的提高，而且便于教师个别辅导，课堂气氛也显得轻松、活跃。

1. 生理方面

同伴式教学方法，对于中度智力障碍学生同伴二人，在生理上、能力上均能达到不同程度的提高。这是因为教、学双方都需要动脑去学，又要进行身体练习。教的一方需要认真学好、练会、吸收，然后再去教同伴（他会努力去模仿教师的一举一动，观察教师教他的方式方法）。而学的一方通过能力相近的同伴教自己，学习就更容易。通过同伴式教学方法，可以达到教学相长的效果和身心共同发展的目的。

2. 心理方面

同伴式教学方法，在中度智力障碍学生心理上，占有非常大的优势。因同学伙伴经常在一起玩耍，同伴之间没有情感上的隔阂。二人在一起学习心情非常愉悦。

3. 交往能力方面

在同伴式教学过程中，通过同伴二人之间的教与学，更增加了二人间的友情。在教与学这个过程中，二人获得了交往的成功经验，促进了他们与其他人之间的交往能力。

4. 接受能力方面

中度智力障碍学生需要交流，但交流需要在相互信任的情况下进行。通过一年的实践，笔者发现同伴式教学是被学生容易接受的一种教学方式。

5. 便于教师个别辅导

在同伴式教学过程中，二人为一组，相互教、学的时间较长，教师利用这个时间进行个别辅导，达到教学面向全体学生、面对每个学生的目的。

6. 课堂气氛轻松、活跃

基于以上几个方面，同伴式教学的课堂表现为：松而有序，活而不乱，宽松愉快。学生在轻松、活跃的气氛中学会锻炼身体的简单知识和方法。学生在教与学过程中，达到了锻炼身体的目的，心情非常愉快。

四、应注意的问题

（1）注意安全，二人之间器材的选择、活动场地的划分要合理。

（2）对学生的情况要了解细微，教师不能想当然或武断分组。

（3）同伴二人的能力如果相关较大，教师可适当调整。但前提是在学生同意接受的情况下进行。

（4）同伴二人的组成是学生自己所决定的。

五、分析与总结

分析：运用同伴式教学方法，对于中度智力障碍学生开展体育教学是一种大胆的尝试。教师在对学生进行细致地观察和了解之后，进行合理的分组，使学生之间互动，共同在教与学的过程中共同提高，从而达到提高体育教学效果的目的。

总结：实践证明，运用同伴式教学方法，可以提高中度智力障碍学生的体育基本知识和基本技能能力，适合并推动对中度智力障碍学生体育教学的提高。

参考文献

[1] 全国特殊教育研究会编. 培智学校教学文萃[M]. 北京：人民教育出版社，1997.

[2] 全日制培智学校教师教学用书. 体育[M]. 北京：人民教育出版社，1993.

[3] 茅于燕，王书荃. 弱智儿童的早期干预[M]. 北京：华夏出版社，1994.

在"动"中快乐地学习

赵 倩

【摘要】通过大量的研究与运用过程，笔者发现动作训练对特殊儿童的康复有很大的帮助。在当今课程改革的引领下，为贯彻落实"以学生为本"理念，通过把运动康复理念运用到课堂中，让学生在课堂上"动"起来，不仅是让学生脑动，也让学生的眼动、耳动、嘴动、手动、脚动，在"动"中快乐地学习。

【关键词】"动"起来 快乐学习

一、问题的提出

本次课改的核心是以提高国民素质为宗旨，旨在全面推进素质教育，培养学生的创新精神和实践能力，可用一句话概括——"以学生为本"。以学生的个性为本，教师去研究教材内容；以学生的学习能力为本，教师去设置目标；以学生的兴趣为本，教师采用各种教学方式；以学生的认知为本，教师与学生在课堂上互动；以学生的实际为本，教师做多元化的评价。总之，教育的一切以学生为本。

在众多优秀的课改案例，笔者觉得最为明显的一个变化是"现在的学生学习很快乐"。在以往的课堂中，不是教师一直在讲，学生一直在听；就是老师问、学生答；或者老师考、学生做。课堂气氛沉闷，学生普遍学习兴趣不高，并把学习当成负担。课改给我们这些教育工作者提出了一个值得思考的问题：在课堂上，学生到底该如何学习？

笔者的学生是智商分数在60以下的智力落后儿童，虽然他们都已经十多岁了，但是智龄却处在7岁以下，接受知识的能力很有限。工作近两年，笔者一直坚持的是：要让学生快乐地学习。这也和北京市东城区培智中心学校的教学理念相符合。如何能让学生在快乐中学习，是笔者一直在摸索的教学模式。

二、研究目标

利用学生的感官运动、肢体运动来理解、吸收知识，让学生在"动"中快乐地学习。

三、研究方法

观察法。

四、研究内容和过程

19世纪三四十年代，美国的一位骨科医师提出"肌肉在教育"的观点，从而引出了一系列的动作科学理论。其中著名的实验有：视崖实验，即运动对感知觉发展的影响。在大量的研究与运用过程中，研究者发现"以平衡疗法为主的动作训练法"对特殊儿童的康复有很大的帮助。在通过系统的学习之后，研究者把这种理念运用到课堂中去，即让学生在课堂上"动"起来，不仅是让学生脑动，也让学生的眼动、耳动、嘴动、手动、脚动。

语文课基本分为：识字、写字、朗读、口语交际、练习等不同类型，每节课的侧重点不同，运用的方式也就不同。根据课文大纲及所要教授的内容，笔者有意识地在一些课上加上一些元素，充分调动学生的感官运动和肢体运动，尤其是加了肢体运动的课，让学生们能离开座位，充分利用教室资源，这样的上课方式不但很轻松，也提高了学生的上课兴趣。课堂气氛活跃，学习的效果也会好。反之，在上某些课时，不让学生离开座位，或者说课上学生运动的频次少，这样的课堂效果要比有"运"动的课堂效果差很多，学生学习得也不够充分。

例如学校校本教材"生活语文"中的《小伙伴》这篇课文：（见表1~表3）

课程模式
在"动"中快乐地学习

表1　识字课

识字课	学生学习方式	学习效果
"问"字	眼动——观察字的书写、笔画等 嘴动——读音等 耳动——听朗读 手动——书写、挑字、指字等 脚动——情景剧	学生在课堂上充分地"动"起来，学习气氛活跃，学习效果："问"字记忆地牢，自主运用得多
"伙"字	眼动——观察字的书写、笔画等 嘴动——读音等 耳动——听朗读 手动——书写	课堂气氛沉闷，学习压抑。"伙"字学生独立运用的概率不高，并很快遗忘

表2　朗读课

朗读课	学生学习方式	学习效果
《月亮的心愿》	眼动、耳动、嘴动、手动、脚动：角色扮演的形式，学生分别以课文中月亮、小女孩、妈妈的身份，把课文内容表演出来	学生在课堂上充分地"动"起来，气氛活跃，学生更容易理解课文内容，能帮助朗读
《升国旗》	眼动、耳动、嘴动：以图片欣赏的形式，学生看图，理解课文内容，再朗读	课堂气氛沉闷，学习压抑。朗读起来比较费劲，容易遗忘

表3　口语交际课

口语交际课	学生学习的方式	学习效果
《小白兔搬南瓜》	眼动、耳动、嘴动、手动、脚动：用大笼球模拟大南瓜，让学生亲身体验搬"大南瓜"的困难，并让学生想办法解决困难	学生们在亲身体验了之后，很自然地想到：滚着走、找伙伴帮助等办法搬"南瓜"
《种树》	眼动、耳动、嘴动：图片、视频欣赏	由于课堂上给学生种植的经验少，学生在看图说话时，句式的使用不够，以词语为主

在识字课上，可以根据字的属性、字可以延伸的范围来创造情景，让学生充分地"动"起来；在朗读课上，可以根据课文的内容选择适当的道具、教具、图片、视频、动画，利用多媒体等丰富课堂，让学生充分地"动"起来；口语交际课上更是可以创造情景让学生"动起来"；练习课上也可以用不同形式的题目，丰富内容，提高学生学习兴趣，让学生充分地"动"起来。

五、研究结果

综上所述，教学方式、方法多样化的课堂，有利于提高学生的学习兴趣，延长学生集中注意力的时间，课堂气氛活跃，牢记知识，并得以广泛的运用；相反，教学方式、方法单一的课堂，学生注意力易分散，课堂气氛沉闷，知识遗忘得快。

六、结论及讨论

（一）快乐学习的关键之一：让学生眼动、耳动起来

这里所说的"眼动、耳动"，不再是简单的"看黑板""听老师讲"，而是内容被鲜艳的图片、动听的声音丰富起来。小学生的思维都以直观具体为主。在讲《美丽的小兴安岭》时，虽然不能让学生们真正地到小兴安岭去看一看，但是可以通过美丽的图片，让学生们感受"绿色的海洋"；放一段流水声，让学生们听一听"淙淙的小溪流淌"。在视觉和听觉上给学生刺激，这比单从课文中体会，更能触动学生的心灵。还比如，学习10以内数的认识时，通过学生们听一首《手指运动》的儿歌，让学生们伴着儿歌做动作，很轻松地就记住了1到10的数。

（二）快乐学习的关键之二：让学生嘴动起来

嘴动，在以往的课堂只能表现在：学生们在回答问题时，嘴会动；在提出疑问时，嘴会动；甚至和同桌窃窃私语时，嘴也会动。但通过让学生们"动起来"的快乐学习模式，还可以赋予它更深刻的内涵，比如评一评，以往老师评价学生会比较多，现在也可以让学生评价学生，甚至是学生评价老师。评价的过程也是自我反省、自我认识的过程，好的自己会学

习，相反坏的也会自觉改正。在语文课的写字环节，往往笔者会让学生们来点评书写的好坏，例如他们会说到写字姿势，会说到握笔姿势，会说到字的端正与否。通过他们自己的评价，理解的反而会更加深刻。

（三）快乐学习的关键之三：让学生手动起来

在课堂上，手的功能不单是举起来，或者是在写作业时动起来。在日常生活中，手的功能之强大被我们认可了，我们也可以让学生在课堂上充分利用这双手。笔者在《小蝌蚪找妈妈》这堂课中，就让学生们亲手制作了漂亮的头饰。戴着自己做的头饰，学生们热热闹闹地演了一场《小蝌蚪找妈妈》的童话剧。

识字不仅是让学生们会读、会认，更主要的是让学生们理解其中的含义，从而会用它们。所以笔者在讲"拍"字时，真的是让学生们拍了篮球；学习"贴"字时，让他们贴了贴画，直到现在学生们对这两个字还记忆深刻。

（四）快乐学习的关键之四：让学生脚动起来

一节课，三四十分钟，其实是很长的一段时间了。如果一节课一直坐在硬硬的座位上，学生们是否能一直专注地看着黑板，尤其是刚入学的小学生？长时间的坐姿给身体带来的不适感，势必会影响到注意力。所以一节课让学生们最少有一次下座位活动的机会，这样就能很好地缓解他们的疲劳。时间可短，例如让学生到黑板上板演，或者到台上展示；时间可长，例如设计一个小活动。笔者在一节数学课上，就让学生们下座位，在教室里找一找数字。他们找到的数字比笔者想象中要多很多，在课表上、电脑上、书上等找到了不同的数字，这不仅给他们带来欣喜感，也带来成就感。

通过让学生在课堂上"动起来"，可以使他们的学习兴趣更浓厚，记忆也会更加的深刻。这时笔者还适时引导他们去观察生活，在生活中发现数字，培养他们在生活捕捉信息的能力。快乐学习，之所以会快乐，就是要从学生的兴趣点出发。如果老师没有分析过学生，而是从自己的角度认为，也不能叫快乐学习。因为"学习"是学生们要学，所以"快乐"也应该是学生们深切感受到的。笔者的学生虽然年龄已经到了初中的水平，但是由于智力落后的原因，兴趣点仍是处在比较低级的位置。所以笔者就利用小孩子们喜欢的事物，去创造环境，营造气氛，这往往会收到意想不到的效果。

在上《比尾巴》课文认读课时，不仅让学生们"嘴动"，还让他们"眼动"——看图片，说动物"耳动"——听儿歌，认动物；"手动"——电脑操作，找动物；"脚动"——找句子，匹配动物等。一节课结束，让每个学生都能够动一动。

通过"动"，能让平日里一名随意下座位的问题学生，乖乖地坐在座位上学习；通过"动"，能让没有语言交流的自闭症学生，能够简单的和人问好；通过"动"，能让胆小怕事的学生，主动向老师请教问题。在20世纪三四十年代提出的"动作康复"理论，更是证明了"动"对人的认知、语言、情绪、行为的康复作用。"动"起来，为新的力量喝彩；"动"起来，为新的记录喝彩；"动"起来，拥有精彩的未来，快乐学习就要"动"起来。

参考文献

[1] 李永丽. 我对小学课改的几点体会 [J/OL]. 中国学术论文网.

[2] 张翠丽. 如何培养学生学习兴趣 [N]. 教育视界，1999-11-9（04）.

德育活动

Deyu Huodong

浅谈在德育课程建设中对融和育人的探索

王　颖

【摘要】德育作为学校教育的重要内容之一是通过课程来实现的，北京东城培智中心学校提出了"融和育人"的办学思想，把特殊学生的生涯规划、发展的迫切需要与家庭稳定和谐的需求紧密结合。本文结合理论运用大量学校实例来介绍在这一过程中，作为"融和育人"理念实施手段之一的德育校本课程是如何开展建设的。

【关键词】德育渗透　课程建设　融和育人

学校教育的主要内容是通过课程实施的，德育作为学校教育的重要内容之一也必然要通过课程去实现。特教学生不同于健全学生，在德育的过程中，每个学生都是一个独立的个体，有着独特的个性，所以很难有可以直接借鉴的内容，同时因智力障碍的因素，还面临着认知能力低下、理解能力薄弱等众多困难，因此提高智力障碍学生最终的生活质量，也成为了学校、家庭、社会共同的责任和任务。北京市东城区培智中心学校，1987年建校，是一所专门以智力障碍儿童为招生对象的特殊教育学校，原名是崇文区培智中心学校，2010年9月，因布局调整，两区合并，更名为东城区培智中心学校。学校提出了"融和育人"的办学思想，把特殊学生的生涯规划、发展的迫切需要与家庭稳定和谐的需求紧密结合，体现了在特教学校中强化德育校本课程的必要性。

一、加强显性课程建设，凸显德育主题

（一）从学生的实际需求出发

学校现有96名学生，9个教学班，都是中度、重度智力障碍学生；学校

根据学生年龄、类型和程度综合考虑分三段教学，每段又各有递进班级：康复段年龄小，入学时间短，综合能力较弱，学习中以常规训练生活教学为主；教学段是具有初步的学习能力的学生，以学习文化知识为主；职业培训段是16岁之上，以家政服务、手工技能、职业培训为主。学生中有自闭症、唐氏综合征、脑瘫、脑炎综合征、肾病综合征、行为异常、无语症、先天性心脏病等。

在学校对教师、家长下发的调查问卷中发现，很多教师提到了现在的学生因为多种原因，导致行为习惯、礼仪表现都有所欠缺，而家长的问卷中也提到很多关于在养成教育中的问题和困惑，例如：学生不会和伙伴交往、不会感恩、不会表达自己的需求……因此，根据学生、家庭的需求，我们开设了每天15分钟的常规小课，各班结合班中学生的实际情况进行常规课训练；训练内容以三个阶段为基础，分别进行设计，教师在实践中设置三级目标，从细节入手，进行多方位、多角度的强化训练。各段以教研组为单位，教师在日常常规课中实践并共同编写三级目标，最终形成初稿。通过实际需求制定目标，在目标实施过程中养成良好行为，在良好行为的展现中凸显教育主题。

（二）从需求目标入手

任何教育目标的形成都源于学生的基础，在康复段的目标中有这样的内容：一级目标——常规教育；二级目标——学着等候；三级目标——明白了解需要等候的原因、明白老师的意图、渗透等待时的做法（保持安静不出声音、不乱走）、在老师的语言提示、动作协助下能按要求等待。教师在授课中分层提出不同时段的目标要求，并采用游戏教学、伙伴互助等多种方式，帮助一些自闭的学生逐步学会等候。

（三）让校园的每一面墙说话

学校设计了展示历来与社会各界互动留影的"融和墙"，让学生们能够感受社会各界的关爱；制作了被学生们投票推举出来的优秀学生"星星墙"，为学生们树立学习的榜样和超越的目标。校园的德育不仅仅是面对学生，教师也同样受众，为了树立教师的责任感和荣誉感，所有教师的照片也被绘制成美丽的画面……这样的设计还有很多，"让校园的每一面墙说话"，充分地发挥校园中的每一个角落的教育功能，展示教育的全纳性。

二、强化隐性课程实践，展现德育渗透

德育教育要体现以人为主体，围绕"人"来实施德育，让学生在学习生活情景中感悟、在学习生活实践中体验、在学习生活环境中陶冶、在学习生活实际中成长。关注"细节教育"是学校的教育特色之一，我们强化的是"润物细无声"的榜样引领教育。面对智力障碍学生单纯的说教只能让学生有一些极为浅显的认知，还需要在很多方面采用隐形的教育方式。

（一）观看礼仪视频，"我要向你学"

学校提出了"文明课间""文明排队""文明就餐"等礼仪要求，引领学生在日常学习生活中有目的的观察，发现身边的榜样，在播放文明礼仪视频之后请学生来点评，从而明确学习的榜样是怎么做的，最终落实到行动中。

（二）评选班级之星，"榜样在身边"

班级每月月初制定养成教育目标，月末进行班级评选，在班级展示墙呈现"班级之星"的照片和事迹，肯定好的行为，形成班级学习氛围。

（三）搭设互评舞台，"我来夸夸你"

正面引导学生发现身边伙伴的长处、优点，开展"校园之星"的评选活动，让每一位学生自主报名，成为候选人。每一位候选人介绍自己、介绍自己在哪一方面做得好，进行现场的拉票活动，所有学生都会把选票投给自己认可的学生，最终，根据学生的日常表现，根据投票数，评选出十位"校园之星"同时在校园的广播站中进行事迹宣讲，形成良好的学习氛围。

三、注重德育课程实效，体现德育效果

学校紧紧抓住课堂教学主阵地，突出特奥、文艺、艺术等特色，展示学校传统文化活动的项目。积极探索彰显培智学校的教育、康复、指导、服务

的多元功能，遵循特殊教育的规律，开设"融和的课程"，建构"融和的课堂"。德育课程中所有内容的学习都是为了使学生在"知"方面形成新的认知点；在"情"方面明确道德准则；最终还是要落在实际行动中。

（一）日常学习生活，展现学生的主人意识

学生最终要融入社会，成为和谐社会大家庭的一分子，怎样做才能逐步培养起学生的主人意识呢？我们开展了以下的活动。

1. 新学校，我的新家

搬入新校舍，教师鼓励学生去观察新环境，也利用相关的课程带学生熟悉环境，让学生说一说新校舍和以前有什么不一样。在"小记者广播站"广播中，邀请学生来说一说：怎样爱护新环境。学生们纷纷表示"卫生间用纸用多少拿多少，不浪费""喝水的时候，打半杯""楼道中有纸，捡起来、扔垃圾桶""不在墙上乱画、保护墙面的干净整洁"……学生们真的这样去做了，他们会认真的坚持每一天的清扫，坚持做到看到地上有废纸就捡起来，扔进垃圾桶……有一天，一个学生打水时，看到灯没有关上，主动地去关上，这样的事例在学生中处处可见，他们说："我们喜欢我们的家。"

2. 学校里，我是小主人

学生的成长还表现在很多方面，每天一早，都会有学生主动把国旗徐徐升起，傍晚再缓缓落下；每周一的升旗仪式上，会有学生安排好每周"新闻发布"的内容；每周的广播时间，会有同学们热情洋溢的参与主持；每天的课间，会看到高年级学生主动带领小班同学去卫生间、去打水；学校活动前后，同学们主动参与场地布置，主动参加学校活动……让学生们在成长中最好的诠释学校的办学思想——在"融和"中互动、在互动中生效。

（二）社会实践活动，彰显德育教育效果

学校的"融和育人"课题，着重体现在社区的和谐发展、和谐教育。把学生的学习课堂迁移到社会的大课堂中，着重在社会的大课堂中展现学生在学校课堂中学习的内容，去印证学生行为的养成，去彰显德育教育的

效果。

1. 走出去，在更广阔的课堂学习

学校坚持把学生带到更广阔的天地中，在交流中汲取更多知识的同时，能让学生得到更充分地展示。以2013年为例，学校共组织学生活动67次，真正地做到请进来走出去，让学生们积极参与到社会群体的多项活动中。在学校的开学典礼上，邀请影视明星吴奇隆参加学校的"爱心烘焙坊"节目和学生一起制作饼干；在参加国贸公司义卖的活动中，鼓励学生大胆表达自己的设计创意和意图，鼓励学生勇敢地推介自己，把与健全人士的交流作为学生勇敢走入社会的第一步；到"阳光少年教育实践基地"开展农耕学习，学生们认识更多的农作物、农具，体验了农具的操作方式，知道了芝麻的成熟过程、棒子面是怎么压出来的……学生们良好的礼仪行为也给工作人员留下了深刻的印象，他们说：一走进基地的大门，学生们就大声的问叔叔好，真的没有想到，学生们太有礼貌了，他们学习得非常认真。

2. 多交流，在更广阔的土地上成长

为了让学生们能在与他人的互动中学习，学校组织学生们参与更多的群体活动。让他们能够与幼儿园的小朋友共同活动，与普通小学的同学共展才艺，与广渠门中学的同学共同学习科技制作，与大学的同学共同开展志愿活动，与国内外知名公司的志愿者们、北京各大主流媒体的记者们、北京市政协委员志愿者、北京市东城区"九三学社"的志愿者、东城研修学院的志愿者们等多家单位开展各类形式的互动活动，每一次学生都会把日常所学的技能与才艺，把自己的快乐与成功与大家分享，他们的热情有礼、淳朴善良、快乐自信获得了所有来宾的称赞。

3. 舒展开，在更壮丽的舞台辉煌

学校着重培养学生潜能的开发，让每个人都有特长。有的学软陶制作、有的学唱歌、有的学舞蹈、有的学十字绣……展示的舞台，从班级走向学校，从学校走向社区。每个学生都展示出了他们热情有礼、多才多艺的一面，看到学生们灿烂的笑容，可以真切的感受到德育教育的成功，每一次教育活动的开展，都会使学生在自身的基础上又进步了一些，每一个实践活动的开展，都使得学生们得到一次展示的机会。让学生在一次又一次的努力中成长着、进步着。

四、结　语

北京市东城区培智中心学校的德育课程依然在建设中，无论是显性课程的开展还是隐性课程的实践，都是对智力障碍学生道德思想树立的一种有效引导与渗透，一方面，我们要思考的是如何让智力障碍学生在融入社会时发挥出其潜在的正能量，如何将融和育人的理念寓于德育课程建设中；另一方面，立足于道德认识、道德情感、道德行为等方面，建立一个什么样的德育课程评价体系将是我们继续努力探索的方向。

浅谈如何以正向行为支持法干预智力障碍儿童问题行为

李亚青

【摘要】 本文针对智力障碍儿童的攻击性行为进行研究，运用正向行为支持法对儿童的攻击性行为进行干预。先是对行为进行功能评估，再实施行为策略，结果显示，对攻击性行为有一定的改善。本文旨在为智力障碍儿童家长及教师进行行为干预提供参考。

【关键词】 正向行为支持法　攻击性行为　干预

一、研究背景

问题行为是智力障碍儿童明显不同于同龄普通人的行为，是在智力障碍儿童期由于各种原因导致的行为异常。这种行为使儿童的社会适应发生困难，不能在普通教学环境下有效地学习。[1]培智学校的儿童其生理、心理的特殊性导致他们的行为问题较同龄普通儿童突出，智力障碍儿童的问题行为已经成为影响教育效果和家庭生活质量的一个重要因素。当前，我国培智学校教育的发展越来越受到重视，已经引起有关教师和专家学者的关注，并对问题行为做了许多研究。虽然有些技术能有效减少问题行为，但效果不能持久。笔者查阅一些研究资料后，发现使用正向行为支持法能有效改变这一不足。

正向行为支持法又称积极行为支持法，是一种对个体行为实施干预的

---

[1] 刘昊. 正向行为支持法干预孤独症儿童问题行为的个案研究[J]. 中国特殊教育，2007（3）：26-32.

系统化方法。它通过教育的手段发展个体的积极行为，用系统改变的方法调整环境，达到预防和减少个体问题行为，最终实现提升其生活质量的目标。❶近20多年来，功能性行为评估和积极行为支持已经被研究者广泛用于智力障碍儿童的问题行为干预，结果均表明，针对问题行为的功能而设计的干预策略能够有效地减少或消退问题行为，同时促进适宜行为的产生和增加，从而引发儿童行为的长效改变。❷

目前，研究者已将正向行为支持运用到自闭症、脑瘫等多种类型智力障碍儿童的问题行为干预研究，还有运用到在特殊教育学校或家庭中的自闭症和智力落后儿童、普通学校中的随班就读学生和普通学生。虽然正向行为支持对象范围很广，但是实证研究很少。

在对问题行为儿童中的应用研究中，万蓓（2007）运用正向行为支持干预分别干预三名问题行为儿童，分别以注意力不集中、课堂破坏和发脾气与刻板行为为主要干预内容，运用积极行为支持方法对三名问题行为较为突出的三年级智力障碍儿童实施行为干预，使得三名儿童问题行为减少。❸刘昊（2007）应用正向行为支持法，对一名孤独症儿童表现出的两种带有刻板和自伤性质的问题行为进行了干预。❹姚俊于2010年在《中国特殊教育》发表《重度智力障碍儿童攻击性行为矫正个案研究》一文，运用行为矫正法尤其是正向行为支持法，辅以家庭疗法对儿童的攻击性行为进行矫正，最终取得明显改善问题行为的效果。❺

2006年12月全国第二次残疾人抽样调查结果显示，全国智力残疾人口总数为554万人，占残疾人总人数的6.68%，与1987年全国第一次残疾人抽样调查比较，智力残疾人数总量有所增加，比例有所上升。韦小满1999

---

❶ 刘红羽.培智学校学生问题行为特点与影响因素研究[D].辽宁：辽宁师范大学，2007.
❷ 刘宇洁,韦小满,梁松梅.积极行为支持模式的发展及特点[J].中国特殊教育，2012(5)：12-14.
❸ 万蓓.积极行为支持用于智力障碍儿童问题行为干预的研究[D].上海：华东师范大学，2007.
❹ 刘昊.正向行为支持法干预孤独症儿童问题行为的个案研究[J].中国特殊教育，2007.
❺ 姚俊.重庆智力障碍儿童攻击性行为矫正个案研究[J].中国特殊教育，2010.

年发现，在智力障碍学生中出现率较高，即比较容易出现的不良行为中攻击行为所占比例为 71.6%。❶ 据此推断，培智学校中的学生有攻击行为的人数比1987年有所增加。

研究显示，伴有攻击行为的儿童是最不容易被同伴所接受的，也不容易被社会所接纳。这不仅会使这类问题行为儿童出现与同伴交往困难，而且会影响他们的社会适应能力发展。由此引发心理问题，又会对他们社会化发展带来了不利影响。

本文主要对智力落后儿童的攻击行为进行个案研究，全面透彻地了解该智力落后学生攻击行为的特征及表现；通过观察学生和访谈教师、家长，深入探讨和分析智力落后学生攻击行为产生的原因，使智力落后学生的攻击行为逐渐减少甚至消失，为教师和家长提供更有效的帮助。

二、理论依据

（一）正向行为支持概念

正向行为支持是一种应用科学，它用教育的方法扩大个人的行为方式、系统地改变个人的工作环境，提高个人的生活质量，并将问题行为减少。它有两层含义：第一，提高个人生活质量；第二，将问题行为降到最少。它包括提高正向行为成功的可能性，提供个人在工作、休闲、社会、团体和家庭技能等方面的教育，加强和扩大一切正向行为，增加正向行为的机会。其目的：一是建立社会行为准则，建立一个持久的适应其生活方式的行为，以减少问题行为；二是维护对象的尊严，帮助其了解自己的感受和需求，热爱自己的生活。

（二）正向行为支持理论

1. 全纳教育思想

在过去的两个世纪，人们对残疾人的认识和采取的措施分为四个不同的阶段：在初期的认识阶段，残疾人被排斥、被隔离，社会不承认他们的

---

❶ 韦小满. 弱智儿童不良行为的特征分析 [J]. 心理发展与教育, 1997.

存在；之后，宗教与社会慈善团体为其办了收容所、特殊学校，但他们仍被认为是社会的负担；20世纪中叶，世界各国在普通学校开设特殊班，注意力集中在残疾人的缺陷补偿与矫治；第四个阶段为正常化发展阶段，正常化原则、一体化原则和全面参与社会原则成为国际社会对残疾人所采取措施和进行教育所应遵循的重要原则。

1994年联合国世界特殊教育会议在西班牙发表《萨拉曼卡宣言》，明确提出全纳教育思想。认为对待残疾学生应机会均等、零拒绝，他们有完全参与的权利，他们有就读学区内学校的权利。

2. 应用行为科学的发展

应用行为科学的发展为正向行为支持提供了重要的理论基础。从行为问题处理的历史发展来看，行为处理策略已从消除型演变为教育型，从行为改变到正向行为支持。

应用行为分析中的"应用"指要改变的目标行为是与社会相关的，"行为"指要改变的目标行为是可观察和可评量的，"分析"是指分析行为问题产生的原因和评量行为处理方案效果的过程。正向行为支持不仅兼容了应用行为分析的塑造、消退、激励、增强等教育方法，还超越应用行为分析，在评估方法、干预策略和定义成功结果是真实的行为研究和自然干预等思想，都有了很大的发展。

三、研究方法

主要采用单一被试实验法。

（一）研究对象

选定培智学校的一个班级，对学生进行初步了解，观察每个同学的问题，结合研究时间和方法，从而选取一名有攻击行为的个案进行研究。

1. 个案基本情况

小明（化名），男，17岁，唐氏综合征，从出生至今，无其他身体残疾和重大疾病。原来在老家上学，2013年9月进入现在所在的培智学校学习，属于转校生。个案有语言能力，但是说话不多，且主动语言很少。个案有基本的生活自理能力，能完成较简单的任务，能主动喝水、去厕所。

在学习上，能掌握简单的知识，在数学学习中能掌握10以内的加减法，会使用计算器计算；在语文学习中能模仿写一些简单的汉字，能读完整的句子；其他科任教师评价其学习积极性较差，逃避任务，完成任务上较语文和数学上差。在同伴关系上，个案与同学关系紧张，班里只有相邻座位的女生会理他；容易生气，常指责谩骂他人，欺负比自己弱的同学；常常用手或拿物品打人，常用命令的口吻说"你给我走开"或"别管我"，对物品的独占性非常强，不许别人碰他的东西。个案是重组家庭，母亲和继父再婚后育有一子，现年7岁，就读于一所普通小学。个案在家时，常拿着一个纸片看很长时间，经常欺负弟弟，在弟弟写作业的时候给弟弟捣乱。个案母亲只重视个案的学习成绩，对个案的学习要求严格，常询问班主任个案的学习情况，希望给个案多布置作业，对个案的生活情况关心较少。

2. 确定个案的问题行为

个案在培智学校学习，通过对其母亲和班主任进行访谈，对个案进行观察并确定个案问题行为。从访谈中班主任主诉个案很固执，喜欢和别人争论，很容易生气，侮辱打骂别人。个案母亲说个案在家很不听话，容易嫉妒他的弟弟，情绪变化大。通过观察发现个案课上有逃避课堂任务的行为，有时在座位上发呆或玩东西，有时故意招惹邻桌。在出去活动，排队行走时中途故意停下不走；在课间排队时，推同学；快上课时伸腿绊同学，上非主科课时故意朝比自己弱的同学吐口水或用手拍打同学，个案对自己的行为不知悔改，被教师批评后，还会继续做下去。个案的打同伴行为影响较大，急需干预改正。这种行为阻碍了个案与他人的交往，使个案更容易没有朋友，加重了个案和他人沟通的障碍，而且攻击行为还容易使同伴受到身体或心理伤害。因此，本研究主要对个案的攻击同伴行为进行干预。

（二）研究过程

正向行为支持法认为问题行为意在实现某种功能。正向行为支持法减少问题行为的基本程序简单来说就是：先分析问题行为的功能，也就是发生问题的根本原因，然后再针对原因进行行为干预。本研究过程主要分为两个步骤，即行为功能分析和行为干预。

1. 行为问题功能评估

行为问题功能评估用到了三种方法：间接法、直接观察法和实验法。用间接法建立行为功能的初步假设，用直接观察法验证假设，实验法进行问题行为功能分析。

2. 建立行为功能的初步假设

先用间接法通过对个案的母亲和班主任问卷调查来收集个案攻击行为的相关信息，并让他们填写行为动机评量表（见附录 A）、行为问题主观评量表（见附录 B），行为问题功能访谈表——相关人员部分（见附录 C），获得个案的远程前事、内隐前事和后果事件。

综合上述评量结果，个案的攻击行为表现为快上课时伸腿绊同学，上非主科课排队时故意推比自己弱的同学、吐口水或用手拍或拳头打同学。行为发生没有特定的周期，已持续半年多；行为的内隐前事是个案的优点很少被提及，教师对个案很少关注；行为的远程前事是母亲对弟弟的关注多于自己。由行为动机评量表可以获知个案可能的行为功能，此表主要由班主任对个案的攻击行为进行主观的评量。行为功能主要有四种：感官刺激、逃避、引人注意和要求明确的东西。每个功能下设计4个问题，每个题目有5个选项："从不""很少""一半""经常""总是"，分别赋予1～5 分。最后根据结果计算出4个得分，得分较高的原因可确定为行为功能。量表得分结果如表 1 所示。

表 1　个案行为动机评量表

	"感官刺激"得分（分）	"逃避"得分（分）	"引人注意"得分（分）	"要求明确东西"得分（分）
总　　分	9	13	15	11
平均分	2.25	3.25	3.75	2.75
等　　级	4	2	1	3

由此可见，个案的攻击行为的可能的主要功能是为了获得他人的注意。

（1）直接观察验证假设。

用直接观察法对个案在真实情境中进行直接观察，一共观察5天，将所得的资料分类以验证行为动机评量表可能的功能即获得他人注意。

用行为前后事件观察记录表（见附录D）记录，此表格的内容设置为：时间、地点、前事、行为、后果和最后后果，这一过程主要通过对个案的攻击行为直接观察。实验观察时间为每天8:30至11:45，观察情境主要为早晨的晨读时间和课间时间。观察周期共5个工作日。

观察发现，个案的攻击行为多在类似的情境中发生，其行为表现也基本接近，但行为结果会因教师和同伴反应的不同而有所变化，表2列出了个案攻击行为发生的主要情境、行为表现和结果。

表2 个案的攻击行为观察记录表

情　境	行　为	结　果
在上语文课分组时隔壁班的男生坐到他的邻座	攻击行为	教师会批评他，邻座被换成其他人
课间排队时，前面的同学说话时	攻击行为	前面同学不敢说话了，引起其他人的注意
教师对其批评后	攻击行为	变得开心了
他和同学争吵时	攻击行为	其他同学指责他，引来教师的注意
教师在上课间操时关注他后面的孤独症同学	攻击行为	教师警告他不要打闹，吸引了教师注意

对个案攻击行为的主要发生情境、行为和结果进行分析，得出个案攻击行为的功能性假设。个案的问题行为发生的时间主要是两个任务的交界时间，如要排队去别的教室上课或刚开始做操、快上课。

观察结果显示，个案在与同学发生冲突或争吵后，总能引来其他同学对他的指责，引来教师的注意；个案不喜欢隔壁班的那个男生，每次攻击行为过后，教师会批评他，那个男生被换走；教师在关注个案身边的同学时，个案会时不时地推或拍前面的同学，还总是回头来看教师的反应。

上述情境中，验证个案的攻击行为是为了获得关注。

（2）功能分析。

用实验法来进行功能分析，假设个案的攻击行为，是为了获得教师和同伴的关注，主要功能是正强化功能。

因此，当个案管教前面同学的行为发生在该同学有不良行为时，他喜欢用手拍打该同学，此时其他同学会指责他打人，而被打者安静了，个案还是会继续打该同学甚至用拳头打。在这种情境下个案的行为功能是吸引同伴的注意，同伴对他的关注起到了正强化作用。实验者在观察过程中座位在个案的左边，和他并排，为了吸引实验者的关注，个案也常常表现出很多攻击行为，如用脚踩实验者，实验者如轻声对其发出警告，则个案因为获得了关注，攻击行为继续发生，个案不断地表现出各种攻击行为，并观察实验者的反应，如扭实验者的胳膊。此时实验者不对其攻击行为进行关注，个案观察实验者的反应，但最后自己会停止攻击行为。

在上述实验中，获得关注是正强化功能。实验者对个案的关注对个案起到了正强化功能（见表3）。

表3 个案攻击行为的功能评估结果

情　境	行　为	结　果	功　能
前面同学说话	攻击行为	其他同学的指责	正强化：吸引注意
实验者记录数据时	攻击行为	得到研究者的警告	正强化：吸引注意

结合分析的功能结果，后期采用行为干预策略对个案进行攻击行为进行干预。

3. 行为干预策略

根据功能性评估的结果，针对此类攻击行为的干预主要侧重于培养个案使用适当的行为来获得其所需的正强化，行为干预策略的选择从前事控制和后果处理两个方面进行考虑。

（1）前事控制策略。

通过控制容易引起行为问题的明确前事，以预防行为问题的发生，目的是减少行为问题的遥远前事的出现率以及中断此行为产生的增强效果。

在前事控制策略中，采用调整情境因素、调整课程有关的因素、情境事件效果缓和策略以及反应中断策略。

在调整情境因素策略中，主要在于调整那些容易引起行为问题的人、事物或活动等，以减少行为问题的发生和引发适当行为的产生。在该研究中调整个案不喜欢的同学的座位，使他们有一定的距离；在排队时，让个案和自己前面的同学换下位置。

在调整课程有关的因素策略中，个案的攻击行为发生在即将上课时或有其他的任务这些衔接时间，用此策略对个案的要求降低，多鼓励表扬个案，使个案获得成功经验，引发个案的适当行为。

在情境事件效果缓和策略中，班主任老师多安排给他一些有意思的活动，让他在刚到校时玩会儿玩具，或让其他同学主动邀请他一起早自习活动，以缓冲个案在家的远程前事带来的不良影响。

在反应中断策略中，在个案出现攻击行为时采用口头暗示的方式，告诉他"我等你安静……"，阻碍攻击行为的发生。

通过上述的四种前事控制策略可以消除一定的诱因，让个案有成就感，改善周围不利于个案出现良好行为的环境等，这些策略虽然对减少攻击行为起到了一定作用，但是并不能从根本上解决问题，还是要通过行为后果处理策略解决个案的攻击行为。

（2）后果处理策略。

本研究中主要采用的是零比例区别强化策略（DRO），指在一规定时间内，若攻击行为不发生，就给予强化。最终要通过这一强化程序，使个案的攻击行为不再发生或极少发生。

四、实验设计及实施

本研究采用倒返实验设计。

（一）选择行为记录方式

本实验是减少个案的攻击行为，根据发生的次数进行连续记录（见附录E）。记为目标行为发生一次，按照目标行为发生次数记录表进行记录。在实验过程中，由实验者在不影响个案正常学习的情况下进行观察记录。

（二）确定目标行为

首先，确定目标行为。将个案在校的上午课间时间，表现出来的推同学、伸腿绊同学、故意朝比自己弱的同学吐口水，或用手拍或拳头打同学等行为时，作为目标行为——攻击行为。出现攻击行为记录一次。

（三）确定实验的正强化物

通过实验前期对个案的观察及让家长填写的强化物调查表（见附录F），了解到个案喜欢消费性强化物如糖果、可乐雪碧、贴画；活动性强化物如看故事书；社会性强化物喜欢拥抱、喜欢听到真棒的鼓励，所以将正强化物定为个案喜欢的强化物贴画和"真棒"。

（四）确定终点行为

个案的攻击行为问题在实验观察期为平均上午攻击11次，行为发生的时间较长，不易在短期内根除。因此，终点行为确定为实验期内不发生攻击行为。

（五）实验实施

实验中主要采用倒返实验中的"A—B—A"模式，分成下列三个阶段：基线阶段A，处理阶段B1，处理阶段B2，倒返阶段A'。

（1）基线阶段A。

此阶段共计5天，采用观察法，只对个案的攻击行为发生的次数进行观察记录，不实施任何策略。

（2）实验处理阶段B。

此阶段分为B1、B2两个阶段，第一个阶段5天，第二个阶段4天，共计9天。实验前要对个案进行说明，语言要符合被试的理解能力，内容是所观察的行为及如何获得正强化物。由于实验方法中包含前事控制策略，因此对个案周围的相关人员，即班主任、同学进行实验说明，使其配合实验的进行。

（3）具体操作。

在实验处理期B1阶段，实施分段时间的零反应区别强化，将每天的实验期（8:30至11:45）分为四个阶段，每节课后的课间为一个时间间隔，若在这个时间间隔内没有发生攻击行为，被试就可以得到消费性强化物——1张贴画；在处理期B2阶段，同样使用零反应区别强化原理，与B1阶段相同，但在正强化物方面，减少消费性强化物的使用，换成社会性强化物——"真棒"。

（4）倒返阶段A'。

此阶段共计5天，同基线阶段一样，对个案不采用任何策略，只记录数据。

（六）实验结果与分析

本实验的实验结果如图1所示。

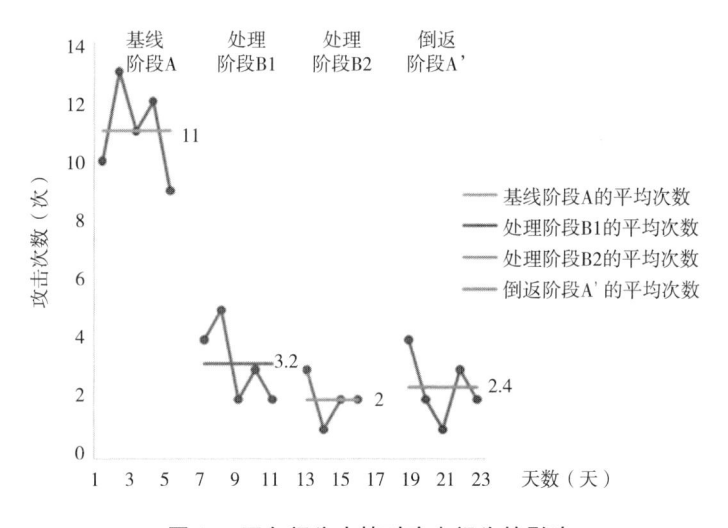

图1 正向行为支持对攻击行为的影响

如图1所示，整个实验的实施过程效果明显，图中的结果显示，从基线阶段A到处理阶段B，总体呈下降趋势，说明实验使个案的攻击行为有所减少。

在B1阶段，个案攻击行为的次数总体呈下降趋势，由基线阶段A的平均每天的实验期出现11次，下降到 3.2次，效果显著。由于个案及其班主任、同学等有很好的配合，使得个案的攻击行为有了大的改善。

在 B2 阶段时间有点短，虽然攻击行为没有完全消失，但是在实验期也降低到平均每天出现 2 次，个案这次比 B1 有进步，显示社会强化物比消费性强化物有效果。

在倒返阶段 A'，个案的攻击行为没有达到实验的终点行为，但个案的行为较基线阶段相比，已有很大的改善。

五、讨 论

（一）关于行为问题功能评估

本实验运用的正向行为支持方法关键的一步就是进行行为问题的功能评估，它对于正确认识什么样的行为，简单来说就是要改变的是什么样的问题行为以及怎样改变问题行为都是重要的环节。对被试及其家长、班主任进行评量，使实验者对被试有了更深入的了解，这些信息对改善个案的前事策略有一定的帮助，但是可能对个案没有更详细的了解。在实验中，对个案给予关注是正强化的功能，还有额外的功能，如家长处调查到的逃避功能没有去掉干扰，这有可能影响干预的结果。

（二）关于前事控制策略

在本实验的前事控制策略中，需要学校、老师、个案家长、学生的多方面的配合，才能为实验的进行提供保障。由于实验的地点主要在教室，学校为全日制学校，将重心放在学校的同时，就忽略了家中的监督。

个案的母亲工作繁忙，而且家中的管教和日常生活的照顾重点都在个案的弟弟身上，对个案的管教较为简单，表现好时多以溺爱为主，当出现不良行为时，常会批评打骂，缺乏和孩子进行良好的沟通。教师与个案母亲交流的较少，只给予了一些简单的建议，可能在个案家中的监督工作还不够完善，应该多和家中进行沟通，以便达到更好更达到期望的实验效果。

（三）关于教师的配合

在整个实验过程中，班主任的配合，使实验顺利地进行。实验前期与班主任进行沟通，有助于更深一步了解个案的情况，为实验的进行提供许多有价值的信息。班主任在其他时间给予个案很多活动和表现的机会，对于个案的良好行为及时给予奖励和表扬，这些都对改善被试的攻击行为有很大的帮助。当非主科课课间时，班主任去教室接学生时，会和科任教师沟通，这会影响到个案的一些行为。

（四）关于同学的影响

在前事控制策略中，将个案不喜欢的同学小强（化名）放在了距离个案比较远的位置，在排队去上课和去做操时，让个案站在排头位置，隔绝了他欺负原来前面腿脚不好同学小金（化名）的机会，前事控制策略对个案的帮助很大，起到一定的积极作用。虽然有时个案对于在排头位置有点排斥，愿意站在后面，还是让他的好朋友小胡（化名）当了排头。个案有时行为问题比较突出，实验者发现，与其班里的一个孤独症患者小文（化名）有关，小文的问题比较大，班主任和其他教师的注意力主要集中在他身上；小文只要不来学校，个案的行为问题就比较多，相反小文来到学校个案的攻击行为就会减少。这一发现，对最后的实验结果有一定的影响，没有排除这一干扰。

（五）关于个案自身因素

个案需求关注，但是母亲对弟弟关注多过自己。在前事策略中，只是通过简单调整个案周围环境，没有考虑个案的原因。

（六）关于实验方法的选取

本实验采用的是零反应区别强化原理，根据被试的年龄和特点，运用消费性强化物和社会性强化物。对于这类攻击行为来说，课间是个案自由活动的时间，也没有必要非要采用替代行为，因此，采用零反应区别强化。这一原理比较容易操作，在实验结束后，班主任依然可以使用这种原理继续对个案进行攻击行为的干预。

（七）关于正向行为支持方法

正向行为支持方法的好处在于调动各方面的支持系统，包括学校教学环境、教师教学方法、同学之间的相互影响，营造出有利于个案出现良好行为的环境，使个案周围的人员相互配合，在整个干预过程中，每个环节都将作用发挥到最大。实验的过程尽量在不干扰正常的活动和学习的情况下，发挥老师、同学对个案的监督和管理的作用。在对个案进行后果处理阶段期间，开始，个案有些不配合，但第一次还是有了明显的减少，最后和基线阶段比较，还是有着明显差别。虽然没有达到最后实验预期的效果，但是后果还是比较满意的，问题行为比干预之前少很多，说明运用正向行为支持方法对于解决个案的攻击行为有很大的帮助。

（八）关于实验结果的讨论

从实验的倒返阶段A'可以看出，个案的攻击行为已有了明显的改善，虽有个别波动，但总体还是能看出本实验的干预措施有明显的效果。实验中还是存在一些遗憾，实验者认为实验没有达到终点行为的原因如下：

第一，实验的时间较短，对个案的干预结果没有进行进一步的巩固，如果有时间再多干预几次；第二，在对前事控制中，没有和个案母亲及时沟通，家庭这一方面有一定的影响；第三，实验者的经验不足，导致对实验处理结果的期待过高；第四，实验者对强化物的及时给予上有时有偏差；第五，个案的攻击行为已持续很长一段时间，比较顽固，不易在短时间内消除；第六，强化物的选择上社会强化物比消费性强化物要好，两次干预都使用社会强化物会不会达到效果。

六、结　论

本实验研究采用的单一被试实验设计，运用正向行为支持的方法。对个案攻击行为进行干预，其中包括：前事控制策略和后果控制策略。前事控制策略包括调整情境因素、调整课程有关的因素、情境事件效果缓和策略以及反应中断策略。通过上述四种前事控制策略可以消除一定的诱因，让个案有成就感，改善周围不利于个案出现良好行为的环境等，这些策略虽然对减少攻击行为起到了一定作用，但是并不能从根本上解决问题，还是要通过后果处理策略解决个案的攻击行为。零比例区别强化（DRO）解决个案攻击行为。对个案的攻击行为进行干预，但实验结果总体显示出：正向行为支持法对个案的攻击行为起到了改善的作用，有效地减少了个案的攻击行为。

参考文献

[1] 钮文英. 身心障碍者行为问题处理——正向行为支持取向 [M]. 台北：心理出版社，2002：111-199，436-437.

[2] 罗婧. 正向行为支持的特点分析 [J]. 中国特殊教育，2007（3）：57-60.

[3] 朱琳. 问题行为干预中的正向行为支持 [J]. 中国特殊教育，2005（3）：90-93.

[4] 许华红. 行为改变技术 [M]. 天津：天津教育出版社，2007:94-98，160-168，178-183.

[5] 廖全明. 我国中小学学生的问题行为及其干预策略——国内关于学生问题行为研究的文献综述 [J]. 太原师范学院学报，2004：120-123.

[6] 韦小满. 杨希洁，功能性行为评估的特点及应用价值分析 [J]. 中国特殊教育，2011（2）:38-46.

附录A：行为动机评量表

受评者：_____ 性别：_____ 年龄：_____
障碍类别：_____ 评量者：_____
行为问题：_____
此行为问题持续多久：□ 一个月内　　□ 三个月内
　　　　　　　　　　□ 半年以内　　□ 半年以上

行为问题出现条件＼出现频率	从不如此	很少如此	半数如此	经常如此	总是如此
当他一个人独处时他会出现这个行为					
当有人要求他做事，他会出现这个行为					
他常一再地出现这个行为					
当他遇到困难（或较需花时间）的工作时，他会出现这个行为					
当您转移注意或别人说话时，他会出现这个行为					
当他得不到他想要的事物时，他会出现这个行为					
当您注意他时，他会出现这个行为					
当他心爱的事物被移走时，他会出现这个行为					
即使周围没人在，他也会出现这个行为					
当您要求他时，他会出现这个行为，引起您的注意或生气以反抗您的要求					
当您停止注意他时，他会出现这个行为来让您生气					

（续表）

行为问题出现条件 \ 出现频率	从不如此	很少如此	半数如此	经常如此	总是如此
当您给他所想要的事物，或满足他的需求时，他会停止出现这个行为					
他出现这个行为时，常不顾他人的存在					
当您停止要求他时，他会停止出现这个行为					
他似乎会以这个行为来引起您注意，并花一点时间与他在一起					
当您不让他做有兴趣的活动时，他会出现这个行为					

附录B：行为问题主观评量表

受评者：_____　　评量日期：_____

评量者：_____　　（与受评者关系：_____）

具体的行为问题：_____

1. 此一行为问题是否会威胁生命？
   是（　　）　　　　否（　　）

2. 此一行为问题是否影响个体的健康？
   是（　　）　　　　否（　　）

3. 此一行为问题是否会干扰学习？
   是（　　）　　　　否（　　）

4. 假如未予介入处理，此一行为问题是否会越来越严重？
   是（　　）　　　　否（　　）

5. 此一行为问题是否会对他人造成危害？
   是（　　）　　　　否（　　）

6. 教养人员是否相当关心此一行为问题？

　　　　是（　　　）　　　　　否（　　　）

7. 此一行为问题是否越来越严重或未有任何改善？

　　　　是（　　　）　　　　　否（　　　）

8. 此一行为问题已持续一段时间？

　　　　是（　　　）　　　　　否（　　　）

9. 此一行为问题是否会破坏物品？

　　　　是（　　　）　　　　　否（　　　）

10. 此一行为问题是否干扰社区对个体的接受程度？

　　　　是（　　　）　　　　　否（　　　）

11. 假如此一行为问题获得改善，其他行为问题是否也会获得改善？

　　　　是（　　　）　　　　　否（　　　）

附录C：行为问题功能访谈表相关人员（家长和教师）部分

A. 描述问题行为（主要是攻击行为）

1. 问题行为是什么？
2. 问题行为的周期是多长？
3. 对问题行为，界定其表现、频率和持续时间。
4. 问题行为从什么时候开始出现？
5. 对问题行为使用过哪些行为处理策略？

B. 界定问题行为的内隐前事

1. 当事人是否正服用药物，如果有，药物的副作用对其行为有何影响？
2. 当事人的睡眠时间是多长，睡眠质量如何？睡眠对其行为有影响吗？
3. 当事人的饮食情况如何，是否对他有某些食物的限制，这种限制对他的行为有影响吗？

4. 当事人是否有疾病？是否主诉身体某部位的疼痛？

5. 当事人的哪些认知因素和过去经验导致他产生问题行为？

6. 当事人的能力是否与问题行为的产生有关？

7. 其他可能影响问题行为出现的因素有哪些？

8. 在不高兴或不满意的时候能够自我察觉并表达出来吗？用什么方式表达？

9. 有生理或心理需求时，如渴了、热了，或想和别人玩会时会表达出来吗？用什么方式表达？

10. 当事人最渴望得到的是什么？（如食物、活动、赞美等）

C. 界定问题行为的远程前事

1. 生活环境（学校，家庭）一共有多少人？环境是否舒适？人员是否拥挤，周围是否有特别喜欢或特别不喜欢的人？

2. 每日作息安排是否合理？当事人在哪些时段感到疲劳、不舒服或有不愉快的活动？（例如，中午在当事人想要午睡时安排写作业）

3. 当事人对于日常起居和学习、工作的顺序是否了解？何时起床？何时上学？何时上床睡觉？

4. 当事人对于自己饮食、衣着、活动是否有足够的自由？

5. 教养人员人手是否充足？教养人员是否经过专业训练？对当事人的问题行为持何种态度？

6. 同学或邻居对当事人的问题行为持何种态度？

7. 遇到困难时能否得到理解和支持？

D. 界定问题行为的近端前事

1. 问题行为发生的时间（有无季节性，一天或一周的什么时间最容易出现）。

2. 问题行为发生的场所（经常发生在什么场所，或不会发生在什么场所）。

3. 问题行为发生时谁在场？

4. 问题行为就要发生时别人说了或做了什么事？

5. 什么活动最可能引发问题行为发生？什么活动最不可能引发其发生？

6. 在问题行为出现时是否发生了下列事件：

（1）基本的心理需求或心理需求是否得到满足，如饥饿、寒冷、缺乏与别人的交流与沟通。

　　　　　是（　　）　　　否（　　）

（2）缺乏用适当方式表达需求的机会。

　　　　　是（　　）　　　否（　　）

（3）工作或作业是否过难。

　　　　　是（　　）　　　否（　　）

（4）从事一种活动是否过久。

　　　　　是（　　）　　　否（　　）

（5）家中是否有特别的活动？如有客来访、到饭店吃饭等。

　　　　　是（　　）　　　否（　　）

（6）学校里有特别的安排，如有人听课、全校郊游、集会等。

　　　　　是（　　）　　　否（　　）

（7）处在无人注意的状态。

　　　　　是（　　）　　　否（　　）

（8）每天的作息时间被打乱，如早晨比以前早起。

　　　　　是（　　）　　　否（　　）

（9）受到批评、责难、误解或非议，或与他人发生冲突、口角。

　　　　　是（　　）　　　否（　　）

（10）喜欢的活动如看电视，被强行中止。

　　　　　是（　　）　　　否（　　）

（11）环境中有特别的诱惑，如喜欢的漫画书，有喜欢的异性在身边。

　　　　　是（　　）　　　否（　　）

（12）身体突然不舒服。

　　　　　是（　　）　　　否（　　）

（13）独处一室。

　　　　　是（　　）　　　否（　　）

7. 其他会诱发问题行为发生的时间或情况。

E. 界定问题行为的后果事件

1. 出现问题行为后，其他人做了什么？

2. 出现问题行为后得到了什么？如别人的注意或喜欢的物品。

3. 出现问题行为后逃避或回避了什么事？如逃避了写作业。

4. 如果问题行为发生后得到了报酬，那么从问题行为发生到获得报酬之间相间隔多长时间？是立即得到报酬还是相隔一段时间才得到报酬？

F. 问题行为的功能替代行为是什么？

当事人做的哪种社会性的适宜行为或技能可以取得与问题行为相同的作用？

G. 相关人员（监护人）部分

1. 个案母亲年龄：

2. 个案母亲怀孕年龄：

3. 个案母亲生产方式：

4. 出生期间婴儿是否出现过比较大的疾病，如发烧：

5. 孩子至今是否有过其他病史，最近是否说过某部位疼痛：

6. 孩子婴儿期是否有过抚触？

7. 孩子最近是否服用过药物，药物有哪些副作用？

8. 孩子睡眠时间多长？睡眠质量如何？

9. 孩子饮食状况如何？家长是否对他有某些事物的限制，如糖类等？

10. 当孩子在家不高兴或不满意时，一般用什么方式表达？

11. 家中的生活环境是否舒适？家中一共有多少人？

12. 孩子对于自己的日常生活起居安排是否了解？何时起床、上学、睡觉？

13. 孩子对于自己的饮食、穿衣、活动是否有足够的自由？

14. 孩子在家是否有过攻击行为？

附录D：行为前后事件观察记录表

日期	时间	地点	前事	行为	后果	最后后果

附录E：攻击行为发生次数记录表

时期：_____　　　　　观察者：_____

阶段/次数 第几天	基线阶段 A	处理阶段 B1	处理阶段 B2	倒返阶段 A'
1				
2				
3				

附录F：强化物调查表

受评者：_____　　性别：_____　　年龄：_____

障碍类别：_____　评量者：_____　（与受评者关系）_____

最喜欢吃什么？（如巧克力、饼干等）最不喜欢吃什么？

_____

_____

最喜欢喝什么？（如可乐、牛奶等）最不喜欢喝什么？

_____

德育活动

浅谈如何以正向行为支持法干预智力障碍儿童问题行为

_____

喜欢拥有或玩的是什么东西？（如洋娃娃、玩具火车等）最不喜欢拥有或玩的是什么东西？

_____

最喜欢做什么活动？（如打篮球等）最不喜欢什么活动？

_____

最喜欢学什么？（如数学、自然）最不喜欢学什么？

_____

最喜欢获得哪些口头的鼓励？（如好孩子、很好等）最不喜欢获得哪些口头的鼓励？

_____

最喜欢获得哪些身体上的接触？（如拥抱、拍肩等）最不喜欢获得哪些身体上的接触？

_____

| 融和育人，共享发展
北京市东城区培智中心学校教育探索与实践

孤独症儿童情绪放松下加强主动
语言表达的个案研究

王 迎

【摘要】 本文是对一名3岁的孤独症男孩进行的个案研究。通过访谈法和观察法来记录、分析个案情绪放松训练前、后的情绪状态和主动语言的表达情况。研究结果显示：游戏、赏识、抚触按摩，以及音乐性的语言交流，都在不同程度上缓解了个案的情绪紧张。经过情绪放松训练，个案的主动肢体语言和主动口语表达都有了明显的增加，放松的情绪状态促进其主动语言的表达。

【关键词】 孤独症　情绪放松　主动语言

情绪和情感一直被心理学家认为是影响人类行为的一个重要方面。情绪在人际交往、态度改变，乃至学习和记忆的效果上都有着重要的影响作用。研究情绪的心理学家从两大维度来对情绪进行分类的"大二（Big Two）模式"把情绪分为消极情绪（Negative Affect）和积极情绪（Positive Affect）。消极情绪代表个体对某种消极的或厌恶的情绪体验的程度，如紧张、悲哀、烦恼、愤怒等，消极情绪与某种需要的不满足相联系，通常会降低人的积极性和活动能力。长期处于消极、不良的情绪状态，会影响人的认知，导致个人的身心状态失去和谐，干扰个人的生活。积极情绪则反映个体体验积极感觉的程度，如高兴、兴趣、热情等。研究证明，儿童与成人间良好的感情联结是儿童成长中形成健康的情绪情感，养成乐观自信、勇于探索的个性，以及发展智能和良好社会交往技能的重要途径。情绪对儿童的认知活动、交往活动产生促进或干扰的作用。无论是感知、记忆或者是注意、思维、语言、社交，都会影响情绪，同时又都会受到情绪的调节。

利柏认为，"情绪是一种具有动机和知觉的积极力量，它组织、维持和指导行为"。[1] 无独有偶，伊扎德强调情绪是一种独特的神经过程，它诱发外导过程而产生可观察的（也可能观察不到的）表现和意想不到的独特体验。[2] 研究证明情绪体验和外显表情具有先天的一致性，内在体验和外显表情在社会交往中整合，所以，从情绪的外显行为来推测情绪的状态就成为可能。通过研究，我们可以观察到的情绪外显行为表现为呼吸（包括呼吸的频率、深浅、快慢等）、血液循环（主要为情绪激动时的面色潮红）、面部表情（眉、眼、嘴以及面部肌肉的变化）、身段表情（身体各部分的动作）、言语表情（说话的声调、速度、节奏等方面），通过这些情绪的外显行为表现，我们可以探索到儿童的情绪状况如何，以便进行下一步的情绪放松训练。

研究显示，情绪是疾病的诱因，同时也是疾病的产物，情绪和疾病的复杂关系是双向的。人的大脑受到神经紧张的压力时，会出现焦躁、睡不着、食欲不振、为了一点小事就生气等症状。笔者从访谈中了解到，本文中的个案的睡眠长期不稳定，常常夜中惊醒哭闹，而且经常发脾气，这种情绪状态已干扰到他的正常生活。因此，调节儿童的情绪，不管是对教学，还是对儿童的身体健康都是有利的，更是刻不容缓的。

孤独症是一种脑功能障碍引起的长期发展障碍综合症，它影响儿童很多方面的能力和表现。研究显示，大多数孤独症儿童伴有语言障碍、行为问题和社交困难现象。语言能力是人类智能结构中最重要的基础能力之一，是未来许多能力得以发展、成熟的先决条件。语言是人类开展思维活动，进行交流的重要工具，是一个人顺利进入社会、适应社会发展的必备工具。同时，语言也是人类接受知识的工具。儿童语言的发展，对其认知活动、交往能力以及社会适应能力的发展，都有十分重要的作用。孤独症

---

[1] 转引自孟昭兰. 情绪心理学 [M]. 北京：北京大学出版社，2005: 301.
[2] 转引自孟昭兰. 体验是情绪的心理实体——个体情绪发展的理论探讨 [J]. 应用心理学，2000: 48-51.

儿童大多数在语言方面有如下特点：语言发展延缓、迟滞。

大多数孤独症儿童在3岁前，没有明显的语言发展迟缓现象，但到了3岁左右，他们的语言出现退步的现象。例如，有的孤独症儿童在3岁前语言发展正常，甚至语言能力会超过普通儿童的发展水平，但3岁后，出现重复刻板性的语言、鹦鹉学舌似的语言、交流性的语言大量减少等语言退化现象。孤独症儿童这时的语言状况相较于同年龄的儿童是落后的，如果没有经过适当的训练，他们的语言将长期处于低于正常儿童的发展水平的状态。

大部分孤独症儿童的口语沟通行为较差。语言能力发展的迟缓，影响孤独症儿童的口语发展。此外，大多数孤独症儿童喜欢用拉手、摇头等动作来表达自己的需求。

孤独症儿童的主动性语言表达水平较低。例如，他们很少向亲人、老师表达自己的意见，或者主动进行情感交流，即使出现的主动交流也只是用手拉别人去寻找食物或玩具等生理性的需求，而不是情感沟通、观念表述等高级需求。主动语言的发展，不仅显示了儿童的语言能力，更重要的是表现了儿童的社会交往和社会适应能力的高低。主动语言就是在没有外界语言或者动作提示的情况下，完全由儿童发起的主动性沟通的语言，分为主动肢体语言和主动口语表达两类。由于大多数孤独症儿童伴有较长时间的情绪紧张现象，这严重制约了他们的身心发展。虽关于孤独症儿童各方面障碍的研究已经开展了几十年，但在语言和认知方面，在情绪方面，以及情绪与语言的关系方面的研究却相对较少。

本文从孤独症儿童的情绪状态入手，研究孤独症儿童情绪放松的有效方法，以及在情绪放松和情绪紧张两个维度下，他们的主动肢体语言和主动口语表达有哪些相应的变化。

一、研究对象、内容、方法和过程

（一）研究对象

皮皮（化名），男，3岁。北医六院诊断其为孤独症患者。笔者在一次访谈和前两次观察中，发现其具体表现如表1所示：

表 1 皮皮平日的情绪状态和语言沟通能力调查表

平日情绪状态	一般情况下，表现出典型的孤独症症状，如不理睬人，莫名地发笑，容易发脾气；在遇到不喜欢的事或困难时易放弃，需要不断地奖励，并要不断地以变化活动的形式以吸引其注意力；在从事某项喜欢的活动时也能坚持较长的时间
	常常出现龇牙、面部肌肉紧张等情绪紧张状态；当需要得不到满足时，会出现哭闹、双手握拳打自己头、双拳互打、用头撞墙等自伤行为；还会出现打别人头、拉身边人的头发等攻击性伤害行为
	对于环境变化和人员变动，并没有明显的反应
语言沟通能力	不具备阅读文字符号的能力，但比较喜欢看报纸，或者药盒上的字；对口头基本用语的理解较好
	不具备口头的交流能力，只能重复简单的单音，或发出无意义的音节；肢体表达为主要的沟通手段；主动表达非常少，且多为食物需求

（二）研究内容

本文主要运用个案研究的方法。在情绪放松训练前后对个案的父母进行访谈，并在情绪放松训练前后对个案进行情绪状态和语言能力的前、后期观察和记录，从而比较个案处于两种不同的情绪状态下的主动语言表达情况，以便进一步探讨情绪放松对于孤独症儿童主动语言表达的影响，以及孤独症儿童情绪放松训练的有效方法和作用。

（三）研究方法

1. 观察法

观察和记录皮皮在情绪紧张时的表现和他当时主动语言表达的情况；观察和记录他在情绪放松训练后，即情绪放松时的表现和他当时主动语言表达的情况。观察分为两种，即结构式观察和非结构式观察。结构式观察就是事先设计好观察的内容和项目，制作有关的观察表格，严格按计划进行实际观察、做好记录的一种有明确目标体系并且系统进行的研究方法。在本研究中，收集皮皮的情绪表现和主动语言表达的材料时主要采用的是结构式观察。

2. 访谈法

分别在干预训练前后对皮皮的母亲和保姆进行访谈，了解其近1周内的情绪状态和主动语言的变化情况，以验证主动语言增加的程度，并在训练结束3个月后进行追踪访谈，以了解他的情况。

（四）研究过程

本次研究共分为三个阶段：

第一阶段（观察期）：对个案的情绪和语言状况进行前期观察、访谈、评估，并制定个别化教育计划。召开个别化教育计划会议，与家长共同商讨计划的准确性和可操作性。

第二阶段（干预前期）：对个案进行情绪放松训练，观察并记录个案的情绪和语言状况，以便进行进一步的分析和整理。

第三阶段（干预后期）：对个案进行情绪放松训练，并在情绪放松状态下加强主动语言表达的训练。同时观察并记录个案的情绪和语言状况，以便进行进一步的分析和整理。

二、结果与分析

（一）本研究中个案的情绪变化情况与使用的方法

表2是情绪放松训练前后皮皮的情绪状况。龇牙、面部肌肉紧张等面部表情紧张的现象，在第二阶段没有再出现；在第一阶段，皮皮的拍手、跺脚、双手握拳拍打自己头、拍打墙面或桌面、两拳互打、激烈地上下晃动等类似于发脾气或者发泄的行为明显增多，但随着情绪放松训练的进行，在第二阶段，个案的这些发泄行为逐渐减少。人只有在情绪放松下，或对熟悉的人才会发脾气。孤独症儿童接受陌生人、新事物的能力较弱，在短短的几次情绪干预后，皮皮就表现出对我们的喜爱，甚至对我们发脾气的行为，从另一个角度也说明在情绪放松训练下，皮皮的情绪基本处于放松的状况，所以在我们面前才会有发脾气的行为反应。随着情绪放松训练的深入，第二阶段皮皮仅出现了8次情绪紧张的肢体动作，说明本研究所采用的情绪放松方法较适合于皮皮的情况。

表2 干预训练前后的情绪状况表

	表现形式	出现阶段	频率
面部表情	龇牙、面部肌肉处于紧张状态	第一阶段	4次
	龇牙、面部肌肉处于紧张状态	第二阶段	0次
肢体动作	拍手、双手紧握成拳、跺脚、双手拍打墙面或桌面	第一阶段	12次
	双手握拳，拍打自己头、两拳互打、上下晃动	第二阶段	8次

（二）情绪放松的方法

本研究中，情绪放松训练一直贯穿于始终，表3是皮皮情绪紧张时的具体表现、处于紧张的情绪状态所采用的情绪放松的训练方法，以及皮皮情绪放松后的行为表现和主动语言表达状况。

表3 情绪放松前后的行为表现和语言状况表

情绪紧张的表现	情绪放松方法	情绪放松后的行为表现	情绪放松后的主动语言情况
龇牙、面部肌肉处于紧张状态	赏识的语言安抚、背部和头部的抚触按摩	面部肌肉逐渐松弛，不再龇牙	发"啊"音
拍手	食物给予	立刻微笑	发"1、2、3"等音
双手紧握成拳	食物给予，赏识的音乐性语言安抚，背部和胸部的抚触按摩	微笑，双手放松，拿食物吃	发"鹅、鹅、鹅"等音
跺脚	忽视，用游戏转移注意力	逐渐停止跺脚，并望我们这边看，我用米搓他的手，他又笑了	发"1、2""玩""好的""踢""卖汤圆"等音
双手握拳，拍打自己头	赏识的音乐性语言安抚，背和胸部的抚触按摩	停止拍打头部、看着我，和我互动；停止拍打、渐趋平静	发"啊""爸爸""玩""来""拿"等音
双手拍打墙面或桌面	赏识的音乐性语言安抚，背部、胸部和上肢的抚触按摩	停止拍打、渐趋平静	发"我要""鹅鹅鹅""阿姨的呀"等音

（续表）

情绪紧张的表现	情绪放松方法	情绪放松后的行为表现	情绪放松后的主动语言情况
双手握拳，两拳互打	满足其对食物的需求，对腹部和下肢进行抚触按摩	停止拍打，专心吃食物	发"噜噜噜"等音
双手握拳，上下晃动	抱着他，边拍边唱摇篮曲	停止握拳晃动，闭上眼睛睡觉了	—

通过表3可以看出，通过情绪放松训练、龇牙、面部肌肉紧张、双手握拳、拍打自己头或墙面等现象，都在不同程度上有所改善。在情绪放松训练后，处于情绪放松状态下的皮皮，出现了更多的主动语言。本研究主要运用的情绪放松方法除了少数使用的食物满足外，还有以下一些方法。

1. 游　戏

游戏是学龄前儿童主要的生活和学习方式。儿童就是在游戏中生活，在游戏中学习，并在游戏中成长的。20世纪60年代以来，各国教育心理学家在对儿童发展规律的研究中，对游戏教育提出一致看法：幼儿期蕴藏着丰富的发展潜力，这些潜力可以在游戏中挖掘。普通儿童在游戏中可以锻炼思维能力、语言表达能力、沟通能力等。游戏对于孤独症儿童的影响也如此。容易参加和操作、有趣味性的游戏同样可吸引孤独症儿童的兴趣。因为个案的感知觉较迟钝、不爱运动，兴奋度较低的特点，所以以运动类的游戏为主，如大龙球的系列游戏、米粒游戏、搓汤圆游戏、挠痒痒游戏、歌曲互动游戏等。游戏的运用，在很大程度上调动了个案的兴趣和参与度，使他在游戏中经常是笑声不断。

2. 赏　识

人除了有生理需要外，还有更高层次的社会需求。被赏识是人心灵深处最强烈的需求，而赏识教育的实质就是承认差异，尊重差异，成功来源于不怕失败。孩子第一次摔倒了，教育者要坚信他能无数次地站起来。访谈结果显示，个案曾出现过充满自信的炫耀现象，但是随着一次又一次的失败体验的逐渐累积，个案的自信心已显现出逐渐降低的趋势，对陌生人的恐惧、对新事物的排斥、失败了就大发脾气等行为，严重影响个案的身心发育。赏识包括赏识性的语言和表情动作。在干预训练中，口头的鼓励、称赞的表情、温暖的拥抱、真心的吻等一些表示赞扬、赏识的举动，即使是孤独症儿童，也能体验到"情"的可贵，看到不孤独的曙光。

3. 抚触按摩

抚触按摩是指通过对个案的皮肤各部位进行有规律、有次序的抚触，让大量温和的良好刺激通过皮肤的感受器传达到中枢神经系统，从而产生良好的诸如放松、平静等生理效应。国内外医学研究证实：坚持对儿童进行专业的抚触按摩，有以下好处：（1）抚触按摩可以刺激淋巴系统，增强抵抗疾病的能力，改善消化系统，增进食欲。（2）可以抚平不安的情绪，减少哭闹和应激反应，加深睡眠深度，延长睡眠时间。（3）可以促进交流，令儿童感受到爱护和关怀，有利于智力发展和情商的提高。抚触按摩分为头部、胸部、背部、腹部、上肢、下肢按摩等。在本研究中发现当个案处于情绪紧张状况时，采用抚触按摩，对个案情绪的放松具有促进作用。但要注意抚触不是一种机械的运动，它是由按摩者和儿童协作完成。抚触传递着疼爱和关怀，是一种情感的交流，会给儿童和教育者带来相互的欢愉和健康，能进一步加深两者间的感情。如果发现儿童有任何不舒服，请立即改变抚触的手法或者停止按摩。

以下简单介绍本研究中所采用的抚触按摩方法。

（1）头部按摩：轻轻按摩头部，并用拇指在上唇上画一个笑容，并用同样方法按摩下唇。

（2）胸部按摩：双手放在身体两侧肋线，右手向上滑向左肩再重复，左手以同样方式按摩。

（3）腹部按摩：按顺时针方向按摩。

（4）背部按摩：双手平放于背部，从颈部向下按摩，然后用指尖轻轻按摩脊柱两边的肌肉，再次从颈部向底部迂回运动。

（5）上肢按摩：将双手下垂，用一只手捏住其胳膊，从上臂到手腕轻轻扭捏，然后用手指按摩手腕。另一只胳膊以同样手法按摩。

（6）下肢按摩：对儿童的大腿、膝部、小腿进行按摩。从小腿至脚踝轻轻挤捏，然后轻拍脚踝和足部。

按摩并不一定要受过专门的按摩训练，在操作时以达到儿童的舒适感受为主。研究中发现此种方法对缓解孤独症儿童的紧张情绪起着积极的促进作用，但要因人而异地使用。

4.音乐性语言交流

音乐性语言交流即用有旋律感的语言来表达意思的交流方式。众所周知，音乐能直接震撼人的心灵，可以很轻易地影响人的内心。有研究显示：音乐对于孤独症儿童同样具有令人惊讶的沟通作用。在和个案的交流中，采用的是轻松、活泼的音乐曲调。如《拍手歌》《你好歌》《一条鱼》《摇篮曲》等儿童歌曲。操作时把要说的话用歌曲的方式呈现出来，如询问时，用拍手歌"假如你要同意你就拍拍手，××"，然后静静地等待，如果过了10秒儿童没有反应，就再重复。这样做不仅提高了儿童的注意力和兴趣，还调动了儿童学习使用语言的积极性。此外，音乐还可以起到平静心情的作用，儿童发脾气或情绪紧张时，舒缓的带有音乐性的语言安抚，往往起着意想不到的效果。

这里所列的情绪放松的方法不能和具体的情境割裂开来，不同的情境，使用不同的情绪放松方法，并把情绪放松的方法进行随机配合，才能在最短的时间内使个案的情绪逐渐趋于平静。在操作时，难免会遇到挫折、儿童的情绪和语言状况也会受到外界因素的干扰而出现反复、退缩等现象。教育者此时要尽量以平和的心态来面对儿童，步步深入，相信可以做到更好。

（三）情绪放松后皮皮的主动语言表达的研究结果

从表4可以看出，随着情绪放松训练的进行，第一阶段中，主动肢体语言共出现17次，主动口语表达共出现1次。主动肢体语言明显多于主动口语表达的次数。第二阶段中，主动肢体语言共出现65次，主动口语表达共出现66次。主动口语表达略高于主动肢体语言的次数。这种现象一方面和皮皮的语言水平有关，另一方面也显示了情绪放松的有效性，以及情绪放松对孤独症儿童主动语言表达的促进作用。从主动肢体语言的次数来看，第二阶段和第一阶段相比，次数增长幅度较大。从主动口语表达这个角度看，在第二阶段有了迅速的增长。这一方面说明情绪放松下的语言训练效果提高了，另一方面也体现了人类语言进化的方向，随着人类的进步，肢体语言将渐渐被取代，口语作为一种更适应人类发展的语言形式出现，并迅速显示出它的优越性。主动口头表达逐渐多于肢体语言表达也是人类进化、适应社会的一种必然趋势。

表4　情绪放松后皮皮的主动肢体语言和口语表达情况表

\multicolumn{4}{c|}{主动肢体语言表达}	\multicolumn{4}{c}{主动口语表达}
目的	表现形式	第一阶段频率	第二阶段频率	目的	表现形式	第一阶段频率	第二阶段频率
吃食物	拉我的手指走向冰箱、橱柜等放食物的容器	7次	10次	吃食物	"啊""爸爸""玩""来""拿"等音	1次	16次
运动类游戏（玩混合米、拉锯游戏、律动互动、挠痒痒、藏猫猫、大龙球等）	伸手去接或拍米粒，趴下把胳膊伸向我，躺好举腿并笑着看我，弯腰跪下并哈哈笑，拿毛巾盖住自己，躺好并举腿准备蹬大龙球	9次	32次	运动类游戏跳（大龙球、卖汤圆、玩飞机、挠痒痒）	"123""12""玩""好的""踢""卖汤圆""爸爸再见"	—	29次
情感类表达	摸我的脸道歉，关门不让阿姨进来，双手摸我的胳膊，伸开双手，让我抱他睡觉	1次	8次	情感类表达（高兴、不乐意）	"阿姨""噜噜噜""鹅鹅"	—	8次
认知类行为	握住我的手指，一个字一个字的给他读报纸，图书或明信片	0次	15次	认知类行为（语音互动）	"我要""鹅鹅鹅""阿姨的呀"		13次

（续表）

主动肢体语言表达				主动口语表达			
目 的	表现形式	第一阶段频率	第二阶段频率	目的	表现形式	第一阶段频率	第二阶段频率
总 计	主动肢体语言	第一阶段17次	第二阶段65次		主动口语表达	第一阶段1次	第二阶段66次

表5中，随着情绪放松训练的进行，情绪紧张的现象在逐渐减少，面部的紧张表情在第二阶段就已经不再出现，同时第二阶段情绪紧张的肢体动作也减少近一半，这在一定程度上说明本研究中所采用的情绪放松的方法是适用于皮皮的。随着情绪紧张行为的减少，在第二阶段中，不管是主动肢体语言交流还是主动口语表达都出现明显增多的趋势，尤其是主动口语表达，皮皮由最初的只能重复简单的单音，到后来可以发出"玩""踢""好的"等语言与我们交流，可谓是质的飞跃。更可喜的是皮皮在训练中出现的五次瞬间性语言，如"爸爸再见""好的""卖汤圆""123""我要"，虽然发音极快速，也不是很清晰，但这同样是对我们教育教学的最大鼓励。本研究中，情绪放松的状态在一定程度上促进了主动语言的发展，皮皮在情绪放松时出现了更多的主动性语言表达。

表5 情绪训练中第一阶段、第二阶段的情绪和语言的状况

具体表现	情绪紧张的表现		主动语言情况	
	面部表情	肢体动作	主动肢体语言交流	主动口语表达
第一阶段出现频率	4次	12次	17次	1次
第二阶段出现频率	0次	8次	65次	66次

三、结 论

在干预训练前期，经访谈儿童的家长和保姆，发现个案的情绪容易紧

张，多表现为面部和肢体上的紧张状态，在此种情绪状态影响下，个案的主动语言表达非常少，仅有的几次主动肢体语言都为寻找食物。在情绪放松第一阶段，皮皮面部紧张表现较少，类似于发泄性的肢体动作的紧张表现则明显增多，随着情绪放松训练的进行，第二阶段的紧张表现比第一阶段明显减少。面部紧张状态已减少为零，肢体动作紧张表现也有了明显减少。这一方面表示我们与儿童建立了较亲密的关系，另一方面也验证了情绪放松训练的有效性。在情绪放松的状态下，皮皮的主动语言明显增加，第二阶段与第一阶段相比，主动肢体语言增长近3倍，主动口语表达则由1次增长到66次，这些结果说明情绪放松促进了主动语言的发展。主动干预训练结束一周后的访谈显示，个案的主动肢体语言和口语表达都明显增加，且儿童出现主动拥抱、亲吻的现象，也验证了情绪放松对皮皮主动语言表达的促进作用。

笔者在研究结束3个月后再次进行访谈，发现皮皮出现了退缩行为。从这点我们得到的经验是：情绪训练应长期或者跟踪进行，短期的情绪干预对儿童的帮助是有限的，从长远发展的角度来看也是不利的；另一个很重要的教训就是，与家长沟通、交流的较少，交接过程做得不充分，从而导致在教育者退出训练时而出现的反复、退步现象。

参照上一阶段教学中的结果与教训，对皮皮下一阶段的教学，有如下的建议：（1）继续情绪放松训练，同时在出现良好结果时，也要进行跟踪训练，以进一步巩固训练的成果。（2）对家长进行培训，多与家长进行沟通。最好的方式是教育者对家长进行培训，由家长来进行情绪放松和语言训练，教育者在旁观察、指导。（3）家庭尽量提供良好的语音刺激，可多采用儿童感兴趣的音乐性互动方式。（4）加强游戏的作用，不断转换游戏的模式。（5）同时加强语言训练，进一步引导发音、讲话。

对孤独症儿童进行教育，创设轻松的学习氛围，选择易操作、有趣味性的游戏，教育者温柔的鼓励以及音乐性语言的良好环境，让个案在不知不觉中加入了我们的活动，我们一起互动、游戏、学习。这种有压力下的学习更有效果，更快速，也更有出人意料的结果。研究中所采用的观察记录手段较落后，应进步改进观察记录的手段，例如使用录音笔等录音设备，如果有他人协助或使用录像设备，结果会更客观。由于本研究中操作者、观察记录者和作者是同一个人，所以整个过程或结论难免会有些主观臆断，记录结果难免会有遗漏之处。此外，由于本文是个案研究，此研究结果仅能保证对本个案是负责的、适用的，针对于其他孤独症儿童，其方法的可行性还需各位研究者的验证。由于观察条件、训练时间等客观因素的限制，以及笔者的水平有限，本文尚有不完善之处，恳请指正！

参考文献

[1] 孟昭兰. 情绪心理学 [M]. 北京：北京大学出版社，2002.

[2] 孟昭兰. 体验是情绪的心理实体——个体情绪发展的理论探讨 [J]. 应用心理学，2000（2）：48-51.

[3] 乔建中. 情绪研究：理论与方法 [M]. 南京：南京师范大学出版社，2003（6）：11.

[4] 马春亚. 0-3 岁幼儿情商发展与培养 [M]. 上海：上海科学技术出版社，2005（5）：60-64，78-81.

[5] 黄河浪. 成功潜能开发核心教程：情绪 [M]. 海口：海南出版社，2001（11）：84.

[6] 蔡秀玲，杨智馨. 情绪管理 [M]. 合肥：安徽人民出版社，2001（2）：8-10.

[7] 石林. 情绪研究中的若干问题综述 [J]. 心理学动态，2000（1）：37-42.

[8] 李燕. 幼儿情绪智力的发展与培养 [M]. 北京：中国轻工业出版社，2002（12）：5-7.

浅谈舞蹈在培智教学中多元智能的培养

张 倩

【摘要】 在舞蹈教育中，舞蹈智能的发展对于音乐智能和身体智能的发展有着不同的作用，而对于自我认识智能和人际关系智能的影响更为显著。针对智力障碍学生的特点，根据智力整体发展的需要，使舞蹈真正成为学生表达和抒发内心感受的媒介，成为康复训练的有利辅助，使缺陷得到有利的补偿，使优势得到充分发展，对学生的成长具有深远意义。

【关键词】 舞蹈 多元智能 培智教学

美国心理学家加德纳曾在20世纪80年代提出一种理论，即关于智能发展的重要理论——多元智能（MI）理论。他认为，人的智能是多方面的，包括各种不同的领域：语言智能、空间智能、身体智能（包括舞蹈）、音乐智能、人际智能等。这些智能虽然具有相对独立性，但在人们的实践活动中常常是结合在一起发挥作用的，很少有某种智能会被人单独使用。这些智能在发展过程中，是互相影响、互相渗透的。在教育中，一方面，根据每个人能力发展的独特的优势领域和弱势领域有针对性地进行培养；另一方面，改变传统学科以特定的智能发展为目标的分工培养模式，要以围绕发展多元智能的整体目标来设计和实施教学内容。加德纳的这一理论不仅在心理学界产生深远的影响，也在教育实践领域引起强烈的反响，在各门学科教学中都引发了许多新探索。最重要的是，这些探索都强调本学科促进其他学科发展的作用，同时注重通过与其他学科的渗透与结合，使本学科的能力得到充分发展。同样，舞蹈教育也不例外。

长期以来，我国舞蹈教育的价值曾被一些人低估和忽视。他们认为，舞蹈能力的培养是针对少数将来要专门从事舞蹈工作的人，而对于其他人来说只是点缀，没有进行专业培养的必要。但是从多元智能观来看，舞蹈能力也就是控制肢体完成复杂动作的能力，即身体运动智能，它本身就是一项重要的智能，是基础教育的一部分，舞蹈活动对多元智能的发展有十分积极的贡献。尤其对于智力障碍学生的康复训练、身心健康、个性品质等能力与素质的培养有很大的辅助作用。

一、舞蹈能力的提高对于其他学科的学习有促进作用

舞蹈智能的发展对于音乐智能和身体智能的发展也有不同的作用，而对于自我认识智能和人际关系智能的影响更为显著。有关专家认为：在舞蹈和舞蹈教育的诸多价值中，最重要的是自我认识和自我成长及与此相连的情绪体验。舞蹈教育可以发展学生的自我同一性和自尊心，扩展人们的表达力和影响力。

（一）舞蹈训练能够使学生的性格得到良好的发展

有的学生因在家中受到亲人的宠爱，或受生理因素的影响，在公众场合可能会有内向害羞、娇气、任性等情绪。而舞蹈是当众表演的，这种艺术活动有着现场即时进行人际交流的特点。在教学过程中，教师可以利用舞蹈的外向特征，激发学生进行富有表情的表演。通过参加排练、外出演出、集体活动，可以帮助许多学生克服性格内向、胆小害羞等心理。

参加艺术活动，能够开阔学生的眼界，增强他们的自信心，培养他们开朗活泼的性格。此外，舞蹈又是一门严肃的艺术，在训练过程中，学生自制、自持能力及品质都得到了锻炼和培养。因此，有些比较娇弱的孩子，经过刻苦的训练，他们的毅力得到充分的磨炼。特别是集体舞的排练，使学生的组织性、纪律性得到加强，消除了学生的个别特殊化心理，增强了学生的集体荣誉感。一个舞蹈节目能够演出成功，是大家共同努力的结果，它可以增强学生的集体向心力。按照学习迁移规律，在舞蹈排练中形成的集体荣誉感可以增强班集体、校集体，甚至一个民族、一个国家的集体荣誉感。

（二）舞蹈训练可以增强学生体质，改变学生的不良姿态，使其动作协调优美

在笔者所教过的学生中，有一些孩子原来曾有"驼背""抠胸""端肩"等不良习惯，因此笔者在舞蹈教育中常常注意提醒他们自觉地改变这种不良习惯。经过一段时间的训练，他们的这些习惯能够得到有效地纠正。受过舞蹈训练的孩子，从外在仪表、举止都有较突出的改善。这种形体特点，又会使他们自我感觉良好，充满自信，变得乐观，为他们以后得体地待人接物打下良好基础。经过舞蹈训练的学生，通常拥有挺拔向上的形体和大方活泼、开朗美好的气质，这有助于培养和提高学生的自信心，激发他们的自豪感。

（三）通过欣赏优秀舞蹈，可以提高学生的审美能力

舞蹈通过调动人体的动作、表情、姿态、情感、内心体验等多种心理和生理机能，为学生提供和构筑了多种情感的审美欣赏与审美创造空间。欢快、激情的舞蹈以其独到的寓教于乐的方式，可以潜移默化，使学生们热爱世间一切美好的事物，调整紧张的心情，释放内心的情感。深情、低沉的舞蹈可通过具体形象的理解，帮助学生通过感知和依靠表象来认识事物的心理特点。舞蹈动作是无声的语言，学生需要依靠丰富的想象和心灵的感悟去表现这些动作的内涵，而这些动作又能激发、启迪学生产生丰富的联想，开拓创造性的思路，从而引导学生感受生活，鼓励学生勇敢面对生活的挫折，帮助学生内心成长。因此，舞蹈在内质培养方面具有独特优势。

另外，在学习舞蹈的过程中，学生的记忆力、思维力、想象力、创造力等也可以得到锻炼，个性得到全面发展。

二、舞蹈与文学、音乐、美术等学科之间有着密切的智能关系

（一）舞蹈所表现的"诗情画意"，就是文学的意境

有些舞蹈作品是根据文学作品改编的。一部文学作品需要具备一定的文学素养才能展现其内涵，特别是诗歌的韵律美、修辞美、意境美，都可

以运用各种舞姿来表现。

舞蹈的肢体和文学中的语言都是人们自我表达的媒体，二者在起源时就是紧密相连的。同时，舞蹈可以帮助人们体会语言的节奏、情感和韵律，从而提升人们的语言智能。

（二）舞蹈与音乐的相通之处

人们所熟知"音乐是舞蹈的灵魂"说明音乐对舞蹈的重要性。学生在学习舞蹈的同时，也受到音乐的熏陶，从某种程度上讲，舞蹈也是解释音乐的一种方式。舞蹈创作是从音乐中去寻找舞蹈的"意象"，即随着音乐的乐句和节奏展开人体动作的画面，包括用动作和姿态上的点、线、形去表现舞蹈的表情、节奏和构图。一切乐曲都可以根据不同的处理而表现各种不同的意境，很多舞蹈在塑造艺术形象上都必须通过音乐才能将这种意境完整地表达出来。音乐作为时间艺术可以促发空间智能方面的的发展，譬如想象力和创造力，所以舞蹈智能和音乐智能是可以相互促进的。

（三）舞蹈与美术的关系

舞蹈与美术的关系主要体现在舞台美术上，其服饰、化妆、布景、灯光、道具是舞蹈作品中不可缺少的组成部分，美术的形象智能在这方面起着展现舞蹈作品所处时代、环境、人物身份及人物思想感情的作用，同时还具有推动舞蹈情节发展的作用。舞蹈以动态的画面来展示，而美术则用静止的造型构图来表达，灯光和道具的运用亦可以培养学生的创造思维能力。尤其学生对道具的使用，除了自身肢体动作的表演，对于道具的运用，从整体的造型效果，对学生处理静态、动态结合的视觉感知有很大的帮助。

（四）许多舞蹈活动需要集体参加

诸如双人舞、三人舞、群舞等，演员之间彼此的默契、和谐的配合非常重要，这样的体验有助于增强人们对于集体配合的认同，促进了人际关系和谐，从而提高人际智能。

三、舞蹈对智力障碍学生意志力的培养

针对特殊教育的特殊性，根据智力整体发展的思想，我们有必要对舞蹈教育的理念与方式进行重新审视，使舞蹈真正成为自己表达和抒发内心感受的媒介；成为康复训练的有力辅助，使缺陷得到有利的补偿。

在智力方面有一定缺陷的他们已经落后于人，身体素质也由于生理条件的影响受到很多阻碍，有的学生不能够剧烈运动，一些先天愚的学生患有先天性心脏病，平日里行动缓慢易疲劳，做动作总是比他人慢一拍。但是他们有着对音乐和动作的天性，使他们融入音乐和舞蹈中特别快，在排练舞蹈中针对这样学生的训练，给予他们的是更多的自由空间，舞蹈不仅是一种艺术同时也是一种有氧运动，舞蹈可以让他们在其中得到自由的释放，编排他们可以完成的动作和喜欢的动作，降低他们因为体质因素而带来的困扰，使他们在愉悦的状态下可以分泌更多的"内啡肽"（Endorphin）。内啡肽是一种使人愉悦的物质，也称"脑内吗啡"。内啡肽亦称安多芬或脑内啡，是一种内成性（脑下垂体分泌）的类吗啡生物化学合成物激素。它是由脑下垂体和脊椎动物的丘脑下部所分泌的氨基化合物（肽）。它能与吗啡受体结合，产生跟吗啡、鸦片剂一样有止痛和欣快感，等同天然的镇痛剂。

利用药物可增加脑内啡的分泌效果。英文"endorphin"是"endomorphin"的简化写法，"endo"有内在之意，而"morphin"则为吗啡的英文名称，故"endorphin"有大脑自我制造的类吗啡物质之意。它是归于药理学的范畴，并不是化学公式化。

今天，科学家已能很容易地测出内啡肽在大脑和脊髓中的数量和轨迹。内啡肽研究者、诺贝尔奖获得者罗杰·吉尔曼发现，人体产生内啡肽最多的区域以及内啡肽受体最集中的区域，居然就是学习和记忆的相关区域，因此内啡肽可以提高学习成绩，加深记忆。脿肽能够调整不良情绪，调动神经内分泌系统，提高免疫力，缓解疼痛。在内腓肽的激发下，人能顺利入梦，消除失眠症，并使人的身心处于轻松愉悦的状态中，让免疫系统实力得以强化。内腓肽可以对抗疼痛、振奋精神、缓解抑郁。内腓肽还能让人抵抗哀伤，掀起兴奋的波涛，让人创造力勃发、提高工作效率等。

融和育人，共享发展
北京市东城区培智中心学校教育探索与实践

当机体有伤痛刺激时，内源性阿片肽被释放出来以对抗疼痛。内腓肽还能让人充满爱心和光明感，积极向上，愿意和周围的人交流勾通。内腓肽可以帮助人保持年轻快乐的状态，所以内腓肽也被称为"快感荷尔蒙"或者"年轻荷尔蒙"。

在进行舞蹈训练以来，学生体质得到明显的提高，之前爬两层楼梯就要休息，现在能够连续爬三层都没有关系。第一次排练中需要每隔四五分钟休息一次，现在连续排练10分钟才需休息。身体素质的提高使学生的意志力也同样得到提升，让学生能够长时间的去做一些事情，意志力得到锻炼。此外，最重要的是意志力的提升，他们能够用积极的态度面对困难，在舞蹈的磨砺中，不怕苦不怕累的精神伴随着他们成长，在许多大型的演出和比赛中，他们不惧怕别人的眼光，总是能够从中找到快乐，并且一次次取得优异成绩。舞蹈不仅使他们得到身体上的锻炼，同时心理和精神上也得到了满足。

舞蹈中多元智能的培养是一项复杂的系统工程，但也是一个充满惊喜的过程。它所包含的几个方面不是孤立存在的，而是互相影响、相辅相成的，让学生全面地学习和投入一份学习过程中。同时多元智能对教师素质的要求也是非常高的，要求教师具备跨学科的知识和能力。这就要求我们开拓思路，提倡在教师之间形成跨学科合作教学机制，舞蹈教师也要进行其他学科的研究和设计，在教学模式上为学生的多元智能发展进行创新，使学生能够综合各种各样的信息进行学习和研究。

关于培智学校转介儿童的特征研究

闫 垒

【摘要】本文根据几种不同的教育安置模式，在查阅大量文献资料后，对比分析这几种模式下学生在各个方面的差异；并选择3名从普通小学转学到培智学校的轻度智力落后的学生作为研究对象，通过对他们进行系统的观察研究，分析出培智学校转介儿童在情感和兴趣等方面具有以下特征：从普通学校就读3~5年后再转校到培智学校的智力落后学生，虽然具有初步的概括能力，但是抽象思维、综合推理以及兴趣的维持方面都相对薄弱。但是在受到相应的关注以后，学生各方面的能力都有很大的增强，尤其是兴趣培养方面，具有很好的稳定性。

【关键词】智力落后　转介儿童

学校是学龄儿童在求学的过程中停留时间最长的地方，是他们最主要的成长场所之一。虽然现在智力落后学生在随班就读学校的课堂上与正常学生共享相同的教育资源，但所得结果是课堂上智力落后学生受到的关注较少，学习质量与正常学生相差甚远。而随着在普通学校就读年级的升高，智力落后学生跟进学习进度越来越困难，不少智力落后学生最后还是转校到培智学校就读。目前，有关培智学校转介儿童的特征研究少之又少，大多数研究都在讨论不同安置模式下的某一方面的智力落后学生的特征，或者一个安置模式下的某一方面的智力落后学生的特征。本文选取培智学校班级内3名曾就读普通小学的学生，对其进行瑞文标准推理测验、半开放式访谈以及观察等，着重对培智学校转介智力落后学生的特征进行个案研究。

一、培智学校转介儿童的特征研究

(一) 特征研究原因

智力落后的因素很多，任何生活上、社会上、心理上的有害因素都有可能对儿童的智力发展产生消极影响。而对于转介的智力落后学生，希望通过测验、半开放式访谈以及观察等方式，能够使我们更深入地了解他们的行为差异以及其他相关特征，为创造出更适合他们发展的环境提供重要依据。

(二) 特殊教育大力发展

《国家中长期教育改革和发展规划纲要（2010~2020年）》（以下简称《纲要》）第10章"特殊教育"中指出："特殊教育是促进残疾人全面发展、帮助残疾人更好地融入社会的基本途径。提高残疾学生的综合素质。注重潜能开发和缺陷补偿，培养残疾学生积极面对人生、全面融入社会的意识和自尊、自信自立、自强精神。"[1]《纲要》首次把特殊教育放到独立的章节中，充分体现了国家对特殊教育的重视。

(三) 教育的可能性

分析智力落后儿童教育的可能性，就是分析智力落后儿童发展的可能性。如果发展是一定的、必然的，那么智力落后儿童身心发展的程度、身心发展的特征研究就能够帮助我们去分析教育的可能性。只有了解智力落后学生的情况才能实行并制定更适合智力落后学生发展的做法，才能将国家对特殊教育的重视，落实于实际行动之中。

二、培智学校转介儿童研究的文献综述

(一) 关于智力落后学生不同的教育安置方式下的某一方面特征的研究

于素红、曾凡林对在培智学校就读、普通学校随班就读、普通学校特殊班级三种不同的教育安置模式下的轻度智力落后学生的人格特征进行比

---

[1] 国家中长期教育改革和发展规划纲要（2010~2020年）[EB/OL]. http://www.china.com.cn/policy/txt/2010—03/01/content_19492625_3.html, 2016.

较，得出结论：在普通学校随班就读的轻度智力落后学生除情绪稳定性、自我中心性、自我炫耀性和神经质这四种之外的其他人格特质都落后于在普通学校特殊班级、培智学校就读的轻度智力落后学生。[1] 张福娟、江琴娣、杨福义对轻度智力落后学生的心理健康问题进行了研究，对比了培智学校、随班就读的轻度智力落后以及普通学生的心理健康，研究得出结论：处于不同教育安置模式下的轻度智力落后学生心理健康水平有着显著差异，随班就读学生比培智学校的学生表现出较为明显的心理问题。[2] 其差异主要在学习上的焦虑、对人的焦虑、孤独的倾向、身体的症状、恐怖的倾向这五个方面。

（二）关于智力落后学生同一教育安置模式下的某一个方面特征的研究

张海丛、许家成等对培智学校的50名轻度智力落后学生的认知特点进行分析并得出结论：轻度智力落后学生完成语言任务要好于数字任务。[3] 轻度智力障碍学生的知觉广度很小，记忆普遍不佳，面对选择性任务，他们存在心理资源分配和任务协调的困难，需要调动更多的认知资源来应付。而智力落后学生的继时性加工过程要明显好于其他认知过程。王倩的研究中主要是智力落后学生在培智学校中适应学校的特点，研究提出，培养和提高智力落后学生的适应能力，学校扮演着重要的角色，发挥着很大的作用。崔芳芳的研究结果表明，在培智学校智力落后学生青春期行为特点上，智力落后学生青春期行为主要表现在老师与学生的交往、学习方法、与同伴之间的交往、生活自理能力和表现、生理行为等方面。[4]

---

[1] 于素红，曾凡林.三种不同教育安置模式中的轻度智力落后儿童人格特征比较研究[J].中国特殊教育，2004.

[2] 张福娟，江琴娣，杨福义.轻度智力落后学生心理健康问题的研究[J].心理科学，2004，27（4）.

[3] 张海丛，许家成，李长青，等.轻度智力障碍学生50名认知特点分析[J].中国学校卫生，2010，31（7）.

[4] 崔芳芳.培智学校智力落后学生青春期行为特点研究[D].沈阳：辽宁师范大学，2012.

三、本研究的核心概念及其解释

（一）智力落后

智力落后又称"智力障碍""智能不足"等，不同地域有不同的术语。到目前为止，智力落后还没有形成统一的概念。目前人们所比较认可的是美国智力落后协会提出的定义：智力落后是指"在智力功能和适应行为上具有显著的限制而表现出的一种障碍；所谓适应行为指的是概念、社会和实践三方面的技能；智力落后发生在 18 岁之前"。❶我国常用的智力落后的定义是全国残疾人抽样调查五类《残疾标准》中对智力落后的定义：智力落后是指人的智力明显低于一般人的水平，并伴有适应行为的障碍。尽管关于智力落后的定义国内外、各地域各不相同，但是在刘全礼编著的《智力落后儿童的特点与教育纲要》第一章第一节中提到，这些定义有两种明显的模式，这两种模式被他称为操作式定义和因果式定义。❷智力落后的操作式定义中的两个核心的并列条件：一是智力功能水平低于常态，二是社会适应行为有障碍或缺陷。智力落后的因果式定义为由于大脑器官的器质性损伤而导致的认知活动的持续障碍。

（二）智力落后学生随班就读

刘全礼认为，我国随班就读指的是："在普通学校的普通班级接纳一到两名（最多三名）轻度残疾儿童——主要是视力、听力、智力残疾儿童，使之接受特殊教育的一种特殊教育的组织形式。"❸本文中的智力落后学生随班就读是指在普通学校的普通班级接纳1~2名（最多3名）轻度或者中度的智力落后学生，让他们和普通学生一起学习、生活。

（三）访谈法

访谈是一种研究性的交谈，是研究者通过口头谈话的方式从被研究者那里收集（或者说"建构"）第一手资料的一种研究方法。访谈法是一种

---

❶ 王波，康荣心.智力落后定义的百年演变[J].中国特殊教育，2010，120（6）.
❷ 刘全礼.智力落后儿童的特点与教育纲要[M].天津：天津出版社，2008.
❸ 刘全礼.随班就读教育学资源教师的理念与实践[M].天津：天津出版社，2007.

对于心理和行为上的心理学基本研究方法。访谈法能够了解受访者过去的生活经历以及他们耳闻目睹的有关事件，并且充分了解他们对这些事件的意义解释；只有这样才能够使受访者感到更加有力量，因为自己的声音被别人听到了，自己的故事被公开了，因此很有可能影响到自身文化的解释和构建。

四、研究意义

（一）理论意义

近年来，有关智力落后学生的研究越来越多。综合查阅国内研究文献来看，有关智力落后学生的特征、发展的现状、原因、对策，以及教育安置模式的讨论比较多，从这之中又分出不同教育安置模式下的智力落后学生的特征比较，或者在一个教育安置模式下的智力落后学生的某一个特征的讨论。但是未转介的智力落后学生的特征相关研究，与已经转介的智力落后学生特征的相关研究，两者之间的比较能够使我们更深层次地理解从普通小学转学到培智学校继续学习的智力落后学生的相关特征。

（二）现实意义

单从2010~2013年的统计来看，智力落后学生在培智学校就读的人数从67 093人增长到92 870人。[1] 近年来新建的培智学校和原有的部分特殊教育学校从形式上变化为以智力落后学生为主要招生对象，那这么多智力落后学生中不只有一开始就从培智学校就上学的学生，更是有从普通学校转校过来的智力落后学生。

如果说目前培智学校比普通学校的随班就读条件优越，在能够更贴切地关注智力落后学生的特征并以他们的特征为基础去创造成长的环境，那么希望本文的研究成果能够丰富智力落后学生的研究领域，帮助学校为转介的智力落后学生创造更适合他们成长的环境。

---

[1] 兰继军,刘全礼,张银环.2013年我国特殊儿童基础教育发展状况[J].现代特殊教育，2015（6）：58-61.

五、研究过程与方法

（一）研究过程

在培智学校实习的过程中发现，班内的3名智力落后学生均是从普通小学就读了一段时间后转学到培智学校继续就读的。在明确自己的研究方向以后，笔者通过查阅一些相关文献去了解智力落后学生的特征、安置方式、随班就读等方面的现状，以确定研究的侧重方法。随后，获得培智学校的支持，同意对该校学生进行测验并上交相关证明材料，分发测验的家长知情同意书并得到同意后，对3名学生进行瑞文标准推理测验。而在对整个班级尤其是3名智力落后学生有了一定初步了解的前提下，笔者编制访谈的提纲，分别访谈3名智力落后学生。同时，因为在3名学生的班内实习，也为更详细地观察提供了良好的条件，所以通过随班听课、课间休息、参加各种活动等方面的观察，丰富本文的研究资料。最后，整理并提炼资料，分析转介智力落后学生的特征。

（二）研究对象

本文的研究对象为从普通小学中途转学到培智学校的3名轻度智力落后学生。3名智力落后学生所在的培智学校有9个教学班，3名学生在教学段的班级内就读。班级内共10名学生，3名女生，7名男生，都是走读生。

（1）圆圆（化名），16岁，独生女。6岁开始上学，五年级下半学期从普通小学转校到培智学校，在课上积极举手回答问题，对老师问的问题能够理解并且思考后回答。目前参加了学校的舞蹈、书法、美术等多个兴趣小组。每天放学自己回家。家里经济水平不高，爸爸经常出差，大概每月见到爸爸一次。妈妈智力方面有问题，在家全职照顾圆圆。

（2）蕊蕊（化名），14岁，独生女，有癫痫，精神方面也有问题。四年级下半学期从普通小学转校到培智学校，目前参加了舞蹈、二胡的兴趣小组。家庭成员分离，爸爸每天接送，爸爸精神方面有问题。在课上比较积极地举手回答问题，但有时候回答的不是题目所提到的内容。

（3）伊伊（化名），16岁，独生女，上过幼儿园，三年级下半学期从普通小学转校到培智学校，目前参加了学校的舞蹈、书法、美术、二胡等多个兴趣小组。家里的经济水平一般，家庭和睦。伊伊每天由爸爸接送，爸爸精神方面有问题，害怕与别人交流，妈妈在保险公司上班。伊伊与熟悉的同伴交流时音量适中，但是当她当众独自说话或者同老师说话表达自己的时候声音变小到需要凑上耳朵去听。在课上比较积极地举手回答问题，但是站起来后有时会忘记自己要回答什么问题，需要老师再次重复，然后再思考后回答。老师需要耐心地等待并且鼓励她大声地说出答案。

（三）研究方法

本文属于质性研究，主要的研究方法是访谈法和观察法。访谈法包括半开放式访谈和非正式交谈。半开放式访谈时，对3名学生分别进行了访谈，每次访谈的时间大概为10分钟。

1. 访谈法

访谈的主要内容包括个案在普通小学的就读体验以及在培智学校的就读体验，如同伴关系、师生关系、课业难度等。同时，在非正式访谈中，了解三名学生的生活习惯、兴趣爱好等方面的内容。

2. 观察法

通过随班听课、课间休息、参加各种活动、进行访谈以及进行瑞文标准推理测验的机会，观察并及时记录3名智力落后学生的同伴交往、语言神态、遇到难度问题时的处理方法等。

六、研究的结果与分析

（一）瑞文标准推理测验

1. 瑞文标准推理测验结果

圆圆，测试结果为中等智力水平。测试时长34分钟，60道题目中，总分为44分。A组得分10分；B组得分9分；C组得分9分；D组得分11分；E组得分5分。

蕊蕊，测试结果为智力水平中下。测试时长36分钟，60道题目中，总分为39分。A组得分8分；B组得分10分；C组得分9分；D组得分10分；E组得分2分。

融和育人，共享发展
北京市东城区培智中心学校教育探索与实践

伊伊，测试结果为智力水平中下。测试时长45分钟，60道题目中，总分为36分。A组得分10分；B组得分11分；C组得分6分；D组得分7分；E组得分2分。

在分别对3名转介的智力落后学生进行瑞文推理测验后，整理分析3名学生的测验结果以及每一组的得分。3名学生均在E组错误最多。

测验结果分析：从瑞文标准推理测验结果中，圆圆的总分最高，错误最多的组别为E组，也就是说圆圆在综合思维与想象、多级变换、相互制约的洞察与判断能力、抽象推理能力上相对于分析概括、判断想象要弱。蕊蕊的总分在3人之中排名第二，错误最多的也为E组，不同的是，蕊蕊在E组中正确的题目为2个，远远低于圆圆。伊伊总分得分最低，C、D组得分显现出她在分析概括、抽象推理上能力较差，伊伊E组题目得分同蕊蕊一样，其能力也是也是弱于圆圆的。传统上我们把思维一直定义为人脑对客观现实的概括、间接的反应，实际上也就是思维中最高级的抽象思维。抽象思维是以概念、判断、推理的形式进行的思维活动。对于儿童来说，只有在具备直觉行动思维、具体形象思维能力之后才会获得抽象思维能力。在普通小学的学习中，随着年级的升高，小学生的数学推理能力在不断地提高。研究表明小学四、五年级是学生数学推理能力的一个关键期。❶数学推理能力的提升还体现在课本上，从低年级开始慢慢地渗透。这符合儿童发展的一般表现——儿童的发展是一个既连续又间断的过程。在被测试的3个人中，圆圆为五年级下半学期转校到培智学校就读，蕊蕊为四年级下半学期转校到培智学校就读，伊伊为三年级下半学期转校到培智学校就读，从这个角度再去分析圆圆、蕊蕊、伊伊的瑞文标准推理测验的结果，我们是不是可以推论：智力落后学生在普通小学习得的推理思维，在他们转校到培智学校后，依旧能够帮助他们解决自己所遇到的问题？3名智力落后学生在不同的年级转校，所以习得的能力的层次区别，体现在瑞文标准推理测验结果上。

---

❶ 王小宁. 小学生数学推理能力发展的研究［D］. 南京：南京师范大学，2013.

2. 瑞文标准推理测验过程观察

在分别对3名转介的智力落后学生进行瑞文推理测验的同时，笔者也分别对3名学生的答题过程进行了观察。

（1）圆圆：当我把圆圆带回教室准备做测试时，正好是刚下课间操，马上就要上第三节课。班内的其他孩子已经排队去别的教室上体育课。圆圆情绪平和，精神充沛。到了班级内很自然地走到自己的位子上坐好。她的书包挂在椅子上，当我把测试工具拿出来时，她看到了一堆纸就回过身取出自己的铅笔盒。随后我把测验题目扣在她的桌子上，尽量表现得平和一些，别太严肃。边发下答题卡边按照施测者的话语讲解答题要求。讲解完成后，我顿了几秒，等待她说出疑惑，但是她没有，只是点头并拿好了手中的笔。我说开始后，圆圆便安静地在自己的位子上答题，直到答完所有的题目。答题期间，我观察到她能够理解并按照我的要求使用答题纸。圆圆在做前三组的题目时，只用了15分钟，随着后边的题越来越难，她的速度越来越慢。在最后两组题目的回答记录中，她会先空着自己觉得比较难，不会做的，直接做下一道题目，随后再回去补未做完的题目。在答题达到末尾的时候，下课了，楼道里时不时地会传来交谈的声音，但是圆圆表面上依旧在安安静静地答题，我看到她快做完了便提示道："写完了以后请示意我，告诉我一声。"当圆圆做完所有的题目后，便出声说："我做完了，老师"，随后把自己手中的多张题目纸按顺序整理整齐放在桌子上。我把所有的测试纸和答题纸收好。而圆圆则把自己的文具收好，站在位子旁等待接下来的指令，于是我根据班主任的要求让她回去上体育课。

（2）蕊蕊：当我准备对蕊蕊做瑞文标准推理测验时，依旧是第三节课，其他学生不在本班上课，蕊蕊直接被班主任留在了班级里。在我进到班级里的时候，她手里攥着一块卡通的橡皮，坐在自己的位子上，一看到我就说："老师你今天真美啊！"（蕊蕊见到女老师、女同学就会说："你今天真美！"）随后预备起身来到我身边想要和我玩。我下达指令让她回到位子上坐好，她虽然有些不情愿但还是回到了座位上。她的精神有一些紧张，眼睛一直看着我的动作，我尽量缓和我的语气，把测验工具扣在她的桌子上，并下发了答题纸。她看到有答题纸便回身从放在位子上的书包里拿出鼓鼓的铅笔盒。随后我开始按照施测者的话语讲解答题要求，她拿出一支铅笔便开始答题。过了1分钟，我上前观察蕊蕊的答题情况，发现她并没有按照答题纸的要求进行答题，于是我用食指指着答题纸的纵列以及题目上的序号重新讲解答题要求。在她明白了以后我便伸手从她的铅笔盒里拿出一块橡皮准备让蕊蕊擦掉写错地方的答案，她坚决不，一定要用自己手里的橡皮擦拭。蕊蕊擦拭完成后，只记得几道题的答案，其余的答案在誊写的过程中看了擦剩下的印记。在答题顺利进行以后，我便在一米以外的地方站立。在答题过程中，C、D、E组都出现了不会的题目先空着，之后在做到一半时回去补空的现象。在答题到末尾的时候，我提示道"写完了以后请示意我，告诉我一声。"蕊蕊做完以后，把答题纸举起来冲着我"嗯"了一声，示意我她做完了。随后就收起自己的铅笔盒和多块橡皮，坐好等着我。我把凌乱的多张题目纸整理后便让她在自己的座位上休息准备下课。

（3）伊伊：午休以后我带着伊伊回到自己的班级，当时没有课前的广播时间，可以直接进入兴趣小组上课。我和她一起进入班级后，她看了一眼我手中的材料，回座位时直接蹲下从挂在椅子背上的书包里拿出了自己的铅笔盒，摆到桌子中间靠前的地方，随后安静地在座位上坐好等待我的下一步动作。我把测验工具扣在她的桌子上，并下发了答题纸。随后我开始按照施测者的话语讲解答题要求。在听我的要求的同时，她拿出一支带着水晶鞋吊坠的自动铅笔准备开始答题。在答题过程中我观察到，她能够理解并按照要求答题。每组的前几道相对简单的题目，思考的时间较少，写答案写的比较果断。每组的后几道相对困难的题目，伊伊思考的时间要长一些，犹豫不决的时候会抬头看看我抿着嘴微笑，或者晃晃手里的带着吊坠的自动铅笔，写答案的时候笔速明显变慢。在答题达到末尾的时候，我提示道："写完了以后请示意我，告诉我一声。"伊伊做完所有的题目后，只是抬头望着我，期待着我问她："写完了？"但是我没有及时地问她，而是等了一会，她看我没有说话便轻声地叫了我一句："老师。"然后我问她："你写完了？"伊伊声音小小地回了一句："写完了。"随后她把多张题目纸按顺序整理好后交给了我,收起自己的笔和铅笔盒,端正地坐在自己的座位上等待我的下一步指令。此时离放学还有10分钟,根据伊伊班主任的要求,我和她在班内一边聊天一边等待放学。

观察结果分析:在整个测验过程中,3名学生都能把注意力放在自己手中的题目上。下课铃声响起,学生只是抬头看看我然后继续低头答题。根据之前交流时得到的资料显示,普通小学的上课时间要比培智学校时间长。通过这次课上观察可以看出,3名学生在小学时均有多次参加考试的经验,在课上相对于班内其他学生,能够有更长时间的注意力。

(二)访谈资料分析

1. 圆圆:"没有什么朋友和我玩,张老师对我特别好""跟不上课才转学的"

圆圆五年级下半学期开学才从普通学校转到培智学校就读。当圆圆在被问及学校的同伴关系时,直截了当地说没有什么朋友和我玩。在被问及学校的老师对她如何时,她是这样回答的:"张老师对我特别好,嗯……但是也有不管的,就记得张老师对我特别好。"学校里边的同学一开始的时候还带着圆圆玩,但是渐渐地就不带她玩了,于是圆圆说自己现在并不是很喜欢小学,也记不得张老师的全名和长相了。

当我一点点地问圆圆为什么转学时,圆圆断断续续地和我说:"嗯……在小学有时候听不懂老师在讲什么","老师留的作业好多都不会做,嗯……后来跟不上课就转学了"。

在兴趣小组上,圆圆和伊伊、蕊蕊每天都一起参加舞蹈小组。经过观察,圆圆每节课都能精神饱满地跟随老师排练。她后来报名了每周五放学后的二胡亲子活动,并自己上二胡的课程,按照老师放学时的嘱咐关好二胡课程使用班级的门窗,然后放学回家。圆圆说:"我妈妈现在不接我,我自己回家。"

访谈结果分析:圆圆的兴趣爱好广泛。在平时的交流中笔者得知,圆圆喜欢星座,喜欢与芭比相关的动画等,并且会主动地去找相关的视频、书籍以及在QQ空间中发表关于星座的相关信息。对于她喜欢的事物,她能够维持较长的时间。在情感上，有被接纳和尊重的需要。

2. 蕊蕊："破学校一点也不好""老师好，温柔漂亮""我喜欢这个"

蕊蕊在四年级下半学期从普通学校转到培智学校就读。在整个访谈过程中，有的问题回答的并不是问题相关的答案，需要再次更细节的提问。在被问及学校的同伴关系时，蕊蕊说："没有人和我玩，我就自己玩，哼，气死他们！""破学校一点也不好，我不稀罕。"在被问及学校的老师如何时，蕊蕊说："老师很温柔呀，一个个都特别漂亮，天天哥哥老和我玩。"随后我紧接着问天天哥哥是谁，她就回答不上来了。后续我又去问了蕊蕊的班主任，得到信息说天天哥哥是蕊蕊亲戚家的孩子，因为住的近，小时候会一块玩耍。因为怕蕊蕊的回答是随口说出来的，在访谈的最后，我又换着问了一遍相关的内容，得到的回答是一样的。

在培智学校的兴趣小组中，舞蹈组作为每天稳定的兴趣小组，蕊蕊都会跟着去。根据观察，蕊蕊一开始每次去舞蹈兴趣小组并不一定会和同学们一起训练，有时候会以自己身体不适为由坐在一旁看其他同学训练，当自己喜欢学习的部分到了以后才会起身跟着同学一起做。后来，舞蹈小组外出演出的活动越来越多，她也就认真地参与到排练中来了。慢慢的即使没有舞蹈组的课，她也会主动地去跳舞。在开学初，学校就组织报名了二胡的亲子活动小组，蕊蕊当时直言："不要报名，不喜欢。"伊伊和圆圆都报名了每周五放学后的二胡亲子活动。几周以后，蕊蕊嘴里总是念叨着要去学习二胡，最后如愿以偿地参加了二胡的亲子活动，却不怎么认真地学习二胡，还和爸爸闹脾气，二胡亲子活动课上时间出教室坐在楼梯上哭泣，要让爸爸走。原话是："爸爸你滚出去！（出教学楼到外面——笔者注）我不要你在这！"慢慢地，她参加二胡的课程的次数就稳定了下来，且认真地学习。

访谈结果分析：蕊蕊的兴趣爱好并不如圆圆广泛，但是她的兴趣爱好有较好的稳定性，前提是校方给予合适的环境让她去发展自己的爱好。蕊蕊在同伴关系上并不能很好地处理。由于她患有癫痫，不能有太多剧烈的动作，外加精神状况不是很好，所以在小学就没什么同伴。她对朋友的需求是很大的，她会说好听的话哄人，当别人没听到自己说话时，会乱想自已做错了事惹别人不开心了时，就会找人哭诉。她比圆圆更渴望关注和鼓励。

3. 伊伊："感觉压力大""有的老师好""同伴一般"

伊伊在三年级下半学期从普通小学转学到培智学校就读。在问及她在小学学习生活如何时，伊伊告诉我说："嗯……就是……在小学感觉压力大，东西有的都学不会。"和圆圆蕊蕊一样，觉得学校里的老师有的好，有的不好。而在问及她与学校同伴之间的关系时，伊伊回答："嗯……嗯……一般……就是，就是以前的时候，她们，嗯……会和我一起玩游戏什么的，但是后来就不行了。"

在兴趣小组上，伊伊参加的兴趣小组比较多。在舞蹈小组里可以算是领舞，在二胡的学习上勤奋练习，能够独立拉出曲子参加节目演出，在布贴画等幼儿园的手工上也能出彩。同时，她还在老师的教导下学习书法、串珠、绘画。她的爸爸每次参加亲子活动都是在校门口等待，或者在伊伊身边坐下看着伊伊自己动手。

在访谈中伊伊最后和我说："嗯……在这个学校（指现在就读的培智学校）感觉挺好的，就是……有人陪我玩，嗯……老师也对我特别好，还能学好多东西……我喜欢！"

访谈结果分析：伊伊的兴趣爱好也比较广泛。在平时的交往中，她会主动练习二胡并在私下主动提出表演给我看。伊伊有着较强的情感依赖，容易对自己喜欢的、对自己温柔的人建立情感依赖，也更容易受伤。根据班主任的描述，伊伊在刚开始来的时候特别害羞，上课基本不回答问题。现在，她是课上回答问题的"主力军"，虽然在我看来，依旧是轻声细语，但是在班主任看来，已经比刚开始来的时候要能放开的多了。

七、研究结论

（一）转介的智力落后学生的兴趣能够有较好的稳定性

需要、动机和兴趣三者之间的关系是密切的。需要是动机产生的基础，也是兴趣产生的基础，兴趣和动机都是需要的表现形式。需要注意的是，虽然兴趣是动机的进一步发展，但是有动机不一定能够发展成为兴趣，相反，有了兴趣一定是有动机的。在访谈中，3名智力落后学生都反映，在普通学校的班级中，没有什么朋友，也不参加什么活动，个别老师比如班主任会对自己很好很温柔。蕊蕊甚至对自己的学校评价为"破学校"，可见，这3名智力落后学生在普通学校的普通班级中扮演的是一个什么样的角色。她们有学习的需要，有被尊重、被关注的需要。当她们到了培智学校以后，因为曾在普通小学就读过，有更好的知识储备、好的行为习惯而开始受到老师的重视和关注。培智学校提供了更适合她们学习的教学资源，再加上不同于普通学校班级老师的重视和关注，使她们产生学习的动机。在多种多样的兴趣小组参与的过程中，也为她们保持兴趣的稳定性提供了条件。

（二）转介的智力落后学生的情感需求强烈

这3位学生从普通小学转学过来以后，对同伴的需求表现的尤为强烈。基于在普通小学同伴较少的体验，她们到了培智学校以后，会积极主动地交往并维持同伴关系。同时，在与老师的相处中，她们会主动同老师聊天。当老师表达需要帮忙时，也会积极地帮忙。

（三）转介的智力落后学生能够维持较好的注意力

在这次的瑞文推理测验中3名智力落后学生都能把注意力放在手中的题目上，从而得出结论：转介的智力落后学生，因具备一定的知识储备、直觉行动思维和多次参加考试的经验，在课上相对于班内其他学生，能够有更长时间的注意力。

从普通学校就读3～5年后再转校到培智学校的智力落后学生，在思维上直观具体，具有初步的概括能力，抽象思维、综合推理能力薄弱。

八、结 论

本文首先选择3名从普通小学转学到培智学校的轻度智力落后的学生作为研究对象，通过采用访谈法和观察法对他们进行系统的观察研究，分析培智学校转介儿童的情感和兴趣特征等特征，得出以下结论：

（1）曾在普通小学就读过的学生，有更好的知识储备、行为习惯，基于他们本身具有学习的兴趣和需要，进入培智学校以后，再加上培智学校为他们提供了更适合她们学习的教学资源，以及培智学校老师更多针对性的关注，因此使得转介的智力落后的学生具有较稳定的兴趣爱好。

（2）转介的智力落后学生在普通小学同伴中比较孤立，情感需求得不到满足，进入培智学校以后，他们具有更多的同伴，他们也会更积极主动地建立并维持同伴之间的关系；同时进入培智学校以后他们得到了更多的关注，老师也会主动与他们聊天交流，会给予他们更多的关心。因此，转介的智力落后学生的情感需求很强烈。

（3）通过以上案例可以得出，转介的智力落后学生能够注意力集中地回答书写提问的问题，且能够很好地完成交给他们的任务。在普通学校就读几年后转介到培智学校的智力落后学生，具备一定的知识储备，直觉行动思维，在具备这些素质后才具有一定的概括能力、抽象思维和推理能力。

对于成人而言，尤其是智力落后学生的父母和老师，他们认为这些学生比正常学生的能力差，所以进行过多的保护，间接地让这些学生在生活中、学习中的适应水平低下，所以对这些孩子的态度以及认识也是影响智力落后学生的重要因素。因此，在普通学校就读过几年的智力落后的学生转介到培智学校受到相应的关注之后，在学生具备的知识储备下"因材施教"，相对而言会具有更高的素质和提高学生自身的综合能力。

参考文献

[1] 国家中长期教育改革和发展规划纲要（2010～2020年）[EB/OL]. http://www.china.com.cn/policy/txt/2010-03/01/content_19492625_3.html, 2016.

[2] 于素红, 曾凡林. 三种不同教育安置模式中的轻度智力落后儿童人格特征比较研究 [J]. 中国特殊教育, 2004（4）: 18-21.

[3] 张福娟, 江琴娣, 杨福义. 轻度智力落后学生心理健康问题的研究 [J]. 心理科学, 2004, 27（4）: 824-827.

[4] 张海丛, 许家成, 李长青, 等. 轻度智力障碍学生 50 名认知特点分析 [J]. 中国学校卫生, 2010, 31（7）:804-805.

[5] 崔芳芳.培智学校智力落后学生青春期行为特点研究[D].沈阳：辽宁师范大学，2012：34.

[6] 兰继军，刘全礼，张银环.2013年我国特殊儿童基础教育发展状况[J].现代特殊教育，2015（6）：58-61.

[7] 刘全礼.随班就读教育学资源教师的理念与实践[M].天津：天津出版社，2007.

[8] 王小宁.小学生数学推理能力发展的研究[D].南京：南京师范大学，2013.

[9] 周月霞.浅谈智力落后儿童的言语发展[J].中国特殊教育,2000（3）：59-61.

[10] 熊琪，王辉.我国智力残疾儿童随班就读研究的现状与反思[J].中国特殊教育,2011（12）：15-20.

[11] 郭海英，贺敏，金瑜.轻度智力落后学生认知能力的研究[J].中国特殊教育,2005（3）：45-48.

[12] 花蓉.弱智儿童思维特点与教育初探[J].江西教育科研，2001（6）：36-37.

[13] 杨德运，魏立平.对瑞文标准推理量表的分析[J].泰安师专学报，2000（3）：1-4.

[14] 李忠权，孔明，张厚粲，等.矩阵推理测验中的错误类型分析[J].心理科学，2010,33（3）:663-665.

附录：转介智力落后学生访谈提纲

1.你是几年级转到这个学校来的？
2.之前的学校（普通小学）怎么样？
3.在原来的学校里，和朋友都玩一些什么游戏？
4.在原来的学校里，老师怎么样？还记得最喜欢哪个老师吗？

5.在原来的学校里，老师讲的课跟不上时老师会单独辅导吗？
6.能说一说为什么转学吗？
7.你觉得现在这个学校（培智学校）怎么样？
8.在这里能跟上老师的课吗？

对于成年智力障碍学生
居家生活技能训练的初探

陈燕红

【摘要】为了让智力障碍学生能够适应社会，生存于社会、立足于社会，我们将学科特点与智力障碍学生的生活相结合，将认知的内容融入居家生活技能训练中，采用生活化的教学手段引导成年智力残疾学生学习生活。通过创设多种情境，寓教于乐，让智力障碍学生能够充分地学习和运用所学技能，并在实践操作中获得适应生活的经验，让他们学会独立生活，教给他们日常生活中的基本常识，提高智力障碍学生的生活适应能力。

【关键词】成年智力障碍学生　生活技能　实践活动　适应

简单的居家生活技能是成年智力残疾人进入社会的必要技能，对于智力障碍学生来说，生活自理问题是教师要解决的首要问题。居家生活技能的训练过程，其实就是将认知的内容进行结合，并在引导成年智力障碍学生学习生活的过程中，教给他们日常生活中的基本常识，让他们在实践中提高动手能力，开阔他们的视野，让他们能在自我照顾中找到满足感，学会独立生活，提高智力障碍学生的生活品质。

对成年智力障碍学生来说，让学习的重心回归到生活上的基本技能，是独立生活的第一要素。如果他们可以把自己整理得干净整洁，生活上的饮食、穿着、清扫、休闲活动等技能都可以独立完成，不必事事依赖家人的协助，就等于在适应社会的路上踏出了稳健的第一步。

一、确立生活化教学目标

教师为了让智力障碍学生能够适应社会，生存于社会、立足于社会，在教学中，需要将学科特点与智力障碍学生的生活相结合，采用生活化的教学手段，通过创设多种情境，寓教于乐，让智力障碍学生能充分地学习和运用所学技能，在实践操作中获得适应生活的经验，提高智力障碍学生的生活适应能力。

在对成年智力障碍学生居家生活技能的教育过程中，主要从以下几方面进行教育和训练：整理床铺、清扫技能、洗涤技能、简单的择菜、洗菜、古典诗词诵读等。

例如在学习整理床铺中，笔者就把教学分为多个实践活动课。利用有学生宿舍的条件，就将他们带到宿舍中进行如何铺褥子、铺床单、套枕套等生活自理能力训练。在学生动手操作过程前，老师先进行讲解分析，示范。然后老师再帮辅，围绕他们进行操作指导，以满足班级中不同学生的个体需要。同时和家长进行沟通，让家长们在生活中多让学生做一些力所能及的事情，特别是在自身问题的解决上多让学生自己动手。

在开展训练的过程中，要时刻注意教育的对象是智力障碍学生，很多时候需要老师想得更加细致周全。在进行清洗技能的教学时，要注意使用洗涤剂的安全常识；地面湿滑时要注意防滑倒等问题，出现类似问题时要及时处理解决，不能错过最佳的教育时机。不仅如此，在训练中的细节也要设想周到，比如"将衣服放入盆内，安静地等待浸泡5~10分钟"，这一目标的完成对于程度较差的成年智力障碍学生来说就有一定的困难，这时老师可以选用定时器为辅具，帮助他们控制时间。再比如"会搓洗领口、袖口等易脏部位"这一项时，对于成年智力障碍学生来说也不易完成，他们很难理解"怎样就是搓洗干净了"，这时候老师就规定他们要将领口、袖口等易脏部位搓洗10~15下，衣身等部位搓洗3~5下，来帮助他们达到目标要求。

通过实践教学，要从学生的实际出发，现实而科学地把教育训练的重点转移到智力障碍学生生活能力培养上来，让智力障碍学生真正地掌握劳动技能，提高素质，增强他们的自信心，为他们将来走向社会成为自食其力的劳动者打下基础。

二、开展生活化课堂实践活动

学生的成长需要他们自己体验，智力障碍学生尤其如此。只有亲身体验，才能获得真正意义上的东西。生活化教学就是要学生亲自体验，要体验就要实践。

（一）让学习由"接受式"变为"体验式"

在教学时要让学生主动参与实践机会，"先体验后教育"。老师要有意识地把书本知识和课堂教学、现场教学有机地结合起来。让学生在实践体验中主动找出问题所在，并在同学、老师的指导下解决问题。例如，教学清扫技能后，可以带学生到办公室进行训练，通过实践让学生感受到生活中处处都有可以学习的技能，提高学生自主学习意识和实际生活能力。又如，教学超市购物后，可以带学生到超市进行现场教学，教学生如何购买物品，通过每位学生亲自体验，让学生的记忆更深刻。

（二）完善生活化教学，使课内与课外相互开放、拓展、交融

例如教学择菜、洗菜时，为了使学生真正学习到位，老师带学生到学校食堂进行现场教学，从而让学生不仅懂得如何择菜，菜如何才算是洗干净，还能品尝到自己的劳动成果，更有效地激发学生的学习兴趣。

（三）在生活化课堂实践中，重视对智力障碍生自尊的保护，自信的培养

例如，学习超市购物时，带学生去超市购物，首先学存包，想到学生们已是成年人了，如果十几个一起进去，肯定会因笨拙的言语而引来异样的眼光，于是便把他们分成几个小组，轮流进超市学存包，让他们心情愉快，保护了学生的自尊。在自信的培养上，教师应基于中重度智力障碍学生差异的特点，做到个别化教学实践。需要指出的是：中重度智力障碍学生普遍缺乏独立活动的能力。为此，教师必需熟悉每一个学生的情况以及特殊性，有机实施教学实践，例如，结合清扫技能教学进行实践，把轻度智力障碍学生分为A组，中重度分为B、C组，实践的重点放在B、C组上，

让A组学生完成扫地，B组学生擦桌子，C组学生捡地上的纸屑放进垃圾筒，教室打扫干净以后，教师进行总结表扬，让同学们体会到自己能行，并不是什么都不会做，鼓励他们多参与活动，在实践中培养自信。

三、知识在生活中巩固利用

课堂气氛活跃宽松，能使智力障碍学生摆脱紧张压抑的情绪。对智力障碍者来说，其生理、心理都存在一定的特殊性。这种特殊性又决定着他们学习知识的主要意义是能够应用于生活，达到生活完全能够自理，甚至能够自食其力、完全融入社会生活的目的。在教学过程中，通过密切联系学生的日常生活，引导他们及时在生活中运用课堂上所学的技能，实现学以致用、巩固知识、培养技能、形成能力的目的，完成"行—知—行"完整的教育过程。例如：学习清扫技能、洗涤技能、简单地择菜和洗菜后，周末就要求学生根据课堂上学到的内容，结合学生各自的特点，回家帮父母做一些家务劳动：扫地、倒垃圾、洗碗、叠被子、择菜等；并请家长监督学生，及时进行表扬、鼓励，借此增加学生的自信心。在学习简单购物后，老师安排学生回家后在父母的陪伴下到商店或超市练习购物，借以复习、巩固、利用课堂上学到的知识。

四、和家长积极配合教育

（1）家长要以身作则，用自己的实际行动为孩子树立榜样。父母是孩子学习的榜样，父母的一言一行都对孩子产生潜移默化的影响。如夫妻回家一起动手做家务，把家里打扫得干干净净，家具摆列得整齐有序，创造一个舒适的家庭环境，让孩子在耳濡目染中身受教育。

（2）经常向孩子讲一些热爱劳动的故事、寓言童话，介绍劳动模范人物的事迹，使孩子产生爱劳动的欲念。

（3）经常分配孩子做一些力所能及的家务劳动，如择菜、洗菜，做简单的饭菜等，在劳动中加强指导，多鼓励，少责备或不责备。长辈也可以与他们一块去做，互相帮助，同甘共苦。家长要放手让孩子做自己的事，自己的衣服自己洗，自己的饭碗自己刷，自己的被子自己叠，自己的房间自己打扫等，培养其自理能力、生存能力，养成常劳动、爱劳动的好习惯。

（4）要尽力为孩子创造一些劳动机会和环境，让孩子做一些创造性劳动。如让孩子学会使用剪刀、刀、锤、钳、板手、镙丝刀等常用的劳动工具，也可以布置承包一两盆花木栽培的管理工作。

培养学生的劳动习惯，必须取得家长的支持与配合，老师应主动与家长联系，使家长认识到培养智力障碍学生爱劳动、会劳动的重要性，要求学生在家里做到自己的事自己做，并适当做些小家务，让其父母说说孩子多能干。老师还应经常和家长沟通情况，商讨好的教育方法，如此持之以恒。

五、多表扬少批评

每个人都喜欢别人称赞他，智力障碍者也不例外，他们甚至更喜欢听到别人的称赞和表扬。因此，在训练过程中要善于发现学生的点滴进步，及时给予表扬肯定，同时要讲究表扬的方法，不能一味地用枯燥的语言表扬，时间长了学生会失去兴趣无动于衷；可以利用小红花、五角星及食品对学生进行奖励。几种奖励方法交替使用，使激励机制更贴近智力障碍儿童的心理需求，调动学生的积极性。通过有目的、有计划、有步骤地对智力障碍学生生活自理能力的强化教育与训练，学生的生活自理能力是可以提高的，而且效果是极显著的。

总之，成年智力障碍学生居家生活训练是一个长期的过程，需要不断反复，不断强化。在训练过程中学生有反复性，需要教师有特别的爱心和耐心，具有高度的事业心和责任心去引领学生，监督学生。大家要共同努力，及早地对智力障碍学生进行居家生活的教育，培养他们成为自食其力的劳动者，也为他们将来的生活打下坚实的基础。

参考文献

[1] 北京市残疾人康复服务指导中心. 成年智力残疾人社区康复 [M]. 北京：华夏出版社，2009.

支持就业

Zhichi Jiuye

浅谈智力障碍学生职业技能的个别化教学

黄 琳

【摘要】在职业技能课的训练中进行个别化教学,其目的是在现有技能训练课堂中,尽可能地照顾到每个智力障碍学生的个别差异,并最大限度地满足每个学生特殊教育需求,使其能获得各取其需、各尽其学、并各有所长的学习效果。这就需要教师深入了解学生特点,制订个别化培训计划,并灵活运用培训方法,以达到促进个别化教学的目标,使智力障碍学生的职业技能水平有较大的提高。

【关键词】个别化教学 职业技能训练 智力障碍学生的差异

个别化教学作为一种教育思想或策略,是指在即定的学习目标前提下,"面向全体,照顾差异"去完成教学任务的一种教学模式。个别化教学是根据智力障碍学生的自身特点,在职业技能课的训练中进行个别化教学的研究,其目的是在现有技能训练课堂中,尽可能地照顾到每个智力障碍学生的个别差异,并最大限度地满足每个学生特殊教育需求,使其能获得各取其需、各尽其学、并各有所长的学习效果。

一、深入了解学生特点,制订个别化培训计划

我国著名教育家陈鹤琴先生认为,"只有了解学生,才能教好学生"。在智力障碍学生的职业技能训练中,只有首先深入地了解智力障碍学生的特点,才能为其提供相应技能教学服务,这也是实施个别化技能训练的前提。因此,要针对每个智力障碍学生现有的知识水平、劳动技能及品质等相关能力摸底及了解,如做家务情况、劳动能力水平、参加过哪些技能学习、喜欢学习什么,与学生交谈和家长交流。对学生的学习心态及需求进行深入了解和分析,科学而又系统地获得相关的资料和信息。在此

基础上，为每个学生制订出相应的个别化培训计划。

二、灵活运用培训方法，促进个别化教学目标

智力障碍学生存在记忆力差、注意力易分散、接受力迟缓、意志薄弱等种种问题。其技能操作的能力、水平也各不相同。因此，在实施个别化教学时，教师必须注重学生的差异，因人而异、因材施教。

（1）应针对智力障碍学生不同的心理缺陷，采用不同的培训手段、方法。如在烹饪技能训练中，刀工、颠勺、拼盘等作为技能基本功，既是培训的重点和难点，也是教学的共同目标。要使每个学生都能达成目标，灵活地采用教学手段和方法很重要。对记忆力差的学生，反复训练是形成技能的重要途径，在教学时，就通过切报纸、颠沙子等利用现有的原材料的方法来增加他们的训练量，这样既有效地巩固了他们的技能，又降低了教学成本；对于注意力分散的学生，反复单一的技能训练会使他们感到枯燥无味，充分利用实物，并结合分组合作、技能竞赛、夺标兵等训练形式，来激发他们的学习兴趣，吸引其注意力；对于接受迟缓的学生，首先分解教学目标降低训练难度，再采用小步教学法，树立起学生的学习信心。总之，因人而宜采用不同的培训手段和方法，使其逐步达成教学目标。

（2）根据智力障碍学生操作能力的差异，采用不同的培训目标和方式。如在"蝴蝶花"的花刀训练中，刀深、厚度是培训的基本目标，而学生的操作水平参差不齐。在训练中先进行集体演示教学，实践时再根据他们各自的操作水平确定个体训练目标，并采用"分组教学"的形式实施训练。训练中根据学生训练的情况，在调整提高目标的同时，还应该及时采用比较法、激励法等措施，使他们感到技能训练中有目标、有进步，用积极的心态勇攀新的高峰。

（3）及时调整培训目标，引向"最近发展区"。维果茨基说过：只有走在"最近发展区"的教学，才是有效的教学，这样的教学才能促进学生的发展。培训过程是一个动态的设想与现实不断交织的过程，学生实训的效果往往是很难预测的，有时会与设想之间出现偏差，这就要求教师及时调整教学目标，使之更符合学生现实水平，以促进他们技能的更好发展。

或将个体培训目标在基础目标上稍微提高一些，或将个体培训目标适当降低一些，即使对目标相同的学生，也应该提出不同要求，开展不同力度的技能训练。同时，培训教师还应在个别教学目标内容上有意识地设置一个"争达"或"弹性"目标，以充分发挥智力障碍学生主体训练的潜能，让他们经常去"跳一跳摘苹果"。如当"弹性"目标坡度较陡时，教师要及时加以调整，铺垫上几个训练目标层次，使学生能形成知识的迁移，以已有技能为阶梯去学习"弹性"目标。总之，教师要通过不断地评估和调整，确保每个学生都能有切实可行的个别培训目标，来逐步引导学生走进技能发展水平的"最近发展区"。

（4）注重开展学法指导，学会个体自主学习。"授之以鱼，不如授之以渔"。对智力障碍学生实施教育的最终目的，是让其回归社会，个体自主去发展。因此，教给其技能学习的方法很重要。例如在典型案例的教学时，没有单纯采用"教师演示—学生实践—教师指导"的方式，而是让学生学会"读—析—思—问—评"的学习方法。读就是课前能反复预读案例的操作过程；析就是在实践前仔细分析原材料切配；思就是在老师演示时，善于思考操作的要领；问就是在实践合作时，懂得尽量多提问题多讨论；评就是集体评价作业时，敢于互评优缺点。这样的学习方法，不仅使学生读懂了制作过程、分析出切配的原则、思明了掌握要领可举一反三的道理、问会了结合理论来指导实践的方法、评得了改进技艺的措施，更为重要的是，学生懂得了应在了解技能的规律和特点基础上、再去进行实践的方法，逐步使学生形成一定的自主学习的方法。当然，"教无定法"，教师在传授学法时，也应根据学生个性差异，从实地出发，在教给学生共性的学习方法基础上，注意技能水平的个性特点，对不同学生给予不同的学法指导，帮助学生选择适合他们自己的学习方法，充分发挥他们的主体作用，尽可能地使每个学生都学会自主性学习。

参考文献

[1] 刘全礼. 个别教育计划的理论与实践[M]. 北京：中国妇女出版社，2006.

[2] 张芃. 素质教育教学简论[M]. 济南：山东教育出版社，2003.

案例分析

Anli Fenxi

"消退法"使他变可爱

肖晓萌

一、学生基本情况分析

我第一眼看到洋洋（化名）就非常非常喜欢，脑中闪现出一个问题："这孩子怎么会在培智？"因为洋洋的外表是那么俊朗、帅气！虽然他身体略显清瘦，但眉清目秀，圆圆的小脑袋上有一双黑黑的大眼睛，天真地朝我看，可爱极了！他笑起来嘴角微微上翘，更让人觉得心里暖洋洋的，穿着打扮非常时尚，简直就是个十足的小帅哥。

但是，当洋洋走到我身边开始和我说话时，我才意识到为什么他会来培智学校，因为他一直在重复着说那几句他很感兴趣的："爸爸又打你了吗？""为什么不能养小老鼠，因为有鼠疫！""不能勒奶奶吗？为什么不能勒奶奶，勒死了就没有奶奶了，就一个奶奶"等这些没有逻辑联系的话，你问他问题想让他说点别的时，他回答完后，会再继续说自己的这几个句子。我当时很想逃离现场，觉得老天为什么要如此残忍，这么漂亮的小男孩为什么不能与人正常交流。洋洋的家长反映他在家的语言会更多，如："不能给大爷打电话吗，大爷会烦。""不能按门铃吗？都按坏了。""不能打狗吗？妈妈为什么不能养狗？狗是龙龙家的。"……每当这时候妈妈就会回应洋洋："对呀，你知道还要问。"而后洋洋就会重复着再说很多遍。妈妈对他的这一反应也没有办法，不让他说他就会发脾气，会和妈妈又嚷又闹的，妈妈也尝试着给他买吃的、买玩具，换来的却是"变本加厉"。

洋洋这种不分场合、不分环境、不分情况地随意说话，并且说的大多是重复性无意义的话，已经影响了他与其他人的正常交流和沟通，也影响了他的家庭生活。因此，这个问题是必须要解决的。

二、问题出现的原因

（1）希望与人交流沟通，不知道应该说什么合适。
（2）家长没有对孩子进行正确地引导和教授孩子应该如何与人交流。
（3）孩子希望得到家长、老师的关注。
（4）孩子希望通过吵闹、说话得到自己所需要的东西。

三、矫正前的准备

（一）培训指导家长认识消退法

通过跟孩子家长的访谈，掌握他在家随意说话的时间和最终得到了哪些"好处"，要求家长进行记录。两个星期后，发现孩子想独自出去玩时、想买东西时、想吃好吃的、想玩玩具、坐车外出时会缠着妈妈"说话"，根据妈妈提供的记录，与先前分析的可能原因相符，因此开始对洋洋进行"消退法"培训。让家人了解消退法的定义：通过撤销促使某些不良行为的强化因素，从而减少这些行为发生的行为矫正方法。简单地说，就是大人对孩子的不良行为不予关注，不予理睬，那么，孩子的这种行为发生的频率就会下降，甚至消失。消退法依据的原则：（1）消退与表扬、奖励相结合。（2）不受旁人的干扰。（3）家校一致。（4）坚持。通过简单明确的阐述，让家长知道只要是影响学生、影响家长及影响他人的行为都不允许学生做，且务必坚持到底，要不就从开始接受学生的要求。当老师与家长达成一致后，开始同时实施消退法纠正学生随意说话的问题。

（二）选择要消退的行为

由于孩子随意说话的时间并不确定，因此矫正学生下课随意说话的习惯及学生有无理要求而随意说话，最终达到学生能够在经过允许后说话，并不重复说话内容及要求会满足他，而学生不会发脾气。

（三）确定良好的替代行为以及强化物

在用消退法矫正幼儿不分场合的随意说话行为的同时，对良好的语言能力及表达能力行为进行强化，这有利于消除不良行为，建立所需要的良好行为。于是根据幼儿的情况及和选择的消退行为，确定"表演歌或唱歌"为替代行为，并根据他的爱好，选择大龙球、回力小汽车、教师的微笑、拥抱等作为强化物。

（四）取得家长的配合和支持

在通过与孩子的父母交谈后，笔者把计划告诉他们，以取得家长的配合和支持，让家长在家中用消退法配合对孩子进行矫正，不能迁就孩子，达到家校同步，教育一致，从而取得好的效果。

四、具体措施

洋洋的随意说话是想与人沟通的意思，而教授他如何沟通是老师下一步要面对的问题，笔者很有信心教好他，当然还是需要耐心、时间、精力，这些是必不可少的。矫正的过程可分成三个阶段。

（一）第一阶段（矫正的第一、二周）：教他如何沟通

沟通是非常广泛的词，而这里说到的沟通更多的是如何与人一问一答，表达心情和发生过的事。首先我告诉孩子："不要和老师说你总说的那几句话，想一想、说一说老师没有听过的事情。"每天我会和家长互通联系本，写一写在学校在家里学生做了什么、吃了什么、看见了什么、去了哪里、学习了什么。这样我就知道孩子每天的情况，有了这样的基础，在孩子说了无意义的话时我就能提示孩子说一说昨天发生的事。我每天都会用两个课间和他说话，如果他说了无意义的话，我会选择忽略他，而当他说了昨天发生的事情时，我会及时鼓励他，比如玩大龙球、小汽车等。和洋洋说话会让他知道老师关注他了，而再怎样地哭闹，再多的无意义的话也不会换来老师的关注和玩具。但在矫正的过程中还是会出现很多反复，洋洋无意义的话还是时常出现，每当这时我就不予理睬。通过一系列的教育和对良好行为的强化刺激，洋洋的复述、表达有了一些进步，无意义的话减少了一些。

（二）第二阶段（矫正的第三、四周）：家校同步

在第三周的星期一早上，洋洋妈妈说他在家里又闹了，在父母和客人说话时洋洋又说了很多的无意义的话，还要求买东西。我跟洋洋妈妈进行了交谈，希望家长配合并和学校用同一要求对待孩子，不能无故迁就。第一，有客人来时洋洋是在寻求关注，那么可以让洋洋给客人背一些在学校学的课文等，满足孩子的关注，但是背诵之前要先要求孩子背完后安静坐好，15分钟后再让他表演或做他喜欢的事，不然家里会没有一个人理会他的行为；第二，外出时尽量在孩子要买东西前预先满足，如果孩子买非常需要的东西，那么第一时间同意，如果不打算买那么无论他如何闹，都不要觉得丢人而给他买了，这样下次会变本加厉；第三，要坚持到底，这是一个长期的矫正过程，不能因为孩子的哭闹、丢面子等问题而放弃；第四，每天把在学校发生的事情和孩子坐下来聊一聊，每天坚持10分钟，孩子说不了的话，家长教孩子说，学校里发生的事情我会都写在联系本上。

这一周我提高了要求，不再是说一句有意义的话就给奖励，而是完整地说出一件事情才给奖励，孩子的表达能力也在我的指导下一点点的进步。

（三）第三阶段（矫正的第五、六周）：做"小老师"替代无意义的话

洋洋是一个爱表现、喜欢得到表扬的孩子，而且他认识很多字，只是注意力差，容易分散，不过每次读词语、儿歌时注意力非常集中，因此我就利用这一点，每天早晨让他做"小老师"带领班里同学读词语、说儿歌，每次站在讲台上，拿着小教鞭，同学们羡慕的表情，让洋洋得意又神气，每次把学过的词语儿歌说完他都要求再说一遍，可见他非常喜欢"小老师"这个角色，而我每次多采用赞扬、微笑、点头等社会性行为进行强化，经过近一个月时间的矫正，洋洋常说的无意义的话几乎没有了，而且现在不用在老师督促的情况下，会自觉说一些昨天发生和经历的事情。

（四）在消退前要确保所有人员知晓计划

在洋洋的矫正接近结束时，发生了消退爆发和自发恢复，这是我在进行这一矫正行为时没有考虑进去的一个因素，洋洋的矫正一半时间是在校内进行，而根据消退法的要求要在消退前要确保所有人员知晓计划，例如学校内打扫卫生的阿姨，我忽略了，这是这一失误，导致在奖励洋洋玩大龙球时会看到教室外打扫卫生的阿姨，他就和阿姨开始了无意义的重复对话，导致这一行为开始反复。

我发现这一点后马上与阿姨进行沟通，简单地讲解了消退法。又经过两三周的时间后，增加了儿歌表演、儿童剧表演、唱歌等多种行为的课间活动，洋洋说无意义话的频率和持续时间已经几乎消失。

五、效　果

（1）经过近两个月的矫治，洋洋无意义的语言减少很多。培养良好的行为习惯是儿童期的一项重要内容，对于洋洋来说随着年龄的增长，无意义的语言会给他和周围的人带来更多的困扰，所以这个行为是一定要帮孩子矫正的，伴随着家长的配合，应用消退法孩子的进步非常大。

（2）洋洋变得更加开朗，对学习的兴趣更加浓厚。随着洋洋无意义语言的减少，他的有意注意有了明显提高，愿意倾听且表达准确性有所提高。因为喜欢展示自己，因此充分考虑这一点，在家和学校都给了他展示自己的机会，因此更愿意正确表达，且表演、唱歌能力得到凸显，也增强了学生的自信心和学习的积极性。

六、反　思

这是我学习消退法后的首次尝试，其间也经历了反复和挫折，但最终还是取得了一些成果。我觉得为了减少某种不良行为，与惩罚相比，消退法要温和得多。消退法只要运用得当，效果也佳，而且一般不会给儿童留下痛苦的记忆。一定要了解学生的兴趣点，抓住兴趣点作为突破口，学生会进步很快。同时不能忽略家长的作用，家长的配合至关重要，老师作为方法的实施者和把握者，就一定要不断地鼓励家长，赞赏家长的配合与支持，只有孩子进步了家长才会更愿意配合老师的工作，因此只要抓住了家长，就等于成功了一半，没有家长不愿意看到学生进步的，因此老师努力付出一些，家长一定会在今后的各种教育过程中配合完成的。在这两个月中看着洋洋的进步我从心里感到欣慰也更增加了我的信心。学生需要教师的爱、家长的爱，其实洋洋还是内心需求对他的关注，只要正确地引导他、关注他，就能给他智慧和力量，让他不断进步和改善。

融和育人，共享发展
北京市东城区培智中心学校教育探索与实践

用"真诚"架起沟通的桥梁

邱 波

我曾在查阅词典时无意中看到了"真诚"一词的基本解释：真实诚恳。真心实意、坦诚相待以从心底感动他人而最终获得他人的信任。读过之后，首先想到的是我身边的孩子和家长，那一颗颗充满戒备、无助、紧闭的心，更是需要教师用"真诚"给以慰藉。

一、学生基本情况

浩浩（化名），男，13岁，是一个多重残疾的孩子，智商48，曾在普通小学一年级就读一年。认识很多汉字，但发音不准，均以四声为主，由于发音独特，浩浩很少主动与人交流。

（一）学习能力分析

浩浩是一个拥有良好的学习习惯与较强学习能力的孩子。浩浩的认字识字能力很强，能够很快记住生字的正确读音，并且能够进行简单汉字的书写，书写比较工整。上课时能够关注教师，课后能够认真完成作业，但是主动参与活动的意识较弱。

（二）心理情况分析

从心理性格方面来看，浩浩是一个内心善良但容易害羞的孩子。在班级生活中，浩浩有主动帮助同学、服务师生的意识；但是在人际交往中，缺乏主动性，且与人的目光对视较少，极易害羞。有时候，明明很想参与到同学的活动中去，却因为紧张、害羞而退缩。

二、教育目标

根据浩浩的学习能力较强、识字量大、容易紧张害羞的实际特点，制定两个教育目标。

（一）建立自信、鼓励沟通

在课堂学习、社会实践以及校内外活动中，帮助学生建立自信，鼓励学生回答问题，参与活动，练习表达，培养主动的沟通意识。

（二）克服交往中的紧张害羞心理

引导学生参与团体合作，与同学建立友谊，感受交往的快乐，练习沟通和交往，克服紧张害羞心理。

三、具体措施

（一）真诚对待学生，鼓励沟通，建立自信

根据浩浩喜欢认字、识字量大但发音不准的特点，每节课都会有意识地为浩浩安排形式多样的汉字认读和口语表达的内容，帮助他正确发音，练习表达，为人际交往和沟通做铺垫。例如：阅读标题或学习任务单、朗诵儿歌、跟读练习、听写生字、担任汉字小教师，教其他同学认读汉字等。起初在担任汉字小教师时，浩浩有些抗拒。在领读的过程中总是低着头，一个个以四声为主的字音就像从喉咙中硬挤出来的一样，尽管如此，每当他领读完一整首儿歌或一段话，老师和同学们总会报以热烈的掌声和真诚的鼓励。就这样，浩浩一点一点地进步着，改变着，慢慢地他越来越自信，课间的时候会主动拿出故事书，帮不认识汉字的同学们读故事，有时甚至会把故事书放到投影机上，为全班同学读故事。

（二）集体活动，在合作中建立友谊，主动交往

除在课堂上为浩浩提供锻炼的机会，还在班级活动中为浩浩搭建展示的舞台。拼图是班里学生共同的爱好，浩浩更是这方面的佼佼者。因此，在需要大家合作才能完成的500～1 000块的大拼图时，浩浩总能在大家一筹莫展的时候找到至关重要的那些拼图，为同学们带来惊喜，每当这个时候，浩浩都会羞涩地笑一笑。久而久之，班里的其他同学对浩浩的接纳程度大大提高，而浩浩在人际交往中的紧张和害羞得到了很大的缓解。

四、效 果

（一）阅读兴趣明显提高

阅读兴趣明显提高，在课上能够主动朗读儿歌，且声音较洪亮。主动参与课堂的意识也有所提高，在小组学习中能够主动承担起汉语小教师的责任，帮助其他同学认读汉字。

（二）敢于用语言表达自己的想法和需求

现在的浩浩进步非常大，已经从紧张害羞过渡到自信阳光，在课上主动举手回答问题，在集体活动或游戏中用语言表达想法的次数也越来越多。

五、反 思

通过这个案例，我收获了许多，也更加坚信用真诚架起沟通的桥梁，来开启紧闭的心门。

用爱关注学生在家庭的生活变化

程 萌

有这样一个特殊的群体，他们生活得无忧无虑，他们天真善良，跟他们接触时间久了，你会觉得他们就像天使一样，没有烦恼，没有心机，永远是那么快乐。

2016年9月，我开始担任职康班班主任工作，职康班的学生年龄偏大，年龄在16~22岁。其中有一个学生给我留下了很深的印象。

一、学生基本情况

王某，女，22岁。上课时经常注意力不集中，容易分散，自己的个人卫生问题常常引起同学们的反感，这也是老师比较头疼的问题。

（一）情绪变化问题

在平时上课的接触中，我一直认为王某是一个听话、积极主动的学生。然而在暑假里，王某妈妈给我打了一个电话，使我从新认识了这个孩子，王某妈妈哭泣着对我说："程老师，孩子不听话，我说什么她都不听，骂我们，还用手掐我和她爸爸。"我当时听完很吃惊，安慰着王某妈妈说："您别着急，孩子出现这种情况一定是有原因的！"

（二）家庭的影响

在一次家访中了解到，王某的家庭环境比较简朴，屋里没有窗户不容易产生空气流通，所以给人的感觉比较压抑。妈妈没有上过学，爸爸只有小学文化，王某在家的时候什么也不做，养成了比较懒散的习惯。

二、教育目标

通过了解王某在家和在学校的情绪变化波动比较大，打、骂父母，不听话、懒散任性，在家靠父母等缺点，制定教育目标如下。

融和育人，共享发展
北京市东城区培智中心学校教育探索与实践

（一）用爱引导学生树立正确的家庭观

在晨读时间，通过让学生们一起观看家庭视频片段、交流沟通，让学生们感受家庭的爱，了解家庭带给我们的重要性，从而引导王某树立正确的家庭观，学会关心长辈。

（二）用心帮助学生克服依靠父母、懒散、任性的心理

引导学生能够帮助父母分担家务，提高学生的动手能力及自理能力。学生做得好的地方多鼓励多表扬，增强她的自信心，让学生意识到自己是家庭的一员。

三、具体措施

（一）以爱育爱，学会感恩父母

王某是一个特别好动的孩子，主动性也很强，她做的每一件事都希望得到他人的肯定和表扬，同样她也希望得到父母的夸奖。通过平时对她的观察，开展了一堂有关"感恩父母"的课，在课上我播放关于"感恩"的视频。通过观看让学生们了解感恩，开发学生的思维，并培养学生养成良好的感恩意识，引导学生要"孝顺父母，不能打骂父母，帮助父母做一些简单的家务"。学生们在了解之后，我会留一个家庭小作业，让学生能够主动地去关心父母，同时也增强学生与父母之间的感情交流。

（二）爱心合力，加强学生与父母之间的感情交流

在学校里学生渴望得到老师的肯定与表扬，同样在家庭里她也需要父母的夸奖，王某的父母没有文化，对待孩子的教育也比较缺乏，与孩子之间的沟通少之又少。为此，我与王某的妈妈进行了一次关于"如何与孩子沟通"的谈话。想要改变孩子的情绪变化，父母的态度对孩子来说很重要。首先，要多鼓励孩子帮助你做一些简单的家务，给出正面的表扬，即使做错也不要急于批评。其次，孩子出现情绪波动大的时候，父母要多包容她，她是一个特殊的孩子，我们不能拿正常人的心理来要求她，要给她时间，等她冷静下来的时候，父母再和孩子进行交流，增进彼此之间的感情。最后，在家里一定要和孩子多沟通，多鼓励孩子。

四、效 果

经过一段时间的沟通，王某见到我说："老师，我以后不打我爸妈了，打父母不是好孩子！"学生能够自己跟老师说出这样的话来，说明她知道自己做错了事，并且改正了错误。王某的妈妈也说："这段时间孩子比较听话，做什么事都主动做，还帮我包饺子。"我听了很吃惊，作为老师也替她高兴，自己学会了感恩父母。

五、反 思

通过此案例，作为一个老师不但要关注学生在校的学习和生活，更要关注学生在家庭的生活变化。对于这样特殊的学生，需要我们付出更多的爱心和耐心，给出我们特殊的爱，用我的力量帮助她走出困境，感受家庭的美好生活。

> 融和育人，共享发展
> 北京市东城区培智中心学校教育探索与实践

特殊的爱给特殊的他

杜 洋

孤独症是一种脑功能障碍引起的长期发展障碍综合征，它影响儿童很多方面的能力和表现。研究显示，大多数孤独症儿童伴有语言障碍、行为问题和社交困难现象。作为老师的我们要尽可能地帮助他们，让他们在不知不觉中加入我们的活动，一起互动、游戏、学习。

一、学生基本情况

小凡（化名），孤独症患者，男，17岁。表现出典型的孤独症症状，如不理睬人、莫名地发笑、容易发脾气、遇到不喜欢的事或困难时易放弃。

（一）心理及智力情况

不理睬人、莫名地发笑、容易发脾气、在遇到不喜欢的事或困难时易放弃；语言发展延缓、迟滞，口语的沟通能力较差。喜欢用拉手、摇头等动作来表达自己的需求。

（二）学习能力分析

很少向亲人、老师表达自己的意见，或者主动进行情感交流，出现的主动交流也只是用手拉别人去寻找食物或玩具等生理性的需求，而不是情感沟通、观念表述等高级需求。

二、教育目标

根据小凡自身特点，我通过情绪放松、游戏等与他进行交流，尽可能使其主动参与到集体活动中来。在教育的同时，难免会遇到挫折，学生的情绪和语言状况也会受到外界因素的干扰而出现反复、退缩等现象。老师此时要尽量以平和的心态来面对学生,步步深入,相信自己可以做得更好。

三、具体措施

(一)增加交流,增进感情

每节课前都要和同学们一一问好并握手,目的是使学生熟悉老师,增加认知。在和小凡问好时,我会用眼睛注视他,面带笑容,语气轻缓柔和,这样做是为了平复他的情绪,使他对我有亲近的感觉。起初,他并不愿意与我握手,甚至只说一个"好!"我也不强迫他,依旧微笑面对。慢慢他开始不再把手抽回去,开始说"你好",开始短时间地注视我。

(二)多与家长沟通交流

家长是孩子的第一任教师。孩子每天与家长相处的时间最多,家长也最了解孩子。我经常和小凡的妈妈沟通,询问孩子最喜欢吃什么、有什么特别喜欢的,然后把小凡在学校的表现告诉妈妈,比如发现小凡爱听故事,建议家长在家也给他读故事;告诉妈妈小凡今天情绪很好,要妈妈多夸奖他……这些小事,我都会同他妈妈交流,让妈妈多了解他,做到家校配合,争取更好的教育成果。

(三)同伴合作,融入集体

在课堂上,我尽量把任务细化,使每个同学都有任务。我安排了一位小凡不排斥的同学和小凡结成一组共同完成老师布置的任务,每当他能参与其中,我都会鼓励他、表扬他,摸一摸他的头或对他笑一笑。用这种方式慢慢带他融入集体,共同参与活动。

四、效果

(一)主动亲近老师,产生信任

小凡已经不再像一开始那样排斥老师,养成和老师互相问好的习惯并且可以有目光的交流,遇到困难可以主动走过来找我。

（二）情绪稳定，训练效果增加

在课堂教学中可以短时参与其中，时间也正在慢慢延长。情绪较为稳定，肢体语言慢慢减少，语言训练效果增加，如"爸爸再见""好的""1、2、3""我要"不再只是简单的单音。

五、反　思

通过这个案例，我深深地感到，虽然学生存在自身的缺陷，但作为老师如果有足够的细心、耐心，利用专业知识及时对孩子采取必要的干预训练，是可以帮助他不知不觉中加入我们的活动，与我们一起互动、游戏、学习。这种没有压力的学习更有效果、更快速，也更有出人意料的结果。

学生不良生活习惯的行为矫正
——以不喝白开水、只喝饮料的个案为例

李　花

一、学生基本情况

小琪（化名），女，11岁，自闭症患者，无主动语言，在表达自己的需求时只是用"咿呀"的语言来表达，从小到大爸爸陪同较多并且爸爸比较溺爱她。平时不喝白开水，只喝饮料，只要给她白开水喝她就不张口，这时爸爸只好妥协给她喝可乐或雪碧。

自从入学以来，小琪从未主动打过水，每次都是由老师陪同着一起去打水，然后在老师的督促下才会喝少量的白开水，否则根本不喝水，并且喝水的速度非常慢，每次只喝一小口，老师要不停地说"喝水"指令才会执行。

经过了解，小琪在家中不喜欢吃蔬菜和水果，吃饭时只吃米饭。爸爸特别溺爱小琪，只要她不想吃或喝水，爸爸就顺从她；或者她想喝饮料，爸爸就给她；如果她实在不想吃饭，爸爸就会带她去吃麦当劳或肯德基。但在妈妈面前好一些，如果妈妈不同意，小琪就不会再要饮料了，但是依然不肯喝水。

二、分析问题

（一）生理因素

小琪因妈妈难产造成宫内窒息，导致智力受到影响，自我控制能力差并且缺乏与他人沟通的能力，不能很好地表达需求。

（二）教育因素

小琪一直在普通小学就读，但学习能力很差，由于学生较多，教师不

能照顾周全。小琪不能完成学业，受到一些同学的歧视，从而造成她自信心低下并使小琪形成攻击行为。

（三）家庭因素

由于孩子有缺陷，爸爸非常宠爱小琪，总觉得要满足小琪的一切要求，从而产生过分的爱护和溺爱，放任其不良行为。另外小琪从小的时候开始就没有喝白开水的习惯，因此由于家庭的过分宠爱就导致她只要不满足要求就会发脾气，所以至今也不愿意喝白开水。

三、确定终点行为

小琪的攻击行为在训练和课堂教学中反复地表现出来，并且严重地影响到正常的康复训练，因此，被看作严重的行为问题，需要介入一定的干预措施。

终点行为定为：通过矫正，使小琪逐渐减少攻击行为的次数，直至停止攻击行为。

四、解决问题

起初，针对小琪的这一行为，教师采取陪同小琪去打水然后由老师在一旁督促她喝水的方法。小琪自己端着水杯，老师在一旁说"喝水"她就会拿着水杯一动不动，发现这种方法不起作用，然后老师就用手扶着水杯辅助她喝水，一边还要说出指令"喝水"；一段时间后老师不再辅助小琪，只是在一旁发出指令，她自己就可以喝水。

经过老师与家长的沟通，要求家长在家中也按照同样的方法要求小琪，但后来由于家长在家中不能按照老师的方法来要求小琪，所以这种方法没有突出的效果。

家长提起过在家中时偶尔会把雪碧加到白开水中一起喝，于是老师在学校中也采取同样的方法。老师会带着小琪去打水，然后老师会对小琪说"老师给你倒雪碧"，并且当着她的面倒，然后拿给小琪说"喝吧，雪碧"，小琪就开始喝水，虽然很慢，但她能自己独立喝水。

接下来老师每次把倒雪碧的量减少一点，小琪虽然每次都喝得很慢，但都能独立喝完，直至老师不再加入饮料。老师也会要求家长在家中利用这种方法来做。

五、教育反馈

小琪在矫正行为的过程中改变得较为明显。但在实施过程中需要家长和老师的共同配合才能完成。初期的效果不会特别明显，行为的矫正是一个长期坚持的过程。

融和育人，共享发展
北京市东城区培智中心学校教育探索与实践

情绪调整对自闭症儿童适应环境能力的案例研究

张 雪

一、学生基本情况

小豪（化名）同学是一名8岁的自闭症男孩，智商为43，智力残疾中重度，可以进行简单的沟通交流，不愿上厕所，因为害怕厕所的冲水声和水龙头自动出水的声音，就在家上厕所。每次课间叫他去厕所，他都说："我不去"，硬是拉着他去，他就会情绪激动，高声尖叫："我不要"，有时会持续持续尖叫5分钟之久，到最后也没有去。一天下来就一直憋着，但是放学回家进门就尿。老师和家长很担心再这样下去他的身体会憋出问题。

二、问题分析

首先，进行第一步"接纳期"，学校在小豪上厕所的问题上，不会强求他去，同时也不会逼着他做他不愿意做的事情，我要通过接纳他的行为，让他能够接纳我。

第二步"满足期"，从他喜欢写字、喜欢听故事等喜好入手，共同写字，给他讲故事，不愿意去厕所就不去，不强求，满足他的需求，让他感觉和我在一起，以及在这个环境里感觉到舒服。

其次，当他慢慢开始接纳我时，也要逐渐让他接纳学校厕所这个环境。在他没有接纳我的时候，由妈妈来陪同在厕所里没有人、没有声音的情况下，在厕所门口看看，慢慢地由一开始在门口站一站，到进去看一看，最后在里面上厕所。虽然他还是会一上完赶快跑出来躲避冲水声，但是这说明他已经开始接纳这个环境。

接下来，就是第三步——变化期。一开始是他妈妈单独带他去厕所，后来，是我和他妈妈共同带他去厕所，最后，由我带他去厕所，将他妈妈慢慢移出，慢慢地我带着他也能在没人的情况下上厕所了。这个过程持续了两个星期。

第四步——小组活动期。在上厕所时加入他熟悉的同学。在厕所没人的情况下，带着班里其余的三个男同学，一同排队陪同他去厕所，让他适应同学共去上厕所的环境。一个星期后，当他适应了人多去厕所的环境时，在课间大家都去厕所的时间尝试带他去上厕所，这时他虽然还会上完很快跑出来，但他已经能在很多人的情况下上厕所了。

由于不可能每个课间我都能保证带他去厕所，因此，在班中我为他选了一个能力较强并且他喜欢的好伙伴小牛拉着他的手带他去厕所，一开始是我把他们两个送到厕所门口，看着他们进去，迎他们出来，后来我由厕所口退到了楼道里，正对着厕所口的地方看着他们进去，最后我就站在班门口送他们出去，迎他们回来。现在每到课间，小豪都会在小牛的带领下去厕所了。

三、效　果

虽然只是简简单单的上厕所问题，但是从开学不上厕所到能在课间上厕所，却经历了整整三个月的时间。对于小豪来讲，虽然这一步跨得有点儿慢，但是这是经过前期许许多多的小步子拼凑而成的一大步。同时，这必不可少的是家长的支持，教师之间的共同配合，以及家校的合作。

四、反　思

由此可以看出，对于学生的情绪调整不仅仅适用于课堂上的教育教学活动，同样适用于学生日常能力的培养。自闭症学生需要通过情绪调整来接纳周围的人，同样通过情绪调整理论也可以使自闭症学生接纳陌生、抗拒的环境。由此可见，当自闭症儿童的情绪得到调整后，他们便与外界有了更好地沟通与交流，不仅仅是与人之间，同样也可以与环境之间、更好地适应这个环境。

善行如枕　梦圆培智

王文敏

从教这么多年，我不断地反思体悟，成为培智学校的一名特殊教育老师后，觉得"善行如枕"：对学生们每一分的疼爱和关注，不仅只是师德的范畴，也是一种对生命的关怀和珍惜，是人性中善良的体现。白日里善良的言行如同一方温柔清白的枕头，让我在黑夜中得以安眠。

一、学生基本情况

通过党员一帮一活动，我认识了一个叫小雪（化名）的智力障碍学生。这个孩子很可爱，平时对我也很热情。经过一段时间的观察，我发现：她经常不洗脸，有时还有眼屎堆在眼角，也不爱洗头，蓬头盖面，像鸡窝一样，就连衣服也有许多油渍，很邋遢，同学们都很嫌弃她，总是向老师告状。

二、教育目标

让小雪逐渐养成讲卫生、爱干净的生活习惯，并且树立她的自信心。

三、具体措施

（一）改头换面

我利用党员结对的机会，来帮助她。每周一中午，我利用看他们午睡的时间，给她洗头、洗脚，让她学着洗袜子，慢慢地，她学会了自己洗头、洗脚；袜子旧了，我给她买来新的换上；鞋子太臭了，就买来新鞋给她穿；每当过节时，我就买来新衣、新裤送给她；头发长了，我买来一套理发工具，帮着她剪短，这样，我坚持了两年多。这个孩子改变了很多，对我更是亲近许多，原来称呼我"王老师"，现在称呼我"亲妈"，我听了，心里热乎乎的，就更加疼爱她。

（二）给予帮助

这个孩子的妈妈智商也不高，爸爸稍微好些，三个人靠每月1 000余元的低保费维持生计，了解到这些，我就更加怜惜这个孩子，在我力所能及的范围内帮助她，慢慢地，孩子长成大姑娘了，胸部发育了，可是从不穿内衣，我给她买来文胸送给她，教她懂得大姑娘应该穿这些内衣了。从此，她也知道美了，也知道干净了，我发自内心地感到喜悦。

（三）一个意外

有一次中午在给她剪头发的时候，我由于年龄越来越大，视力越来越差，剪刀不小心碰到她的耳朵，孩子的耳朵当时就出血了，那一刻我的心都缩紧了，赶紧带她找卫生老师。我们联系了尹老师开车带她来到普仁医院耳鼻喉科，没想到，挂号还要去一楼，我让医生先给她处理，医生说："不挂号开不了处方。"我只能跑下楼，去挂号。普仁医院由于改善医疗环境，耳鼻喉科在后楼的四层，挂号在前楼的一层。那一天很热，挂号、交钱、取药，我楼上楼下、楼前楼后跑了三趟，才使孩子进行了缝合。在缝合过程中，她让我捂住她的眼睛，她说她怕打针，她还是这样亲近我、信任我。我一直陪伴在左右，看到孩子怕打针时的哭叫，内心真痛，我的手不受我的控制，不停地发抖。看到我实在坚持不住，卫生老师接替了我，帮我扶着她。不是自己的孩子都这样心疼，当妈妈的要有多心疼啊！由于自己一时的疏忽，给孩子、给家长造成这么多的痛苦，我很内疚。

在回来的路上，小雪第一次向我提出了要求。出了医院，她说："亲妈，带我到新世界吧。"问："去新世界干嘛？"回答："给我买好吃的呀。"过去她是不会表达这些要求的，我发现孩子真的长大了，变聪明了，知道要买吃的了。

四、反　思

事情发生后，老师们对这件事情有褒有贬。听到后，我内心很不是滋味，一夜难眠。也有人问我："还给不给小雪剪头发了？"甚至有人故意戏称："我得找您给我理发啊！"说实话，当时我心里很难受，很坚决地

融和育人，共享发展
北京市东城区培智中心学校教育探索与实践

对自己说："再也不给学生理发了！"

其实，在这之前，给她理发时，我就剪到过自己的手指，可我并没有当回事，因为是剪到自己的手，裹了个创可贴，血止住了，就没往心里去。可现在我坐下来想想：那个时候就应该警惕了，应该想到要是剪到孩子怎么办，应该细心了！

第二天，在送孩子上学的路上，11岁的儿子对我说："你还给她理发吗？"我回答："理。"儿子抱怨："你还理呀？你就给她洗洗袜子、洗洗头不就行了！又没人让你必须理！还不长记性！"

有一位青年教师，知道我内心会很纠结、自责，拿来党刊，为我读一段曾经因为我帮助小雪而表扬我的一段文字给我听，慰藉我、鼓励我、激励我。我很感激，但也更加难过和自责。难过的是：作为一名党员，作为一名特殊教育工作者，这么轻易就在困难面前低头，实在是不应该！我不应该因为发生这件事就不做了，我应该继续做，而且应该吸取教训，想一些更好的办法，把这件事做得更完美、更细心、更好，努力、细致地完成服务工作。在培智这个学校，教师像孩子的家长，这让我感到了《礼记》中的"天下大同"：人不独亲其亲，不独子其子。培智的"融和育人"理念，让我得以发扬人性中最光辉的一面：善良！善行如枕，我在此圆梦！

给我"飞"的翅膀
——编织辅具对脑瘫学生动手和心智发展效果的个案研究

王鸿雁

一、研究对象基本情况

女性脑瘫生：13岁。独立行走姿势不良，双膝屈曲，双足外翻。四肢肌张力高，肌力差。尤以双下肢为重。伴有左髋关节半脱位；平时一家三口同住，和妈妈交流多，交流时眼睛看着妈妈，障碍也少；但和爸爸交流少，交流时眼睛看别的地方，无对视；在学校和教师及学生交流少；右手能握笔，但是姿势及力度不够，右手用力左手成拳头，肘部上抬。左手功能较右手更差一些，双手不能很好地配合；注意力差，自信心不足。玩电子游戏时会笑出声，成功体验的范围和机会极少。目前在康复医院进行PT（下肢运动康复训练），没有进行OT（上肢运动功能训练）。

二、研究内容

本文以个案研究为主要方法，以家长配合参与为依托，以学生右手能握笔为支撑，以运用绒线编织器及空笔杆为工具，以分步训练为方法，以用简单方法织出帽子为目标，从而观察学生的细微变化。

三、研究方法

利用缠毛线球的动作对手部各项大小运动及双手协调能力进行观察发现：

（1）本研究对象手部肌群肌张力强，双手握力差，别人很轻松地能从她手中将线拿走，且双手不能配合运动，左手的线不能缠绕在右手的线球上；

（2）注意力难以集中，动作完成不到一分钟，眼睛会东张西望；

（3）教师在教授时，研究对象不能很好地倾听，也不用眼睛观看教师的示范；

（4）家长愿意配合训练，且在侧参与时研究对象的情绪好；

（5）研究对象经常用手捏线球，脸部表情好，有喜欢毛线的感觉。

四、实施过程

（一）单一动作逐一训练，利用教学任务分解法降低操作难度

因为环形编织器的基本操作动作有二：一是绕线，二是钩线，两个动作都属于精细运动，为了简化动作难度，我将教学任务进行分解，先让研究对象进行缠线学习，再进行钩针学习，两个动作逐一学习，分步操作。缠线动作是在编织器上的每一个圆柱（针）上用线顺时针缠绕一圈。但由于研究对象右手肌张力很强，肌力差，不能将线从针之间的缝隙中经过，缠不上去，又不能够模仿别人进行动作练习，于是我考虑到，她对于握笔姿势能够完成，如果将线穿入空笔筒中，利用拿笔筒围绕针画圈，是否就能完成呢？于是我让家长负责拽住笔筒上端的线，研究对象用右手握住穿入线的笔筒，这样可以使笔筒下端的线保持很短，画圈时笔筒不会离开编织器上的针。在实践过程中发现，研究对象操作时虽然很吃力，半天才能绕上一针，但是这个实验还是成功了，为下一步操作打下了很好的基础，一个小小的废笔管成了她进行缠绕动作训练的辅助工具。经过近一个月的训练，学生能够顺利完成缠线动作训练。

实验证明，只要选择适合脑瘫学生动作康复训练的方法，目标是可以实现的。钩线动作是右手握住钩针，将针上的一个线圈从针上钩出来，动作相对于缠的动作要简单一些，但研究对象训练过程中，由于共济失调，手拿钩子不能准确地放在指定的位置，也不能准确地钩住指定的线圈。对于这个动作我利用家长陪同的优势，让家长通过手把手来进行训练。

（二）小步子多循环，单一动作交替训练

本训练是建立在研究对象能够独立完成单一动作基础上，巩固及提高难度的综合训练，即在脱离笔筒助具的基础上，用手在编织器上缠一圈，

然后钩一圈，交替重复，以巩固单一动作更加灵活。在实践过程中，由于前一阶段已经打下很好的基础，学生拇指和食指能够有效捏住毛线，腕部旋转功能有所提高，且学生能够理解动作的走向和意图，利用笔筒能够很顺利地在每一针上缠一圈，虽然有时有落缠的，但总体上还是很不错的。进一步，我把研究对象的笔筒拿掉，让学生用手直接缠绕，经过反复训练，学生能够独立完成两个基本动作。通过本任务的设置和实施，利用熟能生巧的原理，让学生交替进行两个动作的训练，既延续了研究对象浓厚的学习兴趣，又巩固了两个单一动作的训练，还提高了难度，最重要的是检验了助具的使用对研究对象在学习过程中所起作用。

（三）编制成品，让学生体验成功之感

本训练利用学生所学的两个动作，设计一款简单帽子的编织方法，让学生提高动作技能的同时，通过帽子编织的整个过程，让学生体验成功的快乐。整个操作过程在家长的大力配合下，虽然经过反复的拆改，但最终还是完成了成品。看到自己编织的帽子，研究对象高兴得哈哈大笑，家长说，这是她从来没有的经历体验。通过上面整个过程的训练，研究对象在后来的劳动课上，第一次自主并大声地回答教师的提问，这说明她的自信心也提升了。

五、研究效果

通过运用研究方法对研究对象进行为期半年训练，观察其变化。

（一）改　观

1. 手指灵活度

研究对象通过进行过程中各项预定的动作训练，可以刺激穴位，疏通经络，促进局部血液循环和新陈代谢，提高上臂及手部肌肉运动能力，手部肌力增强了，并能够较顺利地钩线，在钩线时手不再颤抖，共济失调有所改善。现在再缠线时已不再利用笔筒。

2. 注意力方面

从开始训练时集中注意力不足一分钟，到现在有时坚持 10 多分钟不停。

3. 动脑方面

在针上绕线如果一不小心,线会从针上滑脱,开始时,她是不管的,有时还会出现急躁情绪,慢慢地发现,当用右手绕线出现滑脱时,她会马上用右手捂住滑脱的位置,这样就不滑脱了,后来她会经常这样做,说明她发现问题和解决问题的意识有了,且随着训练时间的延长,能力也提高,使用的方法也多样了。

4. 心理方面

当老师拿着她织的帽子向同学展示时,能够听到她的笑声,最近上课提问时,她自己大声地回答了一个问题,而且很准确。说明她体验到了成功的感觉,很高兴,有点自信了。

5. 连带反映

由于经常用右手拿笔筒画圈圈,写字流畅多了,字也好看点了,写的时候也有点劲了。

(二)不 足

(1)交流方面,不会主动问或说,只能是问答式的。

(2)说话时眼睛还是不看,只是斜瞟一下。

(3)模仿能力不强。

六、反 思

(1)训练动作时要注意观察学生的动作支持点,如前面提到的以她能拿笔为动作支持,这样在此基础上寻找突破。

(2)训练辅具不必专业,生活用品中只要适合学生训练,都能成为辅具。

(3)训练时家长的心态和支持帮助至关重要。

参考文献

[1] 张婷. 特殊教育的医学基础[M]. 北京:北京大学出版社,2011.

个别训练促发展

王淑文

一切最好的教育方法，一切最好的教育艺术，都产生于教育者对学生无比热爱的心灵。作为一名教师，首先应该爱孩子，教师的爱要像洒满大地的阳光，给每个学生以温暖，无论他是品学兼优的好学生，还是令你头疼的后进生，都应当赏识他们，倾注教育者的爱心、耐心、恒心，去做好他们的教育转化工作。

一、学生基本情况及分析

基本情况：班中的裴某某是一名脑瘫的孩子，2016年9月入学，由于身体的原因之前没有上过学。虽然身体上有缺陷，但是课上能理解老师的语言，能回答简单的问题，愿意参与动手练习。由于肢体不协调，活动受到很大的限制，小小的一支笔在她手里变得如此沉重、如此地不听指挥，看着孩子那一脸着急的样子，我心中很是着急：怎样解决孩子现有的学习困难呢？

分析：裴某某虽是一名脑瘫的孩子，但她积极乐观，愿意与人交流，愿意参与集体活动。我想，面对这样的孩子，光靠老师的爱心、关心和耐心是不够的，要把老师对学生的爱建立在相互了解、信任的基础上，在鼓励中帮助她建立起自信。而做到这些，教师首先就要对学生抱有希望，建立起"她能行"的信心，这样才能帮助她更好地配合老师进行训练。

二、训练的重点

（1）采取什么方法对孩子进行训练？
（2）我应怎样帮助她？

三、具体措施

多元智能理论强调人的多种智慧的开发和应用。只要我们能为智力障碍学生提供一个有利于其某种智能发展的条件，那么几乎每个学生都能在那一种智能的发展上取得一定的效果，反言之，如果学生始终不被接触开发某种智能的环境，那么生理潜能无论多大都不太可能被激发出来，这就告诉我们：只有为智力障碍学生提供多元化的学习环境，他们的多元智能才有可能被激发出来，获得发展。美术教学更是如此。裴某某由于肢体不协调动作很僵硬，所以在动手画画时很吃力，但我总是坚持一个信念：每个学生都有潜在的能力，而能否发挥他们的潜在能力的关键在于老师能否帮助他们找到自身的强势，带动弱势，形成良性互动，提高教学效果；在于能否找到切入点，"对症下药"，使智力障碍儿童有机会利用他相对发达的智能学到知识。

裴某某虽然肢体不协调，肢体运作智能和精细动作差，但语言智能、观察智能、理解力相对较好，因此借其优势，加大手部训练一定会有成效。第一步，发挥她的长处，让其看图认形状、说形状，让其在观察中、说中学习，学会用语言表述自己所看到的事物、表达自己的思想，学会与人交流，让她的语言智能得到进一步发展，并树立学习的信心。第二步，让她在观察的同时自己动手练一练，从涂大形状大色块，逐步过渡涂小图形和小色块，使她的肢体运作智能得到锻炼。第三步，让她用基本形进行有变化的造型，先用线条、形状来试着表现平面图形，然后试着用线条、形状、色彩来表现空间关系和立体造型，使其能较准确地感觉视觉空间，并把所知觉到的表现出来，通过练习使学生的肢体运作智能和空间智能有很好的结合。

四、效　果

慢慢地，裴某某变了，由原来的怕动手，到可以积极主动地拿起画笔，她的进步鼓励了我，她的转变使我更加自信了。虽然她现在画出的线条还是不流畅，看起来还十分笨拙，但是她已经能做到用这些看起来还十分笨拙的线条来表达自己的美好愿望。她的进步，她的努力，使我坚信她会越来越棒的。

我们播种下希望与信任，学生必会用他们的希望与信任来回报给我们和社会。我们要以等待的心情、宽容的心情看待学生，用情感的力量激发其上进心，激发学生进行自我教育的能力。

融和育人，共享发展
北京市东城区培智中心学校教育探索与实践

音乐让孩子走出孤独

王 昕

音乐最擅长表达人的情感，优美的旋律、悦耳的歌声通过人的听觉感知其情感和心灵，影响人的精神和陶冶人的情操，使人感到愉悦和放松，可谓是一贴心理良药。据说庄稼听了音乐可以长得更茂盛，鱼儿听了音乐可以更活泼地跳跃，奶牛听了音乐可以挤出更多的奶。当然自闭症孩子也不例外。

当这些孤独症孩子发脾气时，只要我们播放一首优美的曲子，孩子的情绪就会得到改善和控制，他们有时会随着优美的乐曲欢快地摇摆身体，仿佛要和音乐交朋友，又仿佛想告诉我："我并不孤独，音乐会伴着我。"

大多数孤独症儿童都存在严重的情绪障碍问题。孤独症儿童的情绪表现异常，一般轻度者会没理由地笑个不停，有的时候没理由地哭个不停，无目的地跑跳不停；严重的情绪问题一般有：攻击行为（如打人、咬人、踢人），自我伤害（如撞头、挖眼睛、抓头发、咬东西），干扰他人（如尖叫、敲打），周围环境和生活方式稍有变化就有可能引起他们极度的焦躁不安，尖叫（如坐车都必须在固定的站下，早一站或晚一站下车，都会引起他们强烈的情绪反应）……这些缺陷困扰着孤独症儿童的成长，影响着他们与人的交往，干扰他们的心理健康发展。因此，改善他们的情绪状况，促进他们情绪的稳定有着重要的意义。

稳定的情绪是开展孤独症儿童一切教育、训练的起点与基础，因为它是关系到我们能不能开展有效的教育训练的关键。同时，选择最适应他们的教育训练策略与方法，也是促进其发展关键所在。

那么，如何开展有效的教育训。我认为，教师在教育训练中只能起辅助、训导、帮助的作用，而绝不可能去代替孤独症儿童或强加于他。首先，要尊重孤独症儿童的兴趣与需要，体现人性化教育的原则。一切儿童的教育都应注意帮助儿童身心自然发展。使他们不觉得训练对他们来说是一种负担和折磨，而音乐是无疑最佳手段。

一、依　据

（1）音乐是孤独症儿童所喜爱的，音乐活动能带给他们满足感，因此，音乐也就自然成为他们学习过程中的强化物，可以使单调的训练模式变得有生气。

（2）音乐对人体心理、生理功能的调节作用，也具有调节人的情绪的作用。

（3）安全而多元的感官刺激——Temple Grandin 博士研究并指出音乐是自闭症儿童较容易接受和处理的感官刺激，音乐的多重感官的特性，可以协助他们加强专注力和记忆力。音乐内蕴藏着重复的结构，歌词及旋律、节奏都是经常重复的段落，可提高学生重复学习的兴趣。

二、案例分析

（一）学生基本情况

帅帅（化名），性别：男；8岁。

1. 临床表现

帅帅是一个暴躁的孩子，只要不顺他的意，他就大发雷霆，又哭又闹，乱扔积木、拍打自己的头，甚至用手抓老师、用牙咬老师、用脚来踢老师，以此来宣泄内心的紧张、焦虑与愤怒等消极情绪。

2. 相关资料

帅帅被确诊为孤独症，程度：中度缺陷，有严重的情绪障碍。家长曾进行个别训练，但收效甚微。于2011年正式入学。

在帅帅入学后，我要对帅帅进行初次评估，我利用音乐能涉及多种情景的功能，适当地选择了一些音乐来评估帅帅各方面的表现：如情绪的稳定性、情感体验、听指令、与同伴的交往、运动能力等。（乐曲有《我有

小手》《在哪里？》《动动小脚》《火车开来了》等）

3. 教育初次评估结果

（1）听到音乐表现：

① 情绪会相对稳定；

② 不愿做模仿动作；

③ 引导帅帅做模仿动作，帅帅经常拒绝。

（2）语言系统发育不全，词汇贫乏，语法结构不完整。不能用语言表达所做的事情。只会讲单字句、单字重复的音。

（3）情感不稳定，体验不深刻，情感控制差。

（4）不能听从老师的简单指令，注意力不集中，自我意识差。

（5）不能与同伴交往。

（6）大运动能力差，主要表现在：运动协调能力差。

（二）教育目标

1. 长期目标

（1）倾听音乐。

（2）听从简单指令。

（3）听音乐，做模仿动作。

（4）能模仿有节奏的语言。

2. 短期目标

（1）能在老师的引导下，倾听音乐。

（2）能在其他人的协助下，做逐个简单的命令执行。

（3）能在其他人的协助下，模仿动作。

（4）能模仿有节奏的语言。

3. 主要训练内容

（1）训练初期——（在音乐选曲上一般选择舒缓型的，例如《摇啊摇》《春雨沙沙》等），引导帅帅养成倾听音乐的习惯，与他建立师生依恋，稳定帅帅情绪。

（2）能听从简单的指令，会在协助下模仿一些简单动作，提高运动协调能力。

（3）听音乐做模仿动作（指令性助动完成）。（乐曲有《快乐的小兔》《小乌龟爬呀爬》）

（4）能模仿有节奏的语言。（如小鼓"咚咚咚"、小鸡"叽叽叽"、小狗"汪汪汪"、小猫"喵喵喵"等）

（5）选择一些能帮助帅帅认识自己的身体和自己的活动的作品，以帮助帅帅更好地认识自己的外部特征和外部活动。如《我有小手》《头胸肩膀腰膝盖脚》《拍拍踏踏》《在哪里？》等。

（三）具体措施

（1）帅帅在进入训练时情绪非常不稳定，稍有不快就会大哭大闹，经过观察，我发现帅帅特别喜欢听音乐，于是就通过设置情景，用直接评价的方法引导帅帅。在他情绪不好的时候，带他一同听音乐并和他说话，让他慢慢淡化刚才的不快，然后，再参与训练。

（2）倾听音乐的能力：每一次能安静地听音乐，我就用直接评价的方法给予奖励。每一次奖励后，继续引导他听音乐，帅帅的情绪比较稳定，听音乐的坚持时间也比以前有所增加。（乐曲有《我是好宝宝》《布娃娃敲木琴》等）

（3）经常与帅帅接近，拥抱他，跟他说话，帮助他建立起师生亲近。在此基础上，帅帅就比较容易听从老师的指令，先在协助下做模仿动作，经过一段时间的训练帅帅开始能在协助下模仿动作了，如拍手，踏脚，找小眼睛、小鼻子、小嘴巴等。

（4）模仿有节奏的语言：如《开火车》中"咔嚓咔嚓，我们——开——火车"，这些模仿动作，经有节奏的语言反复朗诵，在配上肢体动作，帅帅对它们非常有兴趣。

（5）做操、音乐活动：通过集体活动的形式，让帅帅能在协助下模仿动作，如上肢运动、下肢运动、头部运动、下蹲运动等。

（6）其他方面的能力：把音乐作为一种媒介、教育的手段来提高学生感觉外界的能力，协调机体功能，帮助他对语言的理解能力，促进帅帅各方面的发展。

通过"洗手擦脸""我是好宝宝""自己爬起来""小猪睡觉"等活动，培养帅帅的生活自理的能力和良好的生活、卫生、行为习惯。

（四）有效的教学策略

孤独症儿童中有部分儿童情绪波动大，难控制，要求得不到满足就哭闹不止，这是与其大脑调控功能差、不善于理解和适应环境变化等因素有关，训练中有以下策略：

（1）运用情感交融原则（了解孩子的喜好、当孩子的最好玩伴、一起接触他喜欢的）。

（2）变换情境法（音乐节奏舒缓型与节奏明快型交替进行）。

（3）经常给予积极的评价。

（4）采取直接评价的方法。

（5）讲授法，及时肯定，捕捉时机（采取直接评价的方法——利用他爱吃的食品、爱玩的玩具作为强化物、点头、微笑、亲切注视、抚摸、搂抱等方式作为奖励）。

（6）示范法（师示、家长示）。

（7）模仿法、外力协助调控法。

（8）适当发泄法。

（五）训练效果

通过一个学期的训练，帅帅有了很大地进步，表现在：

（1）情绪较为稳定，能在协助下参与集体活动。

（2）倾听音乐能力有了明显的提高。

① 能在引导下倾听音乐。

② 能在引导下模仿简单的动作。

③ 能在引导下听音乐、做模仿动作。

（六）效果分析

（1）教师首先要与帅帅建立师生间的依恋，取得帅帅的信任，充分地了解他的喜好，掌握他的个性，因势利导。

（2）贯彻循序渐进的训练原则，即小步子、多台阶、大步循环的原则。做到"低起点，高标准"，认真做好每一个训练要求。模式为：被动运动、助动运动、主动运动等。

（3）通过创设情景，让帅帅在游戏中玩，在游戏中学，帮助帅帅完成训练内容。

（4）利用训练帮助帅帅慢慢养成稳定的情绪和良好的行为习惯。

（5）利用教学游戏活动、角色游戏等，让帅帅融入集体，体验集体活动的快乐。

（七）反 思

喜欢音乐是孩子的天性，孤独症儿童更需要音乐。从本文的案例可以看出，随着科技的发展、知识的流通、经验的丰富，音乐教学也成为了孤独症孩子心理康复教育的重要手段，它走入了孤独症孩子的世界，使孩子们得到了快乐，心理得到了满足。

融和育人，共享发展
北京市东城区培智中心学校教育探索与实践

一句暖心的话

李庆梅

什么话暖心？是"谢谢""我爱你""你辛苦了"吗？都不是，是学生一句："老师，我想要点菜。"我是培智学校的会计，我们学校的学生都是智力落后的学生，他们的各项能力都比较弱。我平时很少接触学生，但是有一次，在负责春苗班午间管理中，我曾给过一个特殊学生一份特殊的爱。

一、学生基本情况

小童（化名），一个天生有语言障碍的学生，从不主动说一句话。他长得白白净净，个子很高，穿着干净又整洁，看上去跟普通孩子没什么两样。但我发现他性格内向，从不和任何同学交往，于是我便向班主任了解情况。原来他是刚刚来到这个班的，对一切都感到陌生，他本来就有天生的语言障碍，现在语言表达变得更差了，并使他性格更加内向，更加不愿意和人交流。

二、目　标

帮助小童适应新的环境，提高他的语言表达能力。

三、具体措施

怎么办？我只有给予他更多的关怀和帮助，让他感到集体的温暖和快乐。每次分饭，我总动员同学让新来的同学先打，教他认识每一种菜，教他说一下菜名，然后让他重复一遍再给他打，刻意地让他去多说话。

四、效　果

3个月后，小童已经能够用较清楚的语言表达："老师，饭够了，我想多要点菜。"每次看到他的进步，我都欣喜若狂；每次听到他用语言来表达自己的意愿，都会令我充满喜悦和自豪。

五、反　思

至今，我仍忘不了为他分饭，他接过饭后不太清晰地说了一句："谢谢李老师！"的那一天，也正因如此，我才爱上这个特殊的学生。

我把这份特殊的爱，给了这个特殊的孩子。我知道，我的付出没有白费，我教会了他生活的基本本领。因为我深深的知道：没有爱，就没有教育。

爱改变了她

张 艳

一、学生基本情况

睿睿（化名），女，11岁，智商64（言语72，操作63），有癫痫病，长期服药。在普通小学上到二年级后转到培智学校，在培智学校学习已经有一年了。

在这一年里，我通过观察发现她的情绪很容易受到外界的影响，尤其是别人的态度的影响。例如某个老师课上表扬了其他同学，没表扬她，她就会坐在那里生气，什么也不做了。再例如某个同学课间不和她玩了，她也会一个人生闷气。有时高兴了，她又会突然抱着某个老师或同学不松手，后来还发展到亲老师的手、肩膀或好朋友的脸。她的这些情绪和行为的变化，让人觉得莫名其妙，又很难掌握她的规律，甚至会影响她正常的学校生活与学习。如果老师或家长指出她错误的行为，她会执拗地按照自己的思维方式找出同学、老师或家长的不对，听不进任何劝导。

二、分析与思考

在学校看到她的这些表现，作为老师的我首先问自己："她为什么会有这样的表现？"20多年的班主任经验告诉我：首先，肯定与她的家庭环境有很大的关系。其次，由于她的年龄小，有可能还不知道如何与人交往，不知道如何表达自己的情感，需要教师和家长慢慢教给她这些常识。

三、措 施

根据这名学生的具体情况，我制定了以下教育干预计划：

第一步，给予该生爱和关心，使学生在心里接受我；

第二步，在该生接受的前提下引导她正确认知爱，告诫她在与人交往时的注意事项。

此外，还要与学生的父母沟通，了解家长的教育方式，从而矫正家长的错误做法，并给予具体的指导。

在实施以上措施的过程中，我了解到孩子的家庭情况、父母的性格以及父母对孩子的教育方式，确实是对孩子的性格与行为起到了不好的作用。开始与家长沟通教育方法时，该学生的妈妈很坚决地说，"老师，您不用可怜她，她有时候可会装了！""老师，您就严厉管她，没事！"一个学期即将结束时，该学生的妈妈哭着跟我说："老师，你们能收她我就很感谢了！"这时我都不知道说什么好，因为一个学期马上要结束了，由于该学生的父母不能接受老师给予他们的建议，该学生的情绪与行为没有任何突破。

第二个学期马上要开始了，孩子的年龄越大，性格、行为的改变会越困难。我及时改变策略，不再纠结于对家长的指导。她缺少爱，我就给予她爱和关怀。每天早晨她到校都会主动地对我笑，这时我也会给她一个笑容，虽然我知道那是她故意挤出来的笑，但我的笑是发自内心的，我希望我的笑能让年幼的她知道老师喜欢她；她不愿意到操场做操，我就会把手伸向她，第一次时她不知所措，我就弯下腰用我的手握住她的手，奇迹发生了，她乖乖地站起来和我们排着队走到了操场，不再是装病或噘着嘴生闷气了；当她和同学发生矛盾时，我耐心听她给我讲述事情过程，然后抓住重点给她讲："如果你当时这样说或这样做，是不是就不会发生这样不愉快的事情了？"之后她能安静地思考一会儿，不再像原来扭头抱臂不听任何话。爱，终于让她接受了我对她错误行为的指正并慢慢进步。

四、效果与反思

第二学期结束时，她妈妈在电话中跟我说："老师，我发现她现在不拧了。也不乱发脾气了，也能接受了别人的意见或建议了。"

如今，是睿睿在培智学校的第三个学期了，所有的老师都说睿睿有进步，能接受别人指出她的不足，还能心服口服地改正。课间她也能和同学

融和育人，共享发展
北京市东城区培智中心学校教育探索与实践

相处融洽，不发小脾气了。这让我再次坚信教育就是爱，当老师给予学生爱，让她感受到爱，她也会同样地给予周围人爱。现在她也能帮助班中弱小点的同学，当同学犯了小错误，她也会学着我的样子耐心地给同学分析讲道理。

一个自闭症教育教学的案例

张晓宇

一、个案描述

记得刚开学时有一名叫赵某的男孩子,高高瘦瘦的个子,引起了我的注意。刚到教室时,他总是躲在教室后排,大大的眼睛警惕地看着周围的一切,流露出惊恐和不安。他不爱说话,课堂上也不发言,在学生齐读齐唱时,他只是默默地坐着,也不做课间操,只是静静地站着或是随自己的意愿摆动两下,脸上丝毫没有笑容。当他严重的情绪失控时基本无法进行活动,会在班里走动、折返,会一直要求并且大喊大叫、跺脚。

二、分析与思考

在一次数学课上,数学老师说他是班上最嫩的一个,接下来他就不愿去上课,有时连饭也不吃。通过家访我了解到:赵某从小胆子就小,在幼儿园及小学时做操都不跟,依赖性强,从小性格就内向、敏感、自尊心强。如果家长和老师不闻不问,或批评责骂他,不仅不会消除他的不健康的心理,反而会增强这种心理。长此下去,心理的闭锁就逾强,最终将导致他对任何人都以冷漠的眼光看待,使他更加孤立。任何孩子如果一旦对自己某方面的能力丧失自信,可能会对自己的其他方面的能力也丧失自信,最后造成多方面甚至全面地落伍。

三、辅导过程

尊重他,帮助他消除自卑心理,树立自信。

有人说孩子就是一本书,要想教育好孩子首先就要读懂这本书。作为老师,我们应该认识到学生从幼儿园到小学再到培智学校,每次学习的地点发生变化，都需要一个过渡期。学生不适应，就会在生活上遇到这样或那样的困难，有人将这个时期称为"断乳期"。作为老师，我认为如何帮助学生度过这个过渡，是非常重要的。自闭症儿童的自我保护意识强烈，有些甚至到了过于敏感的程度。在学校，他们会用警惕的目光注视着老师和同学对自己的态度，只要稍稍挫伤了他们的自尊心，他们就会变得更加自我封闭，甚至会出现与他人的强烈对抗。赵某就是一个非常典型的例子，他的症结就在于自卑、自尊心强。要纠正他的这种不良行为，一定要注意方式方法，做到保护好他的自尊心，帮助他消除自卑心理，树立起自信。

我主要采取以下方式方法。

（一）在思想上开导他，对其进行正确的引导

告诉他："老师就是他的好朋友，遇到不开心的事或者需要帮助的事就告诉老师，老师会帮你的。"他在课上完成练习效果不够好时，就鼓励他，告诉他："你很聪明，只要稍加努力，跟着老师及同学认真做就可以取得好的效果。"每次做课间操，我都会到他旁边，告诉他："其他同学也和他一样不会做，都是跟着领操的同学乱做，没关系的，只要动起来就好。"

（二）注意多表扬，不"语罚"

赞扬可以对儿童产生奇迹，过多的批评则会产生自卑、怯懦的"绵羊"，而惩罚则会使孩子产生逆反和报复心理，这无论是在普通教育还是特殊教育中，都是一样的。而有特殊需要的孩子更需要老师的关爱，更希望得到老师的赞扬，同时会十分厌恶那些疏远、冷落责备他的人，因为他清楚地知道这些人伤害了他的自尊心。在对待赵××时，我更加坚定地认为用引导代替讥讽、用表扬代替批评可以使他看到希望，增强自信。

在教育过程中，我注意对他的每一点进步都及时、热情地给予表扬，并创造各种条件，让他体验到成功的快乐，使他对学习、生活、自身逐渐积累信心。例如，每一次发言，我都会当着同学的面表扬他"看图说话讲得好""课堂提问回答的真棒""真聪明""朗读课文读得流利""歌唱

得真好听""广播操做得很好"等。每当他有一点点进步时,就给奖励1颗小红星,满10颗小红星奖励1个小折纸,满5个小折纸就奖励她好学生卡和1支铅笔等。

四、效果与反思

在我的思想开导以及代币制的奖励刺激下,当他拿到第一个小折纸时,终于开心地笑了,上课也能简单地跟着老师的要求去做。此后,我还多次为他提供尝试成功的机会,让他体验成功的喜悦和荣誉,增加良性刺激,激发起自信心和上进心。

学生需要爱,教育呼唤爱。爱像一团火,能点燃学生心头的希望之苗;爱像一把钥匙,能打开学生心头的智慧之门;爱是洒满学生心灵的阳光,能驱散每一片阴坦,照亮每一个角落,融化每一块寒冰。作为班主任,一定要全身心爱学生,关心、尊重、理解、宽容和信任学生,用自己的爱去唤起学生的爱,用自己的心灵培养学生的心灵。

融和育人，共享发展
北京市东城区培智中心学校教育探索与实践

商 量

赖小京

孤独症是一种起病于婴幼儿时期的广泛性发育障碍。孤独症儿童在思维、人际关系、语言沟通等方面严重发展不足，这些往往都会导致哭叫、跳闹、自我伤害、攻击他人等情绪行为的产生。情绪行为不仅严重影响对儿童的教育训练和儿童日常生活以及日常生活技能的培养，而且可能会危及儿童自身及他人的生命安全。因此，正确认识和处理孤独症儿童的情绪问题是一切教育训练活动的基础，针对不同学生的情绪问题，要采取不同的方式方法进行补偿、训练，笔者在本文中所采用的方法就是用和孩子商量的方法来调整他的情绪问题。

一、学生基本信息

×××，男，10岁，孤独症患者。我刚刚接触他时，觉得他十分可爱，长得虎头虎脑，一双小眼睛滴溜溜地转，他还十分爱干活，无论看见我在做什么，他总是说："×××呀。"

二、问题分析

一段时间后我发现，如果有哪些他想做而不让他做的事情，他就会大哭大叫，一次课后，只听他说："×××，铺报纸呀。"还边说边拉开抽屉，要把抽屉内的报纸抽出，把手中的报纸铺进，我说："不用铺了，里面已经有报纸了。"这时就看见他哭着、叫着，跑向后门，边用手敲着门边喊："我要铺报纸呀。"任你怎么说都不行，非铺不可。

通过这件事，我觉得，光是老师一味地说"不行，不可以"在孩子心中会形成不好的效果，会形成一种逆反的心理，所以我决定改变方法。

三、具体措施

一次美术课后，×××拿出自己画好的画要贴在班中，我并没有像以前那样说："不行，不可以。"而是先用一些别的事情来转移他的注意力，如上厕所、喝水、和他做游戏。上课后，我拿着他的画，跟他说："×××的画画得可真好，但是我想跟你商量一件事情。"这时只见他眼睛盯着画，嘴里小声地说着："贴呀、贴呀。"我继续说道："我想把×××的画放在作业夹里，等期末家长会时再给家长们看，可以吗？"只见他好像听懂了似的在思考着，我就又重复了几遍我的意思，这时只听他说："好呀。"我趁热打铁地说："既然×××同意了，可就不许大喊大叫了，行吗？"只听他说："好呀，好呀。"我让他自己把画收进了自己的作业夹，他很满意地坐回到了座位上，自此以后他没有再因为此事而大喊大叫。

我认为智力障碍学生的变化，离不开学校老师的教育，也离不开家长的配合，只有教师与家长的教育力量合一，才能帮助智力障碍学生更好发展。为此，我一直争取家长配合教育的力量，把教育理念辐射到家庭之中。所以我把这件事情及处理的方法、最后的效果告诉了他的妈妈后，他的妈妈说回到家里也尝试着用这种方法来与孩子商量。之后，我向家长了解了学生的家庭表现及家长的教育方式，为他制定了详细的家庭行为矫正计划，在家里用了商量、吸引其注意力、正强化等方法，如果当孩子情绪不好时，建议家长带他去公园或者人少的地方，让孩子的情绪彻底地爆发出来，等孩子喊完、叫完后再让他的妈妈尝试着跟他讲一些道理，告诉他这样做是不对的，或者是当他非要想一些物品时，他的妈妈会给他提出一些要求，和他进行商量，如表现好，今天没有大叫大喊的现象妈妈就会给他买他喜欢吃的食物等，在相互的教育方法碰撞中，获取了更多的信息。

四、效　果

每天放学，我也坚持和家长互相交换孩子一天中的表现，对孩子提出表扬及鼓励，而家长就会在孩子得到表扬后和孩子商量，带着他去公园或者给他买爱吃的食物做为奖励，相反如果表现不好，会什么都得不到，久而久之，学生的情绪越来越稳定，大喊大叫的次数慢慢减少，家长反映他在家的情绪问题也越来越好。

五、反　思

孩子，就算是智力落后的孩子，也都会有自己的想法，而他们又不会像正常人那样去表达自己的所思所想，他们只能是"另辟捷径"来表达，他们的大喊大叫只是想让你去接受他们的想法，而我要做的就是去接受，再用他们所能理解的方法与之沟通，那么我想他们的情绪问题，以及那些被常人所无法理解的行为也会有所改善，而对于×××的方法，我想就是"商量"。

稳定的情绪是对孤独症儿童进行教育训练的基础，也是引导他们参与集体、社会活动的基础。只有情绪稳定，孤独症儿童才可能接受教育训练和习得日常生活活动和学习的技能，逐步发展人际交往和社会适应能力。因此，我会在理解和宽容孤独症儿童的基础上，从他们的实际出发，认真分析他们情绪问题的原因和接受程度，采取积极的态度、采取相应的措施处理其情绪行为，以期帮助孤独症儿童全面发展。

改 变

李亚青

一、学生基本情况

小明（化名），男，15岁，唐氏综合征患者，有语言能力，但主动语言很少。在与同学的接触中，小明有用手推同学等攻击行为。他与同学关系紧张，容易生气，常指责谩骂他人，欺负比自己弱的同学，常常用手或拿物品打人，常用命令的口吻说"你给我走开"或"别管我"，对物品的独占性非常强，不许别人碰他的东西。

二、问题描述及分析

小明的攻击行为表现为快上课时伸腿绊同学。上非主科课排队时故意推比自己弱的同学、吐口水、用手拍或拳头打同学。行为发生没有特定的周期，已持续半年多。行为的内隐前事是小明的优点很少被提及，教师对小明很少关注；行为的远程前事是母亲对弟弟的关注多于自己。由此可见，小明的攻击行为的主要原因可能是为了获得他人的注意。

三、研究方法

（一）直接观察法

对小明的问题的发生情境、行为和结果进行分析，得出小明攻击行为的功能性假设。小明的问题行为发生的时间主要是两个任务的交界时间：要排队去别的教室上课或刚开始做操，快上课。

观察结果显示，小明在与同学发生冲突或争吵后，总能引来其他同学对他的指责，引来教师的注意；老师在关注小明身边的同学时，小明会时不时地推或拍前面的同学，还总是回头来看教师的反应。上述情境，验证了小明的攻击行为是为了获得关注。

（二）实验法

用实验法进行功能分析，假设小明的攻击行为，是为了获得教师和同伴的关注，主要功能是正强化功能。我在观察过程中座位在小明的左边，和他并排，为了吸引我的关注，小明也常常表现出很多攻击行为，如用脚踩我，我如果轻声对其发出警告，则小明因为获得了关注，继续发生攻击行为，并观察我的反应，如扭我的胳膊；如果我不对其攻击行为进行关注，最后他自己会停止攻击行为。

上述实验中，获得关注是正强化功能。我对小明的关注起到了正强化功能。

结合分析的功能结果，后期采用行为干预策略对小明的攻击行为进行干预。

（三）改变外部环境

主要调整那些容易引起行为问题的人、事物或活动等，以减少行为问题的发生和引发适当行为的产生。在该研究中调整小明不喜欢的同学的座位，使他们有一定的距离；在排队时，让小明和自己前面的同学换下位置。班主任老师多安排给他一些有意思的活动，让他在刚到校时玩一会儿玩具，或让其他同学主动邀请他一起上早自习活动，以缓冲小明在家的远程前事带来的不良影响。在小明出现攻击行为时采用口头暗示的方式，告诉他："我等你安静"，以阻碍攻击行为的发生。

四、具体措施

（一）确定目标行为

将小明在学校的课间所表现出来的推同学、伸腿绊同学、故意朝比自己弱的同学吐口水、或用手拍或拳头打同学等行为，作为目标行为——攻击行为。

（二）确定正强化物

通过对小明的观察和让家长填写强化物调查表，我了解到小明喜欢消费性强化物如糖果、可乐、雪碧、贴画；活动性强化物如看故事书；社会性强化物如喜欢拥抱、喜欢听到"真棒"。所以我将正强化物定为"真棒"。

（三）确定终点行为

小明的攻击行为问题在观察期为平均每个上午攻击11次，行为发生的时间较长，不易在短期内根除。因此，终点行为确定为干预内不发生攻击行为。

每节课后的课间为一个时间间隔，若在这个时间间隔内没有发生攻击行为，我就会奖励他社会性强化物——"真棒"。

五、效　果

经过一段时间的干预，小明的攻击行为有了减少，能逐渐融入集体中，其他同学也没有那么排斥他了。

六、反　思

对于小明的表现，我自己也有反思：他有时也会帮助他喜欢的朋友，朋友哭了，他会去安抚，主动问问怎么了，别哭了，会抱抱同学。在最初的时候，我有些"贴标签"，但后来渐渐地淡化了这种的想法，发现应平等、尊重地看待这些孩子。在改变了自己想法后，我觉得学生的进步似乎大多了，眼里也没有那么多问题，不再用一把尺子衡量学生。

作为一名青年教师，我希望能和学生们一起改变，一起成长。